シモーヌ・ヴェイユの詩学

今村純子

慶應義塾大学出版会

シモーヌ・ヴェイユ

バーデン・バーデンにて（1921年）

発光する希望の結晶体

港 千尋

シモーヌ・ヴェイユは二〇世紀が生みだした思想の奇跡である。暗い時代の底へ降りたひとりの女性が、その手でつかみだした稀有の言葉の数々はいまもわたしたちを刺激してやむところがない。けっして幸福とは言えないその短い生涯に残された言葉を丁寧にたどりながら、本書はこれまでのヴェイユ像とは大きく異なる、美と詩をその基底で擁護する者としての思想家の姿を描くことに成功した。

プラトニズムについて、また日本思想との関係について、独自の視角から試みられるアプローチが新鮮であるが、日本語で書かれたこの本の魅力のひとつはそれらの研究のあいだに置かれたエッセイにある。宮崎アニメやゴダールなど一般によく知られた映画について描かれたエッセイは、どれも独立した映像論としても読める高い密度をもっている。ヴェイユの思想が、映画を見ることにおいて、強いパッションとともに実践されている。読者は映画館の暗がりのなかに、わたしたちとともにヴェイユが座っているような、スリリングなひとときを味わうだろう。

本書はシモーヌ・ヴェイユという結晶体のなかから、イメージの問題系を取り出し本質的な思考を与えた点で、思想に新しいページをひらいた。その意味で、本書は哲学研究を超えて、ひろく創造の現場で仕事をする人々に、美と抵抗を実践する人々にも、もういちどヴェイユと出会うための魅力的な場所となるだろう。ふたたび暗き時代の重い地層のなかへ沈もうとする世界にあって、わたしたちの精神を支え勇気を与えるのは、結晶からの微かな光である。彼女は生きている、いまここで、わたしたちとともに。

まえがき

従来、シモーヌ・ヴェイユ研究は、その生の美しさや宗教的経験を論じるものが大半であり、彼女の思想に深く踏み込んだものは少なかった。本書は、シモーヌ・ヴェイユの哲学を美学・詩学の視座から論じたものである。自らの「工場生活の経験」（一九三四〜三五年）を遠景にもちつつ発せされた、「労働者に必要なのは、パンでもバターでもなく、美であり、詩である」というヴェイユの言葉は、社会科学と美学・詩学との連続性を問うものである。本書は、「見える世界」が極度に重んじられる現代にあって、「見えない世界」が根をもってはじめて「見える世界」が豊かに花開くことを提示しようとしている。そしてまた、美と詩は、私たちの各々の現場において、自らの感性を通して把握されるものであり、本書は、「感性による社会科学の構築」という新たな地平を開こうとするものである。「不幸と真理との一致」は、古来しばしば言及されてきたところである。しかし、両者の一致が前面に押し出されるとき、「不幸」という現象そのものに価値が置かれる危険性がある。だが、ヴェイユが「不幸における美的感情の湧出」と述べるとき、そこで指示されるものは不幸そのものの価値ではない。そうではなく、不幸の直中で、自己が自己から離れ、自己が「対象」、「物」に「映る／移る」ことを通して、「人間と神」、「物と人間」が、まったく等価な眼差しのもとに立ちあらわれ、「世界の秩序」すなわち「物」が「世界の美」として、それぞれの心に映し出されるということである。この美の感情は、私たちが真に「実在《リアリティ》」に触れている証であり、美の感情におけるニヒリズムの超克が、シモーヌ・ヴェイユ形而上学の柱となっている。

透徹した実在への眼差しは、「神と人」、「人と物」、「超自然と自然」といった「相反するものの一致」を看破する。そして、一見矛盾するように思われる絶対的に隔たったもののあいだにこそ調和が見られることは、実のところ、芸術において生きられ感じられている。音楽で聴かれるのは音そのものではなく、絵画で見られるのは色彩そのものではない。そうではなく、音を超えた、ないしは、色彩を超えた、「真空」に映し出されたイメージを通して感受される「実在《リアリティ》」である。プラトンに深く沈潜し、「芸術創造」から「世界創造」、さらに「生の創造」を導き出すシモーヌ・ヴェイユの思想に光を当てることは、単なる観念論とみなされがちなプラトニズムが、読者一人一人の現場において生きられ感じられる可能性をも問うことになろう。

もっとも抽象的なものは、もっとも具体的なものから立ち上げられ、そしてまた、もっとも具体的なものに還元されてゆく。さらに、「特殊」は、「特殊」の徹底によって、すなわち、「特殊」において「特殊」を離れることによって、「普遍」へと転換してゆく。

以上を踏まえて、本書の四つの特徴を少し記しておきたい。

第一に、本書では、シモーヌ・ヴェイユ全集第一巻『初期哲学論文集』が、なによりもデカルト哲学を基底にして論じられていることに着目し、カントのみならず、デカルトがどのようにしてプラトニズムと結びつき、ヴェイユの思想を開花させているのかを示している（第1章、第2章、第3章）。

第二に、本書では、ヴェイユと直接的な影響関係にはない日本の二人の哲学思想家、西田幾多郎と鈴木大拙との比較研究をしている。直接的な影響関係にない両者の「実在への眼差しの深さ」を問い直すことで、両者の言葉を震撼させ、現在に生きられ感じられる言葉を提示している（第5章、第11章、第12章）。

第三に、本書では、映画という芸術をシモーヌ・ヴェイユのロゴス（関係・言葉）にぶつけてみたとき、いったい何が見えてくるのかを問うている（第I部〜第V部 Essai）。ヴェイユは死の直前、両親に宛てた手紙でこう述べている。「自らのうちに純金の預かりものが宿った感覚を払拭できないが、この純金の預かりものを与ってくれる人がいないのではないか。なぜなら、この純金の預かりものは緻密であり、分割できず、これを受け取るためには、注意の努力が必要であるが、誰もこの努力をしてくれないのだから」。本書では、この「純金の預かりもの」にまったく異質な光を当てることで、その片鱗を少しく浮き彫りにしたいと思う。このことは、「宇宙は追憶からなっている」という、シモーヌ・ヴェイユ思想の核となる言葉を問い直すことでもある。私たちが何かを思い出すときには、その記憶に対する私たちの愛がなければならない。愛がない場合には、記憶はあっても思い出されることはない。翻って、映画は、なにより、一定の時間のなかで、鑑賞者自らの記憶を思い出させるものであるのと同時に、鑑賞しているさなかの記憶を思い出させるものである。それゆえ、映画は、ヴェイユの思想という「純金の預かりもの」を照らし出すのに、もっとも適切な芸術であると思われた。

第四に、本書では、シモーヌ・ヴェイユの思想を現実の状況に照らして問い直している（第6章、第13章、第14章）。ヴェイユの思想は抽象的な思弁から立ち上げられたものではない。己れの生々しい現実、そして己れをかぎりなく否定してくる現実との衝突から生まれ、それが形而上学的な高みにまで昇華されている。こうした思想は、おのずからふたたび現場に立ち返る使命をもっていると言えよう。シモーヌ・ヴェイユが、広くそして深く、確固たる現場をもつ労働者や芸術家のあいだで読み続けられていることが、なによりもその証左となろう。

昨年二〇〇九年は、シモーヌ・ヴェイユ生誕一〇〇年の年であった。この区切りの年を超えて、本書は、深く美しいシモーヌ・ヴェイユの思想が、とりわけ、自らの生に希望を失いかけた人々の心において、静かに輝きうる契機となることを願うものである。

シモーヌ・ヴェイユの詩学　目次

第Ⅱ部　美的判断力の可能性

◇本書におけるシモーヌ・ヴェイユからの引用は、以下の略記号を用いた。

◆略記号一覧

（1）全集

OC : *Œuvres complètes de Simone Weil*
『シモーヌ・ヴェイユ全集』

OCI : *Premiers écrits philosophiques* (Paris, Gallimard, 1988)
『第一巻　初期哲学論文集』

OCII-1 : *Écrits historiques et politiques. L'Engagement syndical (1927-juillet1934)* (Paris, Gallimard, 1989)
『第二巻－一　歴史的・政治的論文集 I ――労働組合へのアンガージュマン（1927-1934）』

OCII-2 : *Écrits historiques et politiques. L'Expérience ouvrière et l'adieu à la révolution (juillet 1934-juin 1937)* (Paris, Gallimard, 1989)
『第二巻－二　歴史的・政治的論文集 II ――工場経験と革命との決別（1934-1937）』

OCII-3 : *Écrits historiques et politiques. Vers la guerre (1937-1940)* (Paris, Gallimard, 1989)
『第二巻－三　歴史的・政治的論文集 III ――戦争へ（1937-1940）』

OCIV-1 : *Écrits de Marseille. Philosophie, Science, Religion, Questions politiques et socials (1940-1942)* (Paris, Gallimard, 2008)
『第四巻－一　マルセイユ論文集――哲学、科学、宗教、政治的・社会的問い（1940-1942）』

OCVI-1 : *Cahiers 1 (1933- septembre 1941)* (Paris, Gallimard, 1994)
『第六巻－一　カイエ１（1933-1941）』

OCVI-2 : *Cahiers 2 (septembre 1941- février 1942)* (Paris, Gallimard, 1997)
『第六巻－二　カイエ２（1941-1942）』

OCVI-3 : *Cahiers 3 (février 1942-juin 1942)* (Paris, Gallimard, 2002)
『第六巻－三　カイエ３（1942-1942）』

OCVI-4 : *Cahiers 4 (juillet 1942-juillet 1943)* (Paris, Gallimard, 2006)
『第六巻－四　カイエ４（1942-1942）』

（2）単行本

AD *Attente de Dieu* (Paris, Fayard,1984)『神を待ち望む』

CO *La Condition Ouvrière* (Paris, Gallimard, coll. folio, 2002)『労働の条件』

CS *La Connaissance Surnaturelle* (Paris, Gallimard, 1950)『超自然的認識』

EHP *Écrits Historiques et Politiques* (Paris, Gallimard, 1960)『歴史的・政治的著作集』

EL *Écrits de Londres et Dernières Lettres* (Paris, Gallimard, 1957)『ロンドン論集とさいごの手紙』

E *L'Enracinement* (Paris, Gallimard, coll. folio, 1990)『根をもつこと』

IP *Intuitions Pré-Chrétiennes* (Paris, Fayard, 1985)『前キリスト教的直観』

LP *Leçons de philosophie de Simone Weil* (Paris, Plon,1989)『シモーヌ・ヴェイユの哲学講義』

LR *Lettre à un Religieux* (Paris, Gallimard, 1950)『ある修道士への手紙』

OL *Oppression et Liberté* (Paris, Gallimard, 1955)『抑圧と自由』

P *Poèmes suivis de Venise sauvée, Lettre de Paul Valéry* (Paris, Gallimard, 1968)『詩集――附「救われたヴェネチア」「ポール・ヴァレリーの手紙」』

PG *La Pesanteur et la Grâce* (Pocket, coll. Agora, Paris, 1991)『重力と恩寵』

PS *Pensées sans ordre concernant l'Amour de Dieu* (Paris, Gallimard, 1962)『神への愛についての雑感』

S *Sur la Science* (Paris, Gallimard, 1966)『科学について』

SG *La Source Grecque* (Paris, Gallimard, 1963)『ギリシアの泉』

◇本書における西田幾多郎の著作からの引用は、『西田幾多郎全集』岩波書店（二〇〇二〜〇九年）により、略記号N-を用い、巻数と頁数を記した。凡例：『西田幾多郎全集』第一巻、二三頁：N-1 23

◇本書におけるシモーヌ・ヴェイユおよび他の著作からの引用文中の強調は、すべて筆者によるものである。

序章

シモーヌ・ヴェイユは、一九〇九年二月三日、フランス・パリに生まれ、一九四三年八月二四日、イギリス・アシュフォードで亡くなった、ユダヤ系フランス人の女性哲学者である。父親は医師であり、三歳年上の兄にブルバキの数学者アンドレ・ヴェイユ（一九〇六〜九八年）がいる。

＊

二〇〇九年一〇月三〇日に一〇〇年あまりの生涯を閉じた構造主義の先駆者クロード・レヴィ＝ストロース（一九〇八〜二〇〇九年）は、ヴェイユとわずか一ヶ月の年齢差であり（一九〇八年一一月二八日生まれ）、一九三四年にともに哲学教授資格試験《アグレガシオン》を受けている。同じ時代を生きながら、ヴェイユは、レヴィ＝ストロースの三分の一の長さしか生きなかったことになる。とはいえ、従来の哲学者という枠組みをかぎりなく超え出てゆくこの二人の思想家のうちには、その天賦の才能に先立って、同じ時代の空気のなかを生きた、その共通の眼差しが伺える[*1]。

彼らが生きた二〇世紀前半とは、「あってはならないこと」が、「当り前のこと」として世界を支配していた時代であった。言うなれば、「見える世界」が「醜悪さ」一色で染め上げられた時代であった。そして、一九三六年の人民戦線直前に、ヴェイユは工場生活に入るのであり（一九三四〜三五年）、レヴィ＝ストロースはブラジルに飛び立つのである（一九三五年）。「工場生活に入ること」と「ブラジルに飛び立つこと」には、一見したところ、なんら共通性がないように思われる。だが、彼らの視線が向かうその先とは、「見える世界」の背後にある「見えない世界」である。この「見えない世界」のうちなる「関係」こそが、のちに「構造」と呼ばれるのであり、この関係であり構造であるものが、言葉において言葉を超えて「見える世界」として私たち一人一人の心に映し出されることを、彼らは見逃さなかった。[*2] きわめて個的なもの、特殊なものを語っているように思われる、ヴェイユの『重力と恩寵』（一九四七年）とレヴィ＝ストロースの『悲しき熱帯』（一九五五年）が、ともに第二次世界大戦後、精神的支柱を必要としていた人々のあいだでベストセラーとなったことを考えるならば、どれほどまでに私たちの生は、この「見えない世界」を支配する「関係」を捉えることによって支えられているのかが、知られるであろう。

1　激動の時代の哲学者

ヴェイユにとっての「最下層に置かれた労働者たち」、レヴィ＝ストロースにとっての「未開人であり野蛮人であるとされた人々」は、確かに、リアルに、この世界に存在しているはずである。だが、この人たちは、「無きもの」として「見えない世界」に押しやられ、「ブルジョワ」や「エリート」あるいは「西洋人」だけが、「見える世界」を形作ってゆく。そして銘記すべきなのは、彼らがあくまで、「ブルジョワ」であり、「エリート」であり、「西洋人」である側から言葉を発しているということである。世界を平坦なものとして、そのままに美しいものとして捉えるならば、その人にはその人自身のリアリティが欠如している。というのも、世界はそのようには成り立っていないからである。その人は、自らに都合がよいものがはっきり見え、都合が悪いものは薄らいで見える「遠近法の錯覚」のもとに生きているからである。そのことを、ヴェイユとレヴィ＝ストロースは、「ブルジョワ」や「エリート」あるいは「西洋人」という、自らに否応なく張り付いた属性そのものの矛盾を生きることにおいて、敏感に感受していた。そして、その恐ろしいばかりの彼ら自身の生のリアリティの欠如が、彼らの行動と思想を創造しゆく原動力となってゆくのである。

それゆえ、ヴェイユにとって、「一女工として工場生活に入ること」は、なによりもまず彼女自身の生にとって不可欠なことであった。もちろん、彼女の視線が向かう先は、きわめて限られた領野にすぎない。たとえば、苦しむ人々とともにあろうとしたヴェイユにあって、己れの属性でもある、この時代もっとも苦しんでいたはずの「ユダヤ人」に対しては、まったく目が向けられていない。しかし、私たちはどのような人であれ、己れの感受性が「遠近法の錯覚」を「遠近法の錯覚」として捉えたその違和感において、「遠近法の錯覚」からかぎりなく逃れるべく、自己が自己から離れるという運動のなかでしか、実在に接近することはできないのである。

「はじめて身籠ったひとりの幸福な若い女性が、産着を縫いながら、しかるべくそれを縫うことを考えている。しかし、彼女は片時もおなかの子のことを忘れることはない。同じ瞬間、牢獄内の作業所で、ひとりの女囚がこれまたしかるべく縫おうと考えながら縫っている。なぜなら、彼女は罰せられることを恐れているからである。このふたりの女性は同じ瞬間に同じ仕事をしていて、同じ技術的困難に注意を奪われていると想像することができる。しかし、母親になる女性と女囚との間には差異の深淵が広がっている。あらゆる社会問題は、女囚の状況から母親になる女性の状況へと労働者を移行させることにある。なされなければならないのは、この世界ともう一つの世界が、その二重の美において、ちょうど産衣にくるまって生まれてくる赤ん坊のように、労働の行為にあらわれ結び合わされることである」(E 124)

「産衣を縫う」という目に見える「あらわれ」としては同一の行為が、母親になる女性にとっては、生まれてくる子を思う歓びに満たされた行為であり、女囚にとっては、恐怖に裏づけられた行為である。この同一の行為は、母親になる女性には「詩」をもたらし、女囚からは「詩」を剥奪してゆく。それゆえ、ヴェイユは、人間を疎外から救うことを、なによりもまず、女囚の状況からは母親になる女性の状況へと移行させることのうちに見るのである。ヴェイユが、労働者には、パンでもバターでもなく「詩」が必要だという言葉の意味作用は、この視座から捉え直されねばならない。

そしてまた、労働とは、「自分がしたい行為」をすることではなく、「自分がしたくない行為」をすることである。この「自分がしたくない行為」が人間の生に不可欠なのである。なぜなら、この行為なくして、人は、いままで拠り所としていたものすべてが崩れさり、自己自身が問われるという状況に立つことはないからである。自己が無に近づくことを通して、「この世界」と「もう一つの世界」との交差点に立つとき、その自己がかぎりなく無であるということに対して「同意する」ならば、そのとき、否そのときにのみ、私たちは世界が真に美しいと感受しうるのであり、この局面こそが、シモーヌ・ヴェイユが「詩」と名づけるものにほかならない。そしてこの「詩」の直中になければ、私たちは、真に自らの「生の創造」をなしているとは言えないのである。

2　美と善

一九二六年（一七歳）に書かれた論考「美と善」（OCI 60-73）のなかに、次のようなくだりが見られる。砂漠をさまようアレキサンダー大王率いる軍隊のひとりの兵士が大王に一杯の水をもってくる。だが大王は、この一杯の水を飲むのでもなく、一滴ずつ兵士に分け与えるのではなく、砂漠に流すのである。アレキサンダー大王はこの極限状況にあって他の兵士たちと「つながろう」とするために、一杯の水を砂漠に流すのだ。このようなアレキサンダー大王のうちなる「愛の働き」は、けっして目には見えない。だが、その愛の働きは、大王の「行為の美」すなわち「存在の美」として輝き出るのである。そしてこの「存在の美」は、他の兵士たちの心を捉え、震わせ、覚醒させる。もちろん兵士たちには水も必要であろうし、食べ物も必要であろう。しかし、兵士たちの身体を救うことに先立って、兵士たちの心を救うことこそがなによりも大切である、とヴェイユは考える。そして物理的には身体は死をこうむるかもしれない局面にあっても、その死の瞬間にあってさえも、兵士の心が「美の感情」に満たされ、「詩」の直中にあるならば、その人の心は自由な遊びのなかにありうるのである。

そしてまた、アレキサンダー大王のこのうちなる愛の働きは、極限状況にあって、自らの眼差しが自分に向かうのではなく、自分ではない他者である兵士たちに向かうことによって、なによりもまずアレキサンダー大王自身を救うのである。というのも、極限状況にあって、人が自分しか見えなくなるとき、その人は人間ではなく「物」となるからである。「芸術創造」と同じく、私たちの「生の創造」も、愛なしにはなしえない。そしてその愛とは、自分ではない他者と世界とへ向けられる、その眼差しにほかならない。そしてまた、己れが死ぬか生きるかという局面にあって、自己ではない世界と他者が自己の奥底に映し出されるときにのみ、私たちは「世界の美」に触れるのである。

このように、自己ではなく他者と世界へと眼差しが向かうというその愛の働きが、なによりもまず、その人自身の自由にとって不可欠であり、それが美として輝き出る有り様は、ヴェイユの生に一貫して流れているものである。一九三三年、はじめて高校教授として赴任したル・ピュイ近くの炭鉱労働者の街サン＝テティエンヌで、ヴェイユは、労働者を指揮するのでもなく、労働者に給料を分け与えるのでもなく、「失業者手当と同じ金額五フランで生活すること」によって、労働者とつながろうとする。つまり、その「存在の美」をもって他者の心を震撼させ覚醒させ、他者の心のうちに「自由な遊び」を呼び起こすのである。そして、一九四三年、自室で倒れ、サナトリウムに運ばれるものの、「フランスの子どもたちに配給されている以上の食べ物はとらない」として、栄養失調により死んでゆく有り様は、その「あらわれ」としては、自らが死ぬという事態に対してさえもなんら意味をもたらさない、「狂気」であり「ばかばかしさ」でしかないであろう。だが、こうした彼女の存在は美として輝き出るのであり、その美は後世を生きる私たち自身の生を震撼させ覚醒させ、私たち自身の「生の創造」を促してゆくのである。そしてなにより、「フランスの子どもが配給されている以上の食べ物をとらないこと」によって、ヴェイユ自身、最期の一瞬まで他者と世界とつながってゆこうとするその眼差しにおいて、たとえ死をこうむったとしても、なによりもまず彼女自身が、生死をも含めたあらゆる執着から解き放たれた、「自由な遊び」のなかにあろうとしたのである。

3 「純粋さ」の詩学

「純粋さとは穢れをじっと見つめる注意力をもつことである」（OCVI-2 401）

「純粋であること」とは、穢れを知らぬことではない。否むしろ、「汚いもの」、「忌み嫌われるもの」といった、本来私たちが、「無きもの」としたいと欲してしまう事柄を、なによりもじっと見つめるその注意の力をもつことである。善は善としてそこにあるのではない。そうではなく、悪の直中にあって希《こいねが》われるものであり、その善への眼差しのなかに善はあるのだ。美は美としてそこにあるのではない。そうではなく、一切の美が欠如した醜悪さの直中にあって、自己が自己から離れることによって、愛がきざし、自己の奥底に他者と世界が映し出されるという実在《リアリティ》の感情こそが、美にほかならないのである。

「ホロコースト」という二〇世紀最大の組織的犯罪のそのもっとも醜悪な部分とは、殺人という「見える世界」に先立って、被害者であるユダヤ人からのみならず、加害者であるナチスの側の人間からも、まさしく、シモーヌ・ヴェイユが述べる「詩」を奪うことによって、人間を内側から物に変えていったことにある。そして、物になるとは、世界と他者との関係の橋を渡せないということであり、関係の橋を渡せないということは、言葉をもてないということである。ヴェイユが美だけではなく詩が必要だと述べるそのもっとも大きな意味作用は、不幸に陥れられた人には、自らを語る言葉が剥奪されていってしまうからにほかならない。

ヴェイユは、このナチスの「狂気」が席巻する二〇世紀前半の西洋にあって、もうひとつの「狂気」、すなわち、自己が生きるか死ぬかという局面にあって、自己ではない世界と他者へと愛がどうしようもなく向かってしまう、その私たちすべての人間の心の奥底に眠っている「愛の狂気」に訴えかけるのである。そしてこの愛がきざすならば、極限状況にあって、私たちは、美の感情によって善を把持しうる。そのとき、私たちは「詩」をもつと言えるのであり、それが自らの「生の創造」を、たとえ死を蒙ったとしても、最期の一瞬まで促進してゆくのである。

*

このような「生の創造」は、端的には言葉にあらわしえない。その私たちの「存在の神秘」を、プラトンはさまざまな神話を用いて、言葉において、言葉を超えて、開示したのであった。それでは、シモーヌ・ヴェイユは、現代という時代にあって、どのようにして言葉において、言葉を超えて、実在を開示しようとしたのであろうか。

それは、言葉という虚構にほかならないものが、言葉と言葉とのあいだに「ずれ」、「亀裂」、「閃光」を起こすならば、実在を喚起しうるという把握によってである。そしてまた、彼女が用いる象徴とイメージは、きわめて「女性的なもの」、きわめて「小さなもの」であり、そこに宿る「暖かさ」、「やわらかさ」のうちに、言葉が、言葉において、言葉を超えて実在を映し出す鏡となる、そのことを「関係」として捉えたのであった。

本書では、この「関係」のダイナミズムが、本論と映画論 Essai の往還のうちに、再現されるであろう。映画は、一瞬一瞬の時間の流れのなかで、その都度消え去りゆくものである。だが、映画の一瞬の深度が、私たちの〈今、ここ〉の実在の深度に触れうるならば、その一瞬は、私たちの心のうちで永遠に生き続ける。そして、その閃光の訪れを「待つこと」は、それぞれの〈今、ここ〉の「生の創造」をうながしてゆく。

第Ⅰ部

労働と詩

序

シモーヌ・ヴェイユが、労働者には、美のみならず詩が必要だと述べるのは、不幸に陥れられた人が、自らの存在をあらわにする言葉をもてないことと切り離せない事柄であろう。「言葉がないこと」は、世界と他者とのあいだに「関係」の橋を渡せないことである。そうした人々には、「言葉のなかに閉じ込められた詩」にかわって、「日常生活の実体そのものであるような詩」が必要であるし、また、それをもつことが可能である、と彼女は考える。

ところで、ヴェイユ自身は、詩人として生きられるのであれば、すべてを捨ててもいいと考えていた。そうした彼女は、苛酷な労働現場という、どこにも詩が見出せない場所においてで詩を見出してゆくのであるが、その意味するところはいったい何であろうか。

第1章では、なぜ詩が、およそ詩がないと言える貧困において萌え出づるのか、そして、無という言葉にはまだ「なにものか」が孕まれるのであれば、無という境域はどのような表象によって可能となるのか、また、この無の境域がなぜ私たちが真に生きるために不可欠であるのかを指し示したい。

第2章では、ただ一つの完結した形而上学の書である『前キリスト教的直観』において、ヴェイユがプラトニズムからふたたび湧出させたものはいったい何なのかを指し示したい。プラトンが万人に実在を開示しうる言葉を模索する際、対話と、対話の過程における神話が開示する象徴とイメージに、読者各々の〈今、ここ〉を映し出そうとしたならば、ヴェイユの描き出す象徴とイメージは、現代という時代にあって、プラトンと共振するかたちで、いかなる実在を喚起するのかを見てみたい。そうすることで、ヴェイユが語る詩の境域が映し出されてくるであろう。

第3章では、初期シモーヌ・ヴェイユ思想の集大成をなす、ソルボンヌに提出された学士論文「デカルトにおける科学と知覚」(一九三一年)を分析することを通して、ヴェイユの思想に不可欠な「労働の観念」が、なぜ、またどのようにしてデカルト哲学と密接するのかを描き出し、詩のないところに詩を見出すヴェイユの思想の鍵を、デカルトとの共振のうちに探りたい。

Essai では、世界中の人々の心を魅了したアニメーション映画、宮崎駿監督『千と千尋の神隠し』(二〇〇一年)を取り上げ、主人公「千尋」が自覚に至ることに労働が不可欠であること、さらに、自覚と言葉の強さの比例関係を捉え、そしてまた、労働を通して世界に同意してゆく千尋の姿が、キャラクター・デザインが変化していないにもかかわらず、鑑賞者の心のうちに次第に美しく映し出されることに着目し、自覚と倫理との関係が、「詩」において美を通して明らかになることを浮き彫りにしてみたい。

第1章　詩学の可能性

シモーヌ・ヴェイユにおける「詩」とは、およそ詩というものがいっさい見られない「恥辱」や「醜悪さ」の直中で見出されるものである。しかし、ひとたび私たちがいつどこで美を感じるのか、いつどこで自らのうちに詩情が溢れ出るのかと問うならば、「儚さ」や「脆さ」といった、かぎりなく「無」に近いもののうちであることが知られるであろう。このことを、ヴェイユは、さらに、社会科学の地平に広げてゆく。「無」、「真空」という響きのなかには、まだ何か私たちが直接的に生きる糧となる「高いもの」が孕まれている。何ものでもなくなるとは、社会から全的に放擲されることである。人がそこにいるという感覚を、他者がもちえない存在となることである。このことは、時代が暗くなればなるほど、もっとも見過ごされてはならない事柄であるにもかかわらず、もっとも見過ごされてきた事柄である。というのも、その人の〈今、ここ〉が揺るがされる危険性がある場合、人は容易に「自我」という名のシェルターのなかに閉じこもり、もっとも助けを必要としている人を「無いもの」とするのみならず、その人たちを「罪あるもの」、「醜悪なもの」として退け、已れのシェルターを脅かす危険分子として抹殺しようとするからである。そうした状況にあって、ヴェイユが述べる「詩」は、私たちが生きる世界にあって、どれほどの倫理の地平を開示するのであろうか。世界が悪一色で染め上げられたとき、悪の直中にあって、詩はどのような善を輝き出させるのであろうか。その一点のみを少しく浮き彫りにしてみたい。

＊

1　詩と自覚

ヴェイユは、生前わずかな詩篇を残しているにすぎない。その一篇「プロメテウス」（一九三七年）は、ポール・ヴァレリー（一八七一〜一九四五年）から「構成への意志」を賞賛されている。*1 だが、詩人としての社会的承認は、生前も現在も得られていない。しかしながら、没後残された膨大な思索ノート『カイエ』は、詩と哲学が、言うなれば、メービウスの帯のように繋ぎ合わされた静謐さを醸し出しており、私たちは、哲学がそもそも詩という形態をもって立ちあらわれたことに、思いを馳せずにはいられなくなってくる。

そして古来、アッシジの聖フランチェスコ（一一八一〜一二二六年）をはじめとした多くの神秘家たちがまた同時に詩人でもあったこと（AD 80,「精神的自叙伝」）、さらに、ヴェイユ自身が、神秘家たちの著作を読んでいないにもかかわらず、神秘家たちの思索と自らの思索との深い類似性を見出し驚嘆するという事実（AD 45, 同上）は銘記すべきであると思われる。このことは、自覚に至る道程に詩人になりゆく道程が重なり合う証左となろう。プラトニズムに依拠するヴェイユの思想において、「自覚に至ること」と「神に倣うこと」はつねに同義である。それゆえ、「神は至高の詩人である」[*2]という言葉を省察することで、彼女がどのように自覚をとらえていたのかを浮き彫りすることができるのではないだろうか。

シモーヌ・ヴェイユは、ホメーロス『イーリアス』に格別な思いを寄せている。そしてまた、彼女が旧約聖書のなかで評価するのは、「ヨブ記」ただ一つである。この二つの作品に共通するものは、苦しみを苦しみとして、痛みを痛みとして、悲しみを悲しみとして、そのままのリアリティとして描き出し、そこに美を見出している点である。それが可能であるのは、対象の苦しみに、対象の痛みに、対象の悲しみに同意した人のみであり、ヴェイユは、才能に先立って彼らのその眼差しを指して「天才」と述べている。このような天才の眼差しを通して表現された苦しみや悲しみは、「必然性への同意」をもって描かれたそのリアリティゆえに美へと転換するのであり、この逆転の論理を芸術表現をもって美へと昇華せしめた第一級の芸術家の偉大さに、ヴェイユの眼差しは注がれている。

そして、第一次世界大戦時に負傷し、下半身不随となった詩人ジョー・ブスケ（一八九七～一九五〇年）との出会いとその往復書簡は、ヴェイユの「不幸の形而上学」の描写にいっそうの美しさと静謐さを与えている。ところで、ヴェイユはなぜ、「若い頃から詩への召命を押し殺してきた」[*3]と述べているのであろうか。それは、『イーリアス』を書いたホメーロスや、「ヨブ記」を書いた作者のように、必然性への同意を通して自己が世界と他者と一致するほどまでに自己無化に至るまで「待つ」ということがあったからであろう。「私の頭痛が極限の危機に達した後の詩への傾斜」（OCVI-2 443）と彼女自身書き記しているように、自らの意志ではいかんともしがたい外的必然性との接触において、そこから逃れるのではなく、そこに沈潜することを通してリアリティを把持することが、同時に「詩の言葉をもつこと」なのである。ここに、「ロゴス」のうちに「関係」の意味を深く読み込み、自己と実在との懸け橋としての言葉が湧出する地平が切りひらかれるのである。

シモーヌ・ヴェイユは、自らに迫りくる死の予感のなかで、戯曲『救われたヴェネチア』を完成させようと腐心しており、そしてまた、自作の詩の訂正や発表時期について両親と再三やりとりをしている（EL 227-228,「両親への手紙」）。彼女は、それまで想像力を概して「仮構的想像力」とみなし、実在《リアリティ》との接触を阻む障害物としてとらえてきた。だが、実在性が非実在性に取って代わられる、すなわち、「ありえないこと」が現実に起こっている「戦争」という「現実」に直面し、その暴力の席巻を目の当たりにして、文学のなかでも、散文ではなく、詩ないし対話・戯曲が醸し出す象徴と暗示によるイメージの爆発が、現実の非実在性を顛覆させる力になるのではないか、すなわち、「創造的想像力」が、リアリティが剝奪された現実のなかで、私たち一人一人の「生の創造」を可能にする、と考えざるをえなかったのではなかろうか。[*4]

2　「真空」の経験

ヴェイユの詩への言及は、思索ノート『カイエ』第一巻に集中的に見られる。ここでは、ヴァレリーの講義を聴講した講義録や、ヴァレリーの雑誌論文から得た着想が綴られている。ヴァレリーが詩の実在性を音楽同様、「沈黙」のうちに見ていることにヴェイユは着目している。このことは、のちに「奴隷的でない労働の第一条件」(一九四一年)で、民衆[苛酷な労働条件を課されている労働者]に必要なのはパンでもバターでもなく、詩であり、その詩の源泉は宗教であり、人間が創造した教会においてさえも象徴を読み解くことができるのならば、神が創造した世界において、象徴を読み解くことができるはずだとしていること(CO 265-266,「奴隷的でない労働の第一条件」)と重なり合ってくる。すなわち、「何もない」、「無」の場所が、詩が湧き出るのに不可欠であり、それゆえ、絶えず自らを否定してくる外的必然性との接触を余儀なくされている、苛酷な労働条件を課されている労働者には、この詩をもつ最大の好機があり、なおかつ、この詩を掴む意義を担っているのである。

「貧困には他にいかなる等価物も見当たらないような詩がある。それは、悲惨さという真理のなかに見られる悲惨な肉体から発する詩である。春、桜の花の散る光景は、もしその儚さが、あれほどまでに感じられるのでなければ、人の心を打つことはないであろう。一般的に言って、極限の美の条件は、距離が置かれることによるのであれ、儚さによるのであれ、ほとんど不在のものであるということだ。星座は不変である。だが非常に遠くに存在する。白い花々はそこにある。だがすでにしてほとんど破壊されようとしている。同じように、人間が純粋な愛をもって神を愛することができるのは、神をこの世界の外に、天にあるものと考える場合でしかない。それは、神が人間の姿をしてこの世に存在している場合、か弱い、侮辱され、殺害されるものとして存在している、あるいはまた、さらに大きな度合の不在にほかならない、食べられてしまう微小な物質として存在しているということである」（EL 180-181,「断章と覚え書き」）

私たちが、各々の現場において、自らの存在を把持しうる可能性、すなわち、自己と世界の実在性と契約関係を結びうる可能性を各々の「美的判断力」に見ることは、シモーヌ・ヴェイユ形而上学が極まる一点である。[*5]「世界の美」を感得する際、私たちは、美しいと感じている対象と距離をとっているのみならず、「私」が「私のもろもろの属性」と距離をとっている。このとき、私が私と思いなしていたものは、「ほとんど無」の状態にある。この距離が無限に引き延ばされるならば、不在であり、沈黙である境域があらわれるのと同時に、実在性《リアリティ》が極まるのであり、この実在性《リアリティ》は神の実在と同義である。このとき、極限の美があらわれ、私たちは歓びの感情の直中にあるので、至高の自由に与ることになる。このダイナミズムを引き起こすものを、ヴェイユは詩と名づけている。

　神はこの世界において不在として現前する。すなわち、神はこの世界では、無というあらわれしかもたない。それでは、この世界で神にかぎりなく近いものとは、いったい何であろうか。今にも散ってしまいそうな「桜の花びら」や道端に咲いている「小さな花」やかぎりなく遠くで瞬く星は、「ほとんど無」であると言えよう。さらに、ヴェイユの眼差しは社会的次元における「ほとんど無」へと向かう。貧困に陥ってしまっている人、社会から忌み嫌われる病にかかってしまっている人、今まさしく処刑されようとしている人、こういう人々は今、私たちの目の前に生々しくリアルに存在しているはずである。だが私たちの目には「ほとんど無」としか映らないのである。「神は見えない」というのは、なによりこの社会から放擲されるという「社会的威信の剥奪」においてもっともよくあらわれている。だからこそ、貧困のなかにこそ神に連なる条件、「桜の花びら」や「小さき白い花」や「遠くにある星々」のような美、すなわち詩があるのだ。ヴェイユが美と詩を並列して述べる所以はここにある。

「民衆は自分の欲望をすべて、すでに所有しているものに向けるよう強いられているのだから、美は民衆のためにあり、民衆は美のためにある。詩は他の社会条件にある人々にとっては贅沢である。民衆は詩をパンとして必要とする。言葉のなかに閉じ込められた詩ではない。そのような詩は、それ自体として、何ら民衆の役にたつことはない。民衆が必要としているのは、自らの日常生活の実体そのものが詩であるということである」（CO 424,「奴隷的でない労働の第一条件」）

通常、私たちの目を覆ってしまう「社会的威信を剥奪された人々」、「ほとんど無」でしかないこの世界における実在を、まさしくその現場において目を背けることができない状態に置かれた人々は、その見えない眼差しをもつ唯一の好機に与《あずか》る。美は欲望が満たされないで満足する唯一の心的状態である。満たされない欲望が満たされないままに満足するその「無の境涯」が詩にほかならない。

3　「身体性の原理」と詩

シモーヌ・ヴェイユの思想において、「身体の転換」、「感覚の転換」は、第2節で言及した「美的判断力」と表裏一体の事柄である。自然的に生きるかぎり、私たちは、世界を、他者を、物理的にも心情的にも、自分の視座から、遠近法的にしか眺めない。「人間は有限である。だから、正しい秩序の観念を、自分の心情に近いところにしか用いられないのである」(IP 73,「『国家』注解」)。

ヴェイユは、ジョー・ブスケの身体に刻印された傷と彼の詩の誕生との関係を、時代の苦しみ、時代の悲惨さを身体に宿していることで、自らの視座、自らの遠近法を捨象し、実在に直接することのうちに見ている。「自己否定の最高形態は創造である」*6 ことをヴェイユがあくまで身体においてとらえようとするのは、身体を通して、感性の次元で、苦しみから美への転換がなされ、そこに、人間的自由の本質を見るからである。

「殻に穴が穿たれて生き物が出てきたとき、それはまだ殻のなかと同じ世界を対象としてもっています。しかしもはや殻の中にはいません。空間は開け放たれ、引き裂かれたのです。精神は、悲惨な身体を片隅に置き去りにして、空間の外の一点に運ばれます。それは、一つの視座といったものではありません。そこから展望がひらかれているわけではないのです。そこからは、展望なしに、目に見えるこの世界のリアルな姿を見ることができます。空間は、卵のなかにいたときに比べて、二乗の、否むしろ、三乗の無限になっています。瞬間は不動のものとなります。たとえ音が聞こえたとしても、空間はおしなべて、密度の濃い沈黙で満たされます。それは音の不在ではありません。感覚の確実な対象、音より確実な対象なのです。秘められた言葉、原初から私たちをその腕に抱いていた〈愛〉の言葉なのです」（PS 74-75,「ジョー・ブスケへの手紙」）

私たちは、字義どおりには、「無」、「真空」、「ないもの」を認識しえない。認識しうるとするならば、「無」という「なにものか」を認識することになり、それは、実在の把握となんらかかわりがない。だが、身体において外的必然性の重みを絶え間なく感得し続けるのであれば、私たちは、否応なく、無の直中にあって、何もない充溢を感得することになる。ヴェイユは、詩が誕生する境域を、このようにとらえる。このとき私たちは、「沈黙の言葉」、「神の愛とは何なのか」を知る。

4　詩学がひらく人間学

「無」、「真空」、「ないもの」を、私たちは、文学において、作者の「創造的想像力」によって構築された「架空の世界」を実在として認識することで経験している。文学が有するこのダイナミズムを手放すことがなかった哲学者シモーヌ・ヴェイユは、プラトンの諸著作、ソフォクレスの諸作品との対話の過程において、自らの思索を深めてゆく。そうした彼女は、『イーリアス』との対話において、その力量をもっとも十全に発揮しているように思われる。

「『イーリアス』あるいは力の詩篇」（一九四〇年）と題された論考で述べられているのは、勝者であろうが、敗者であろうが、同様に「力」の支配から逃れられない人間は、認識に必要な対象との「距離」を失うことで「物」になるということである。このことを、幾何学的な厳密さで描き出すことは、自らの視座、自らの遠近法の錯覚にとらわれている人間にはなしえない。そして、「戦争」という現実においても、私たちは、自らの視座から逃れられないのであるから、実在は、『イーリアス』が描くようには、自らに立ちあらわれてはこない。だが、ホメーロスの天才が有する「創造的想像力」が開示する「虚構の世界」が、現実の非現実性を凌駕するならば、それは、私たちの日常生活における詩そのものとなりうる。

とはいえ、この「虚構の世界」は、「あらわれ」としては、悲惨さ・残忍さにほかならない。それにもかかわらず、『イーリアス』は、美として私たちの心に映し出される。この逆説は、すでにして、苦と美とが弁証法的関係のうちにある証左となろう。

> 「『イーリアス』の真の主人公、真の主題、その中心は、力である。人間によって操られる力、人間を服従させる力、それを前にすると人間の肉体が縮み上がる力である。『イーリアス』にあらわれる人間の魂は、たえず力との関係によって変形され、自らは使用しているつもりの力にひきずられ、盲目にされ、自らが受ける力の束縛に屈した姿である。その後は進歩のおかげで、力は

もう過去のものとなった——そんな夢を想い描いた人々は、この詩篇に歴史的事実を見たであろう。だが、今も昔も全人類史の中心に力を見分けることができる術を知る人々は、この詩篇にもっとも美しく、もっとも純粋な鏡を見出すのである。

力は、誰であれ、それに服従する者を物とする。極限まで作用する場合、力は人間を文字通りの意味で物にしてしまう。というのも、力は人間を屍にするからである。誰かがいたのに一瞬の後には誰もいない。これこそ、『イーリアス』がたゆまず私たちに提示する光景である」（OCII-3 227/ SG 11,「『イーリアス』あるいは力の詩篇」）

力を操るにせよ、力に操られるにせよ、力との接触によって私たちは物となる。これを逃れさせるのが、唯一「愛《エロース》」の働きである。そしてまた、「愛《エロース》」が働く境域とは、すべての力から解き放たれた、まったき弱さ、まったき脆弱さとしてある、あらゆる「社会的威信」をはぎ取られた人々においてである。およそ詩というものが見出されない「貧困」において詩が見出されるとヴェイユが述べるのは、なにより、この力の支配を逃れているからにほかならない。

*

詩が「純粋意識」のもっとも端的なあらわれであるならば、ヴァレリーがヴェイユの詩を「教育的」、「教訓的」と難をつけたことは[*7]、なにより「人々の間に」あろうと悪戦苦闘してきたヴェイユであってさえも、世界と目線を等しくしえなかったことの証左となろう。

詩という言葉そのものへの言及は少なくなるものの、『カイエ』全体のなかで、詩と哲学の絡み合いがヴェイユ独自の叙情性を生み出す有り様は、後半になるにつれ高まり、『超自然的認識』〔『カイエ』第四巻〕において極まる。

「不幸ほど知ることが困難なものがない」(CO 341, 「工場生活の経験」)と言われるように、いっさいの認識を拒む不幸の直中で美的感情が溢れ出るところに至高の自由がひらかれてゆくシモーヌ・ヴェイユ形而上学において、詩というファクターに着目するならば、私たちは、創造的想像力が構築した「架空の世界」を、すなわち、けっして経験しえない、「無」、「真空」、「ないもの」を、現実の非実在性にとってかわる実在性として認識してしまっているという「不思議さ」のうちにある。

「人々に必要なものは、美であり、詩であり、この詩の源泉は神であり、宗教である」(CO 424, 「奴隷的でない労働の第一条件」)というヴェイユの言葉は、なにより、この角度から捉え直されてはじめてその言葉の実在性を獲得するものであろう。

第2章　シモーヌ・ヴェイユにおけるプラトニズム

シモーヌ・ヴェイユは、愛する人々への手紙や、愛好する著作との対話において、もっとも美しい言葉をつむぎ出す思想家である。こうした性向を有する彼女は、プラトンの諸著作との対話において、もっとももその力量を発揮している。

『前キリスト教的直観』は、前半がギリシア神話やプラトンの諸著作との対話、後半が「ピタゴラス派の学説について」と題する論考からなり、彼女の形而上学はこの書において極っている。それゆえ、シモーヌ・ヴェイユの詩学と言うべきものが湧き出る泉は、まさしくこの書のうちに見出されるのである。

本章では、古来の哲学者のうちで、プラトンに格別な信服を寄せる最晩年のヴェイユが、プラトンとの共振ないし亀裂のうちに、言葉において、どのような世界と他者との「関係」の橋を構築しえたのかを描き出し、詩と自覚との関係を形而上学的に考察してみたい。それは同時に、現代においてプラトニストであるとはいかなることを意味するのか、という問いに応えることでもあろう。

＊

1　自覚について

「私」が確かに「私」であるならば、つまり、眠りから目覚め「自覚」へと至るならば、その存在は、おのずからして「世界」と「他者」へと、すなわち、「倫理」へとひらかれてゆく。これはヴェイユの思索を一貫する流れであり、それにはつねにプラトンの思索が並走させられている。[*8]

ヴェイユは、プラトンを、「真正の神秘家であり、西洋神秘主義の父でさえある」（SG 70,「プラトンにおける神」）とみなしている。ここで言われている「神秘家」とは、「人と神」、「有限と無限」、「自然と超自然」、「絶対と相対」等々、絶対的に相矛盾し、絶対的に相異なる両者の交差点に立つ存在者のことである。このとき、「神秘家」の存在は、絶対的な無であり、場所そのものとなっていると言える。この場所を指してヴェイユは「真空（vide）」という言葉を用いている。この言葉は、従来、物理・科学の領野で用いられてきた言葉であるが、ヴェイユは、形而上学的・宗教的な事柄に関しても、物理・科学同様の厳密さを要求しているのである。

私たちは、「見える世界」を生き、「見える世界」を知覚している。だが、この「見える世界」を根柢で支えているのは、見えない「心の世界」であり、「動機の世界」である。そして、こうした「見えない世界」が充溢してはじめて「見える世界」が開花することは、その程度の差こそあれ、私たちすべての人間が、一様に経験しているところであろう。

たとえば、私たちはいったいどこで「一枚の絵の美しさ」に出会うのであろうか。その美しさは一枚の絵を見た直後かもしれないし、数時間後、あるいは数週間後であるかもしれない。しかし、いずれにせよ、一枚の絵の美しさは、一枚の絵という現象からやってくるのではない。否むしろ、一枚の絵という現象から解き放たれた、一枚の絵とは絶対的に他なるもののうちに、すなわち、一枚の絵の真空のうちに一枚の絵のイメージが浮かび上がることを通して、私たちは一枚の絵の美しさに出会うのだ。ここに、私たちの観照の本質が見られる。

ヴェイユは、このような生の逆説、生の矛盾を、プラトンの諸著作に立ち返り、そこに立ち止り、彼女自身の心に「映し出されてくるもの／移し出されてくるもの」を捉えようとしている。そこにおいて彼女は、プラトンと共振しつつ、自らのうちから迸り出る象徴とイメージを繊細に深く織りなすことを通して、各々の読者の心のうちに、揺るがぬ実在性が映し出されることを希求しているのである。

誰しもが「暗い時代」を余儀なくされた二〇世紀前半という激動の時代にあって、ヴェイユは、特殊の徹底、つまり、主体が完全に客体に「映し出されてくる／移し出されてくる」まで特殊において特殊を離れることにおいて、すなわち、真の「自覚」の確立によって、普遍の地平を見出している。その「表現」の有り様は、数々の社会的実践を遠景にもちつつ、あくまで言葉に収斂されることになる。[*9] 言葉は具体的なものに衝突し、否定され、再生して、はじめてその実在性を獲得する。このとき言葉は、確実に、普遍への開けを提示しうる抽象性を有する。哲学者シモーヌ・ヴェイユは、まさしくここに立っている。そして、彼女が『ティマイオス』を書いたプラトンに向けて発語した次の言葉は、シモーヌ・ヴェイユその人に当てはまるであろう。

『ティマイオス』は創造の物語である。プラトンの他のどの対話篇にも類似していない。まったく別の場所からやって来たとさえ思えるほどである。私たちに知られていない源泉から着想を得たか、あるいは、他の対話篇と突き合わせるなかで、何かがプラトンのうちにやって来たのである。いずれにせよ、推察するのは容易である。プラトンは、洞窟から出て、太陽を観て、それから洞窟に戻ったのである。『ティマイオス』は、洞窟に再び戻った人間が著した著作である。それゆえ、『ティマイオス』では、感じられるこの世界は、もはや洞窟として描かれてはいない」(SG 119,「『ティマイオス』注解」)

「洞窟として描かれていない」世界を、ヴェイユは、プラトンと同様に、しかし、彼女自身の思考に則って『ティマイオス』から得た着想を中心にして描き出している。それは、「死を中心にした生の配置[10]」と言い換えることもできよう。そしてこの「死」に読者がダイレクトに参与しうるならば、それは、死へと自らを投げかけるのではなく、死へと同意してゆくことによって、私たちは、「世界の美」に触れうるからである。主体が完全に客体の側に「映る／移る」、ないし、「主客が一致すること」において、「物となって見、物となって考えること」を通して生きることが、なにより、客体の属性ではなく、主体の瑞々しい感性において、美として表象されるがゆえに、主体は「自覚」へと至り、真の自由が保証されるからである。そしてまた、ヴェイユの言葉・思想・著作すべてが、美に収斂されてゆく有り様に接するとき、私たちは、デカルト哲学から哲学的出発を果たした[11]ヴェイユの思想が、「美による神の完全性の証明」に収斂してゆくことを、単なる知性においてではなく、「愛の息吹を吹きかけられた知性」（IP 131,「ピタゴラス派の学説について」）において知ることになる。デカルトは、有限である私たち自身が、自らのうちに無限である「神の観念」を有するために、この一点において、人間である私たちは神と繋がると考えた。*12 一方、ヴェイユは、プラトンの諸著作のなかに分け入り、プラトンその人を見出すことを通して、どんな放埒な人であっても、どんな悪徳な人であっても、あるいは、どんな恥辱にまみれた人であっても、すべての人が、美の感情をもつために、私たちは神と繋がりうることを、さまざまなイメージを用いてあらわしてゆく。ここに、社会科学と美学・詩学が連続性をもってあらわれる倫理の地平が見出されるのである。

2　痛みが美に変わるとき

「不幸と真理との一致」、さらに、この両者の交差点を「十字架上のキリスト」に見出し、それを「キリストの美」として表象する文人・哲学者は、古来数知れないであろう。彼らは各々の時空にあって、各々の仕方で、この真理の有り様を描き出している。しかし、そもそも不幸から美へと存在の位相転換が孕まれるこの事態は、前者において、不幸という現象そのものに着目される危険性があり、後者において、美が実在から切り離された単なる抒情ないし耽美主義に回収される危険性がある。ヴェイユはこの二つの危険性をどのように回避しているのであろうか。『前キリスト教的直観』

の終わり部分における註記で、きわめて明晰かつ詩的に、この存在の位相転換が描き出されているので、引用してみたい。

「不幸の主たる効用とは、キリスト自身がそうであったように、魂に『なぜだ!』と叫ばせ、疲労困憊で中断しないかぎり、絶え間なくこの叫びを繰り返させることである。いかなる答えもない。励ましとなる応答を見出すならば、それはなにより自分自身で作り出したものである。さらに、それを作り出す力があるという事実は、水が99℃で沸騰しないのと同じく、どれほど強烈なものであったとしても、苦しみが不幸という特別の段階に達していないことを意味している。『なぜだ! 何のために!(pourquoi)』という言葉が原因の追求をあらわしているとすれば、答えは容易に見えてくるだろう。だが、それが表現しているのは、[原因ではなく]目的の追求なのだ。この宇宙全体には合目的性が剥奪されている。不幸のために引き裂かれ、この合目的性を追い求めて叫び続ける魂は、この真空に触れるのである。魂が愛するのをやめないならば、叫び求めた答えではなく——というのも、それはもとよりないのだから——、どんな答えよりも限りなく意味に溢れた何ものかとして、神の言葉そのものとして、沈黙の声を聴く日が来ることだろう。そのとき、魂は理解する。この世における神の不在とは、天にいます神のこの世におけるあらわれなのだ、と。だが、神の沈黙を聴くためには、この世において空しく合目的性を追求するよう魂が強いられた、という経験が必要である。そして、二つのものだけが魂に強いる力を有している。不幸、あるいは美の感情から生じる純粋な歓びがそれである。美こそが、いかなる個別の合目的性ももたず、ただちに合目的性のあらわれを感じさせるがゆえに、この力を有するのだ。不幸とこの上もない純粋な歓び――ただ二つの道であり、等価な道である。だが、不幸がキリストの道となる」（IP 167-168,「ピタゴラス派の学説について」）

カントは、目的がないのに目的に適った心の状態があるという、絶対的に矛盾したものが一致する心の状態を、唯一、美の感情に見出し、美の第三契機を「目的なき合目的性」と定義した。*13 表立ってはあらわれていないものの、シモーヌ・ヴェイユのプラトニズムには、カントがこれをもって自らの批判書を完結させるとした*14『判断力批判』であらわした美の位相が地下水脈となって流れている。美的判断は趣味判断であり、その個人の感情を他人に強要することはできないはずである。しかし、にもかかわらず、本当に美しいものに出会ったとき、私たちは、その美しさを他の人にも伝達したいと思う。どんなに思いを凝らしても、その美しさを伝達することはできないかもしれない。しかし、もう一度、本当に思いを込めれば、その思いは絶対に伝達できるにちがいないと思わせる何ものかが美の感情のうちにはある。美的判断は、概念による「規定的判断」ではなく、主観の感情による「反省的判断」であるにもかかわらず、概念を超えた普遍性があるのであり、これを指してカントは、「主観的普遍性」と定義したのである。*15

一方、プラトンは、『パイドロス』（254d-e）で、私たちの魂を、「善い馬」と「悪い馬」と「馭者」という三つの部分をもつ馬車になぞらえ、私たちが本当に美しいものに出会ったときに、私たちの魂がその対象を目の前にして、その対象を貪り食おうとする欲望が消失し、立ち止まることをあらわしている。ヴェイユは、このように、人間の魂が対象と距離を保つことには、「どうにもならない痛み」（SG 113,『パイドロス』注解」）がともなうことに着目している。そして、大切なのは、痛みを経て、最終的に魂の三分の一の部分である悪い馬の部分が、善い馬と馭者の求めに応じて同意し、立ち止まるということである。

カントとプラトンとの交差点とその差異、それは、プラトンにおける「愛《エロース》」という私たち主体の側からの眼差し、方向性が、美の感情に不可欠であるということだ。ヴェイユは、カントを拠り所としながらも、プラトンの方にぐっと重心を傾けるのであり、ここに、シモーヌ・ヴェイユ形而上学の花咲く場所が見出される。そして、彼女の詩的な叙述における詩と哲学の交差点においてあらわされているものは、すべての弟子に見捨てられ、さらに、父なる神に見捨てられ、恥辱にまみれ、呪いとなった「十字架上のキリスト」であり、この醜悪さの直中にあって、「十字架上のキリスト」のうちに溢れ出る美の感情である。この描写において、彼女の言葉は際立って美しいものになっている。このどこにも慰めのない「不幸」の状態は、逆説的にも、どこにも自らの想像力の働く余地のない、自我が対象に投影されず、対象がそれ自体として自らにあらわれてくる有り様である。真に実在《リアリティ》に接触している有り様である。神が不在として、神の声が沈黙として、あらわれてくるということである。そして、それこそが、神が、この世界ではなく、この世界を超えたところに存在する証であり、「私」の欲望が、完全に「私」を超え、この世界を超えた場所に向かっている証であり、そのときに、私たちは、ダイレクトに「世界の美」に触れることになる。そして、「キリストの道」である「不幸」において美の感情が溢れ出ることが、その人が「正義の人」であり、善を把持している証となっているのである。

「必然性を観照して、それを愛するよう仕向けるものは、世界の美である。美がなければ、それはかなわない。というのも、同意は、魂の超自然的部分に固有の働きであるとはいえ、実のところ、魂の自然的部分と身体の自然的部分とがある程度協働しなければ、成就しえないからである。この協働が漲ることは、とりもなおさず歓びが漲ることである。反対に、極限の不幸は、少なくとも一時の間、この協働をまったく不可能にしてしまう。しかし、キリストの十字架に与るというかぎりなく貴重な特権をもつ人々であっても、歓びを経験したことがなければ、この協働を手にすることはできないであろう。キリストは、人間的な苦しみの淵で破滅させられる前に、完璧な人間的歓びを知った。そして純粋な歓びとは、美の感情にほかならない」(IP 157,「ピタゴラス派の学説について」)

「だがより一般的には、どのような苦しみも、とりわけ十分に堪え忍ばれた不幸も、私たちを扉の向う側へと移行させる。そして、その調和は、真実の顔をあらわしつつ――高みにその顔を向けて――世界の美、神の美から私たちを隔てる一枚のヴェールを引き裂くのだ。これは、『ヨブ記』の終わり部分に示されている。ヨブは苦悶の果てに、見かけはともかくも、完璧に十分堪え忍んだ苦悶の果てに、世界の美の啓示を受けるのである」(IP 164, 同上)

不幸から美への転換、すなわち、不幸における美のあらわれは、『前キリスト教的直観』では、『ティマイオス』の再解釈を出発点として解き明かされてゆく。ヴェイユが、「芸術創造」から「世界創造」、さらにはそこから、私たち一人一人の「生の創造」を導き出す『ティマイオス』に着目することは、芸術・学問・不幸、この三つが、自然性において超自然性が流れ込むただ三つの裂け目である（IP 127, 同上）と彼女がみなしていることと深く通底している。「世界の秩序」すなわち「物」を美しいと感じられる心をもつということは、自分以外の対象に愛を傾けられるということである。自己が自己において自己と距離を保てること、それこそが自らの生を愛するということである。芸術家は、才能に先立って対象への愛、すなわち、自分以外の「世界の秩序」へと欲望が向かうが故に、作品を創造することができる。ヴェイユにおいて「自覚」をあらわす用語である「脱創造（décréation）」は、芸術創造に立ち返って観照されるとき、はじめてその実在性をもつ。*16

「美は、個々特殊な目的を排除する。ある詩において、この言葉はこうした効果を生み出すため、詩人によって配置された——たとえば、豊かなリズム、畳韻法、鮮明なイメージなどである——と説明できるならば、その詩は二流である。完璧な詩とは、言葉がそこにあって、それが絶対的に適っている、としか言いようのないものだ。自分も含めて、すべての存在者、すべての事物、時間の流れに組み込まれているすべての出来事も同様である。激しく愛する人と長い不在の期間を経て再会し、語りかけられるとき、その言葉の一つ一つは無限に貴重である。それは、言葉がになう意味のためではなく、愛する人のあらわれを一つ一つの音節のうちに聴くからである。そのときたまたま激しい頭痛に悩んでいて、一つ一つの音が痛みを与えるとしても、愛する人の痛みを引き起こす声は、その人のあらわれを包み込むものとして、無限に愛しく貴重である。同様に、神を愛する人は、過ぎ去った出来事から善が生じている、と言いたてる必要はない。なし遂げられたあらゆる出来事は、〈愛《エロース》〉そのものの声によって発せられた一音節なのである」（IP 40,「『ティマイオス』注解」）

激しい頭痛の苦しみがその苦しみの奥底において苦しみではなくなるのは、すなわち、感覚が苦から美へと転換しうるのは、対象への愛があるからである。愛があるがゆえに苦しみの直中にあって私は苦しみを超えた実在《リアリティ》のうちにある。シモーヌ・ヴェイユにおいて「見える世界」を根柢で支えている「見えない世界」は、このように、愛を跳躍板として描き出されることになる[*17]。そしてこの愛は芸術へと遡及される。第一級の芸術作品は、神の創造である世界の流れないし宇宙の運行が、何の目的も孕まないのに合目的性があるのと同様に、なによりも、「目的なき合目的性」である美としてある。この世界に倣って私たちが生きることは、芸術家が真に芸術家であれば、学者が真に学者であれば、あるいは、不幸の直中でじっと不幸を観照しうるならば、ただそれだけで、その存在は美としてあるということである。そしてその美は、他者の存在を震わせ、他者の心のうちに住まう悪を消滅させる。ここに、存在論と倫理とが重なる地平が見出される。

3　善への転回

善は、ただ善を欲望するというそのことにおいて善い。この「善への欲望」は、シモーヌ・ヴェイユ形而上学のメルクマールの一つとみなすことができる。[*18] そして、この「善への欲望」は、善は、ただ善を意志するというそのことにおいて善い、カントの「善への意志」[*19] を基底としているものの、ヴェイユにおいて、意志が欲望へと転換してゆくことにおいて自由のひらけが見出される。善がこの世界を超えたところにあることを知り、そこに眼差しを向けることの困難を深く認識していながら、その困難を打ち破る可能性を『ティマイオス』から俯瞰するかたちで探究するヴェイユの眼差しは、苛酷な必然性を余儀なくされていながら、その必然性から逃げることなく、必然性をじっと見つめることにおいてひらかれる自由の位相を提示している。

「物が存在しているのは神が欲したからにほかならないが、媒介の働きをなす必然性は神の意志にいっそう近い。必然性とは、物質が神に対して従順であることをいうのである。こうして、物における必然性と私たちのうちなる自由からなる相反するものの一対は、従順において統一を手に入れる。というのも、私たちが自由であるとは、神に従順であるのを欲することにほかならないからである。それ以外の自由は、すべて虚偽である」（IP 152,「ピタゴラス派の学説について」）

守銭奴は金を貯める。すると守銭奴はますます金が欲しくなる。欲望は肥大する一方であり、満足はいつまでたっても得られない。これは私たちの欲望がすべて、本来、無限を目指しているにもかかわらず、有限に取り込まれているからである。欲望が無限を有限なものに求めるという転倒のうちにあるからである。このことをヴェイユは、『饗宴』と『国家』を連続的に読み込むことにおいて開示している。

ただ善へと眼差しを向ければよい、という単純な真理の根拠は、「洞窟の比喩」〔プラトン『国家』514a-521b〕における善である太陽を見る視力を、そもそも私たち自身が有していることにある。しかしこの視力を太陽のほうへ向けるのが難しいのである。というのも、「操り人形」の影は影であっても確かにそこに実在しており、とりわけ、権威・名誉・金銭といった社会的威信にかかわるものは私たちの魂を釘付けにしてしまうのみならず、私たちの魂を氷らせてしまうからである。何段階かのハードルを経て、洞窟を出た人は、太陽に先立って月に出会う。

「洞窟の比喩で、太陽を目にする直前に観照されるのは、月である。月は太陽の映しであり、似姿である。太陽は善であるので月は美である、と想定するのは自然のことだ。プラトンは、美に到達した人は完全なるものに到達したも同然だ、と述べることで、至高の美は神の子であることを暗示している。ギリシア神話における絶対的な美は、天空のアフロディテである。……月は満ちては欠け、消えた後に再生するので、ますます神の子の象徴に適っている。したがってまた、受難の象徴にも適うのである」(IP 88,「『国家』注解」)

誰かの善行に接したとき、私たちはその行為を「善い」とは言わず、その行為を「美しい」と言う。すなわち、行為の善さは美しさとして、私たちの心のうちに映し出されるのである。これは倫理学における動機説の表象ともなっている。行為の動機、すなわち、行為の原理が自己であるのかあるいは自己以外の世界と他者であるのかは、その存在が美しいかどうかで判断される。己れの情動ではなく、世界の必然性に倣う行為は美しい。そして、必然性に「イエス」と言ってゆけるのは、己れから湧き出る世界と他者への愛という主体の眼差しがあるからにほかならない。

ヴェイユは、受難の本質を、苦しみにではなく、「社会的威信の剥奪」のうちに見ている。社会からの全的放擲を意味する「社会的威信の剥奪」は、逆説的にも、その大部分を構成している「力」から逃れているために、すなわち、いかなる力にも依拠しない「やわらかい心」であるために、愛《エロース》が宿る唯一の場所となる。こうして、ギリシア語のπάσχειν《パスケイン》に、「堪え忍ぶ」という意味を深く読み込むことを通して、自我が消失し、あたかも月が真っ暗闇のなかから再生するがごとくに「第二の誕生」を遂げるならば、私たちは自覚に至るのであり、そのとき、私は世界と他者へと、すなわち倫理へとおのずとひらかれているのである。

「さらに驚くべきことは、あらゆる神々の王である神が影響を及ぼすというだけではなく、この神が、堪え忍ぶ（Πάσχειν《バスケイン》）ということである。パスケインには、変容させられる、堪え忍ぶ、苦しむという三つの意味がある。パテーマ（Πάθημα）は、パスケインから派生したギリシア語で、受難の意に用いられている。愛《エロース》は、変容させられ、堪え忍び、苦しむ。だがそれは、強制によっ

てではない。同意によってである」(IP 55,『饗宴』注解)

無辜なる正義の人が、不正義であるとの最大の汚名を着せられることによって、それまで自我が拠り所としていたすべてが瓦解する。その意味するところはいったい何であろうか。それは、苦しみが底なく苦しく、痛みが底なく痛く、白が底なく白く立ちあらわれるという、物がその自性においてたちあらわれてくる真の実在《リアリティ》に接触することである。別の言い方をするならば、最愛の弟子ペテロにまで「あなたのことは知らない」と言わしめた「社会的威信の剥奪」が徹底されている「十字架上のキリスト」の状態になければ、私たちは、世界を、他者を、「自我の投影された世界」、「自我の投影された他者」として、「遠近法の錯覚」のもとでしか見ていないのである。

「一般にエゴイズムと言われているものは、自己愛ではない。それは遠近法のもたらす結果である。自分のいる場所から見える事物の配置が変わること、それを人々は悪と名づける。その場所から少しでも離れたところにある事物は、目に見えない。中国で一〇〇万人の大虐殺が起こっても、自分が知覚している世界の秩序は何の変化もこうむらない。だが一方、隣で仕事をしている人の給料がほんの少し上がり、自分の給料が変わらなかったとしたら、世界の秩序は一変してしまうであろう。それを自己愛とは言わない。人間は有限である。だから、正しい秩序の観念を、自分の心情に近いところにしか用いられないのである」(IP 73,『国家』注解)

真に実在《リアリティ》に接触するとき、私たちの自我は死を余儀なくされるので、自我は、自らが真の実在《リアリティ》に直面することを避けようとする。私たちは自分の眼を自分の眼で見ることができない。私たちは自らが、自ら以外の物に映し出されたときにのみ自覚に至る。「創造されたもの（créé）」が「創造されないもの（incréé）」に、すなわち、人間から動物、動物から植物、植物から物への移りゆく過程において、「からし種」や「柘榴の種」あるいは「葉緑素」に例えられるように、「主体的受動性」とも言うべきものが私たちのうちに見出される。この微小な一点である私たちのうちなる超自然性が開花することによって、つまり、私たちのうちなる神が生きることによって、私たちは自分とは何かを知る。植物は同一の場所を動くことができないが、光のほうに身を寄せることはできる。そうして、うちにもつ葉緑素が感光し、自らのうちなるエネルギーが出てくるのであり、光のほうに身を寄せる過程において私たちは美に出会う。そして美は、私たちのうちなる眠らされている善の部分を覚醒するのであり、ヴェイユは、「おそらく、美の感情の本質とは、一面では苛酷な強制であるにもかかわらず、また一面では神への従順である、という点であろう」（IP 158,「ピタゴラス派の学説について」）と述べ、この美の感情を指して、「あたかも芸術家がひそかに記したサインのようなものである」（IP 159, 同上）と述べている。

4　力を打ち砕く愛

第1節で見たように、ヴェイユが生前出版した数少ない論考の一つに「『イーリアス』あるいは力の詩編」（OCII-3 227-253/ SG 11-42, 一九四一年）と題されたものがある。彼女が『イーリアス』において着目するのは、敗者だけではなく、勝者も、自らではどうすることもできない力の支配下にあり、生命は保っているものの、すでに人間ではなく「物」となっている有り様である。外的に課された苛酷な必然性に同意しているのではなく、それに盲目的に隷属している有り様である。私たちを自由へと導き、その証として美の感情が溢れ出る「物への同意」と、物へと成り下がってしまう「物への隷属」という、この似て、絶対的に異なる有り様は、『前キリスト教的直観』では、次のように描き出されている。

「神は創造した、すなわち神は自分の外側に何かを生み出した、というのではない。神は立ち去り、存在の一部に神でないものとして存在することを許したのである。この神の放棄に、創造されたもの［創造］の放棄すなわち従順が対応する。宇宙全体は、従順がぎっしりと詰まった塊にほかならない。この塊には、光り輝く点がちりばめられている。この点の一つ一つは、神を愛し、従順であることに同意する理性的被造物の魂の超自然的な部分である。残りの部分は、密度の高い塊のなかに取り込まれている。理性を授けられてはいるが、神を愛さない存在者は、緊密で薄暗い塊の断片にすぎない。それらもまた、全体として従順であるにはあるが、落下する石のように従順であるにすぎない。その魂もまた物質、すなわち心的な物質であり、重力のメカニズムと同様に厳密なメカニズムに従っている。自らの自由意志を信じることも含めて、傲慢が生むもろもろの幻想や挑戦・反抗というものはみな、光の反射と同じく厳密に規定された現象にすぎない。

こう考えると、生命のない物質と同じく、極悪な犯罪者も世界の秩序をなしており、したがって、世界の美をなしていることになろう。すべては神に従順であり、したがって、すべては完璧に美しい。これを知ること、これを本当に知ること、それは、天にいます父なる神が完璧であるのと同じく完璧であるということである」(IP 161-162,「ピタゴラス派の学説について」)

通りで誰かとすれ違うとき、ポスターの横を通り過ぎるのとは異なる心的作用が、部屋に誰かが居るとき、部屋にひとりで居るときとは異なる心的作用が、「私」に及ぼされる。人がそこに居るということは「私」の存在を震わせ覚醒させる。しかし、『イーリアス』で描かれている、勝者も敗者も等しく未来に死が定められているような生において、勝者は敗者を一つの「物」とみなす。そして、なぜひとりの人間を「物」とみなすことが可能なのかと問うならば、それは、勝者であるその人自身が、「物」となってしまっているからである。敗者のみならず勝者が「物になること」によって不自由に陥る有り様を『イーリアス』のうちに見抜き、描き出したところに、ヴェイユの慧眼がある。

このように、勝者も敗者も、同等の眼差しのもとで、あたかも万人に光と雨を降り注ぐ神のように描き出すことは、自然的にはなしえない。それゆえ、ヴェイユは、ホメーロスの天才を、その詩才に先立って、この超自然的な営みをなしうることに、すなわち、神の放棄にならって創造〔自らが創造されたこと〕の放棄をなしえていることに、すなわち、自己が自己から離れて在ることに、自己以外に自らの欲望が向かうことに見るのである。天才とは、天賦の才能や努力ではない。そうではなく、対象がリアルに立ちあらわれる自性をとらえる眼差しをもつことであり、それは必然的に美への欲望に貫かれることになる。

「真の詩や技芸におけるように、創造的であり、真に新しい発見があるならば、そのとき知性は、超自然的な愛から直接的に生じてくる。ここに、核となる真理がある。知性がその効力を十全に発揮すべくエネルギーを注ぎ込む対象は、自然的な能力や天賦の才能ではないし、ましてや努力や意志や勉励といったものでもない。それは、欲望、すなわち美への欲望にほかならない。美への欲望は、ある一定の強さと純粋さからは、天才と同じものである。すべての点で、美への欲望は注意力と同じものである。このことが理解されれば、現行とはまったく別の教育が思い描かれるであろう。なににもまして、知性は歓びのなかでしか開花しないことが理解されよう。知性は、私たちの能力にあって、歓びが欠かせないただ一つの能力であるにちがいない。歓びがなければ、知性は窒息してしまう」(IP 61-62,「『饗宴』注解」)

自己が自己から離れ、自らのうちに美的感情が湧き起こるならば、誰しもが天才になりうる。この天才という特異な領域に普遍妥当的にあらゆる人々が与れることを示していることが、ヴェイユの思想を明るいものにしている。

「『イーリアス』あるいは力の詩編」では、「不幸の神秘」、「不幸の謎」が構造的に、幾何学的正確さをもって描写されている。すなわち、不幸に見舞われた無辜な人は、魂の奥底に深い傷跡が残り、本来加害者の心のうちで罪として感じられるべき悪が、あたかも加害者の心から被害者の心に転移したかのように、被害者の心のうちで自己への侮蔑・恥辱・醜悪さとなって感じられるということが描き出されている。しかしこの論考では、力の支配から逃れられない魂が、どのようにして自由でありうるのかは描かれていない。ここからの自由への道は、『前キリスト教的直観』における『饗宴』と『国家』解釈に立ち返らねばならない。

「力は、人間の魂のあらゆる自然的部分、魂が内包するあらゆる思惟や感情を含めた自然全体においていて、絶対的な権限をもっている。しかし、力は同時に、絶対的に軽蔑すべきものでもある。こうみなしたのは、ギリシアの偉大さにほかならない。……しかし、力の威力を知りながら、力を軽蔑するというこの二重の認識は、おそらく、もっとも純粋な神への愛の源泉となろう。というのも、自然におけるすべては、心理的な自然も含めて、重力のように、情け容赦もなく、有無を言わさずに下方へ向かう力に従属しているからである。そして、抽象的にではなく、魂すべてを挙げてこれを知ることで、魂は祈りへと向かうからである。もし許されればの話だが、独房の窓に寄り添う囚人のように、あるいはまた、光の方角に向かおうとビンの縁に貼り付くハエのように」(IP 53,「『饗宴』注解」)

このように、プラトニズムが「神への愛」すなわち「必然性への同意」として捉え直されるとき、どのような苛酷な現実を目の前にしても、私たちは自由でありうる。しかし自然性に生きる私たちは超自然性を知りえない。人間である私たちは神との出会いを知りえない。知性が知性に留まるならば、それは、「私」よりも高くも低くもないのである。だが、もし知性に愛の息吹が吹きかけられるならば、まさしくビリアードのスティックによって突かれた球のように、私は、私自身において、私自身を超えて生きる。その唯一の証が、私たちの感性において立ちあらわれる「美の感情」である。世界が「私」に美しく立ちあらわれるということである。これは私たちが、私たち以外のものに同意している証であり、私たちが私たち以外のものに「映し出されている／移し出されている」証である。そしてそれが、私が私以外のどのようなものにも嫉妬しない証であり、私が私である証である。それゆえヴェイユは、「世界の秩序」が「世界の美」として描き出される「『ティマイオス』の核となる考えは、私たちが生きるこの宇宙の基体であり実体であるものは愛だ、ということである」（IP 37,「『ティマイオス』注解」）と、さらに、「『ティマイオス』の第二の考えはこうである。この世界は、神の愛の鏡——それは、神自身にほかならない——であると同時に、私たちが倣うべきモデルでもある、ということだ」（IP 39, 同上）と述べるのである。この愛とは、『ティマイオス』における「世界の魂」であるのと同時に、かぎりなく力を逃れてゆく、「弱さの強さ」としてある『饗宴』における「愛《エロース》」であり、なおかつ、『国家』における「社会的威信の剥奪」を課された「正義の人」のことである。

　私たちが生きる現代は、善と思われるものが「見える世界」をなし、善の実在が「見えない世界」をなしているとも言える。そして、「見えない世界」を突きつめてゆけば、「見える世界」は瓦解してしまうであろう。それにもかかわらず、「見えない世界」を、すなわち、「善の実在」のほうを欲望させる方向性、エネルギーがただ一つ、愛のうちに見られるのであり、そしてまた、この愛だけが私たちの生を成り立たせる唯一の根拠なのである。

第3章 「デカルトにおける科学と知覚」をどう読むのか

シモーヌ・ヴェイユ全集第一巻『初期哲学論文集』は、「デカルトにおける科学と知覚」で締めくくられている。学校教育という枠組みと規制のなかで書かれたこの論考のうちに、なぜシモーヌ・ヴェイユ形而上学に「労働」というファクターが必要不可欠なものとして導入されるのかを見ることができよう。

「眼をとじ、耳をふさぎ、あらゆる感覚を退けよう」というデカルト「第三省察」冒頭の言葉に耳を傾けるならば、ヴェイユが、どれほどまでに私たちが真に生きるということに「知覚」が不可欠なものであるとみなしていたのか、そしてまた、この「知覚」において、感覚域が捨象されてゆく可能性があることを見出したのかが知られるであろう。

私たちの判断はたえず、世界から、そして他者から影響を受け、つねに「遠近法の錯覚」に陥る危険性と隣り合わせである。私たちの生が真にリアルで自由である位相を、ヴェイユはいったいどこに見出していたのであろうか。「デカルトにおける科学と知覚」を読み解くことを通して開示してみたい。

＊

1　理性と神秘

「デカルトにおける科学と知覚」(OCI 159-221, 一九三〇年)(以下「科学と知覚」と略)は、ヴェイユが高等師範学校《エコール・ノルマル・シュペリユール》に提出した学士論文であり、彼女が書いたただ一つの学位請求論文である。この論文は、レオン・ブランシュヴィック(一八六九〜一九四四年)に提出されたものであるが、彼女の渾身の努力にもかかわらず、ブランシュヴィックはこの論文に合格最低点しか与えなかった。「考証学的研究のみが認められていた[*20]」ソルボンヌでは、この論文の真価はまったく見向きもされなかったのである。この事実に、私たちは、古来あらゆる領野における真理と力との拮抗を、つまり、真理は力の前で全く無力であるが、それにもかかわらず、弱き真理が力の支配をかぎりなく逃れてゆく必然性を、見て取ることができるのではなかろうか。

この論文は、序章(OCI 161-165)、第一部(OCI 166-184)、第二部(OCI 185-218)、結論(OCI 219-221)から構成されている。序章では、現代において、なぜあえてデカルトに回帰する必然性があるのか、その理由が述べられており、第一部では、『精神指導の規則』に焦点を当てつつ、デカルトの全著作を念頭において、万人に普遍妥当的な「理性」による人間的自由の探究への注釈がなされている。そして第二部では、ヴェイユ自身によるデカルトの敷衍解釈がなされている。全体の四分の三を占める第二部では、実のところデカルトの名が出されるのは、わずかに「盲人の杖」に言及される箇所に留まり、「デカルトに追従することなく、デカルトの思惟に倣って」（OCI 219）、科学と知覚が調和されうるのは、ほかならぬ「労働[*21]（travail）」を通してであることが、自由に論じられている。
　この時期におけるヴェイユの記述は、のちの神秘家の時期における展開に見られるように、直観が彼女のうちに降りてくるとすぐさま紙に書き付けられたかのような美しさをともなうものではなく、あくまで論理的かつ厳密なものである。しかしながら、ときに論理は飛躍し、錯綜し、彼女自身にとっては明確な照応関係があるにはちがいないであろうが、一般読者にとっては、彼女がデカルトのいったい何を敷衍しているのかを正確に見極めるのは難しい。否、彼女はデカルトを敷衍すらしていないのである。彼女はただデカルト哲学が「なぜそれはそうなるのか、それはどうして発見されたのかということ」（OCI 174/ A.T. X, p.375,『精神指導の規則』四）を彼女自ら精神に明らかにしようと試みているにすぎない。ヴェイユはつねに、「特殊命題の認識から一般命題を形成することが、私たちの精神の特性である」（OCI 220/ A.T. IX, p.111,『第二反論への答弁』）とみなしている。さらに、彼女はこう述べている。

「デカルトの思惟は外側から注釈されるようなものではない。すべての注釈者は、少なくともしばしデカルト的になるべきである。だが、どのようにしてデカルト的であるのか。デカルト的であるとは、すべてを疑い、次いで、明晰・判明な自らの思惟以外の何ものも信じることなく、また、どんな権威であれ、たとえデカルトの権威さえも、ほんのわずかな信憑も置くことなく、すべて

を秩序立てて吟味することである」（OCI 183）

この論文は、それ以前に書かれた「グリムにおける六羽の白鳥の物語」（OCI 57-59, 一九二五年）や「美と善」（OCI 60-73, 一九二六年）といった小論文で展開されてきたアラン（一八六八～一九五一年）の「意志の哲学」の集大成の役割を果している。それは同時にデカルト哲学の現代における再生の提示でもある。だが、むしろこの論文は、これ以後アランとデカルトから次第に乖離し、形式的にはアランとデカルトの対極に位置することになる、彼女の形而上学の開花の跳躍板として捉えることができよう。というのも、彼女はのちの形而上学の展開において次のように述べているからである。

「理性はその論証の働きを、真の神秘、真の論証不可能性に突き当たるためだけに行使しなければならない。神秘であり論証不可能なものが、実在的なものである」（OCVI-3 345）

「神秘の概念が正当なものとなるのは、知性をもっとも論理的かつ厳密に行使した結果、ある袋小路に突き当たったとき、避け難い矛盾に遭遇したときである。そのとき、神秘の概念は、開けることのできない扉の向こう側に、知性の領域の彼方あるいは上方に、まるで梃子のように思考を運び込むのである。だが、知性の領域の彼方へ到達するためには、知性の領域をその果てまで辿り尽くさなければならない。非の打ち所のない厳密さをもってその道程を辿り尽くさなければならない。そうでなければ、私たちは知性の彼方ではなく、まだこちら側にいるのである」

（OCVI-4 173）

なぜヴェイユは、影響を受けた数々の哲学者のなかで、もっともデカルトに惹かれているのであろうか。それは、デカルトが、「感覚を信じることを峻拒し、デカルトは、ただ理性のみを当てにし、デカルトの世界体系は、ア・プリオリな方法と言われるものの勝利である」（OCI 167）からである。そしてまた、「デカルトが、あらゆる精神のうちに偉大な天才を見出すのみならず、もっとも凡庸な思惟のうちにも人間の精神を見出す」（OCI 181-182）からである。こうして、否定的な意志の使用である「懐疑」の位相を明らかにすることに、ヴェイユの全力が賭けられている。この「懐疑」がどのような位相にあるかを解明することによって、シモーヌ・ヴェイユ形而上学における「驚き」の位相、つまり「神秘」の位相を基礎づけることができるのではないであろうか。

なお、私たちに馴染み深いデカルト哲学に依拠することで、ヴェイユの思索の筋道がより明確になるのではないかと考え、彼女の論文の構成をあえて換骨奪胎し、第二部に第一部を意図的に重ね合わせ、ときに第二部を第一部に逆照射させることによって論を進めていきたい。

2　知覚と自由

従来、「下級認識能力」とみなされてきた「知覚の働き」が、シモーヌ・ヴェイユ形而上学において果たす役割は、いくら強調してもしすぎることはない。ラニョー（一八五一～九四年）、アラン（一八六八～一九五一年）といった彼女の先達たちも同様に「知覚の働き」に着目している。だがヴェイユの独自性は、知覚が「神への愛の働き」と結び合わされる点にある。そして、「歓びと苦しみ」が「愛」という媒介を経て、等価に「美的感情」として、主観の感性にあらわれるところに、彼女の「神秘」の位相が見出される。さらにこの美的感情は、「純粋数学においてもまた、必然性は美によって光り輝いている」（IP 158,「ピタゴラス派の学説について」）というように、「数学的必然性」にまで拡張されている。つまり、純粋数学ですらも愛の対象となるのであり、愛を媒介にして、幾何学がなにより「関係」の科学であるように、「関係」の橋がかけられ、それが美として表象されるのである。このことを念頭に置きつつ、ヴェイユがなぜ「知覚の働き」に着目するのかを明らかにするために、「科学と知覚」の序章を俯瞰してみたい。

ヴェイユによれば、私たちが今見ているもの、私たちに今聞こえているものは、真の実在《リアリティ》ではなく、その背後に私たちを超えた真の実在《リアリティ》があるにちがいないと人類は感じてきた。そうした普遍妥当的な「予感」を代弁してきたのは、司祭や王といった人々であった。だが彼らは、実のところ、万人が合わせもつ予感を見抜いたのではなく、単に、多くの人々に共通するであろう思惟を代弁したにすぎなかった。こうした「迷妄」である偶然性への従属から人々を解放したのが、幾何学の創始者タレス（前六二四～前五四六年）である。タレスにおいて、「共通の思惟」から完全に離脱していないとはいえ、幾何学は、「感性界における叡智界への移行」を果たしえたのである。ここにおいて、宗教は科学にとって代わられる。だが、「至便性」を究極目的とする近代科学において、「直感的なもの」は徹底的に捨象されるに到った。それゆえ、「知覚の働き」もまた同時に捨象されるべきものとなったのである。しかし、「至便性」を追究していながら、同時に、近代科学は、「科学のための科学」を追究している。これは矛盾する事柄ではないか、とヴェイユは問題を提起する（OCI 165）。タレスが「ピラミッドと影の関係」において数学の定理を見出したことによって、科学は、「注意深い知覚（une perception plus attentive）」（OCI 162）となったとするヴェイユは、近代科学の矛盾を調和し、科学がふたたび知覚となる道程を模索するために、近代科学の父であり、「自然学・物理学を数学の応用とし」、「幾何学を代数学にした」「二重の革命」（OCI 165）をなしたデカルトへと回帰するのである。

唯一のデカルトの注釈である第一部を経て、第二部では「最初は天才でもなく、数学や自然学・物理学の知識もなく、文体の力もなく」、「自分しか信じないと決めた人間であるという点においてしかデカルトと共通点をもたない」、「蘇ったデカルト」（OCI 183）の冒険がなされる。ここで、知覚による必然性の認識は、一貫して二様のあらわれの変遷を辿るという形態をとっている。その一つは、「快と苦」の感情の相関・拮抗である。先述のように、シモーヌ・ヴェイユ形而上学の展開で問題となるのは、つねに「歓びと苦しみ」の感情の弁証法であり、他方で、彼女が「科学と知覚」以前にしばしば考察しているカント『判断力批判』における感情の弁証法は、「快と不快」であった。だが、ここでは「快と苦しみ」が弁証法的に一致することなく、両者がどのように混じり合い、また、どのような拮抗を保つのかによる必然性の認識に、彼女の注意は傾けられている。そして、もう一つは、言うまでもなく、幾何学にとって代わられる代数学と、幾何学そのものにおける必然性の認識である。「科学と知覚」で「快と苦しみ」に焦点が当てられていることは、ヴェイユの「神秘」の位相では徹底的に排除されるべき「私の実存」が、ここでは自由を構成する不可欠の要素となっていることと深く関わっている。「空・雲・風・石・太陽と私が名指している対象はすべて、それらが私に私の実存を露わにするかぎりで快であり、私の実存がこれらにおいてその限界を見出すかぎりで苦である」（OCI 185）。そして、ここに「欲望の働き」が介入することにより、「快と苦しみ」の有り様は変容を蒙ることになる。「泳いでいるとき、泳ぎ手が泳ぐことを欲望するか、泳ぎをやめることを欲望するかによって、水は快にも苦にもなる」（OCI 185）。しかし、欲望が感情を規定していても、「快と苦しみ」の「感覚」は、デカルトが『世界論』で述べている「甲冑」の例［戦場で兵士が致死的な痛手を受けたと感じていたものが実は甲冑が身体に食い込んでいたにすぎなかったという逸話］（OCI 167/ A.T. XI, p.5.）に明らかなように、たとえもっとも確からしい「感覚」である触覚であっても、錯覚である可能性を免れえない。私の世界の認識が、「私を象った凹みを刻印されている」（OCI 187）かぎり、それは世界そのものではなく、「私が意識する世界」であるからである。

一方、「快と苦しみ」とは無関係である算術的命題は、「禁止事項」によって、私たちに必然性の認識を迫る。「総計五個である二対のオレンジ」や、「面積も辺も二倍であるような正方形」（OCI 186）は、私たちにけっして現前しえないものとして、揺るがぬ必然性としてある。これらの禁止事項に対して私たちが言いうることは、「私はそのように存在している」（OCI 187）ということだけある。また、『第七反論への答弁』における「腐ったリンゴを取り出す例」のような「盲滅法」（既得の認識の選別）においても、特殊な三角形において普遍な三角形に到る幾何学者の「奇蹟のような力」（私の思惟にとって外来的な予期せぬ出会い）（OCI 196）においても、私たちは、「欺く想像力」に委ねられる危険性から逃れてはいない。

　このように、「快と苦しみ」の入り混じった感情が欲望によって規定されていても、代数学や幾何学が概念にまで高められていても、このどちらをも感覚から完全に解き放たれた理性によって把持することができず、それゆえ真の認識に到達することができない。それでは、「私は考える、ゆえに私は存在する」と言いうる確かな実在性と自由は、いったいどのようにして獲得されるのであろうか。それは、「私が信じるもの、私が欲するものに同意を与えない」（OCI 197）ということによってである。錯覚は、疑わしいものとして現前するのではなく、本物であるように、真実であるように、現前するのである。このように、私たちに信憑を迫ってくるものに対して同意を与えないという否定的な意志の使用としての「判断力」が、私たちの自由を保証する、とヴェイユは考えるのである。

　このように、「懐疑」の徹底としての理性の働きが、幾何学の抽象性から解き放たれ、実践の領野で可能となるのは、「私が信じるもの、私が欲するものに同意を与えないこと」を外的に強制される「労働」においてである。「学院のあれやこれやの難問を解くためではなく、生活の一々の状況において、悟性が意志に何を学ぶべきかを示すようにする」（A.T. X, p.366,『精神指導の規則』一）のは、唯一労働においてである、とヴェイユは考えるのである。労働において私たちは、「考えること」を「意志する」のであり、労働者の思惟は、「知覚している思惟」（OCI 345,「学位論文のプラン」）である。このとき、「私は考える、ゆえに私は存在する」は、「私はできる、ゆえに私は存在する」（OCI 189）と置き換えられることになる。そして、労働は、世界への働きかけである「行為すること」と世界の受け入れである「堪え忍ぶこと」との「むすび目」として表象されている。労働を通して、感覚的印象という、精神にとっての「障害物」が捨象されることなく、感覚的印象ですらも、あたかも対象を捉える私の二つの目の眼差しが、もろもろの感覚的印象にかかわらず対象を捉えるように、労働の対象である延長を捉えるための「媒介」となることによって、「知覚とは、労働を通していわば情念を占拠する幾何学である」（OCI 210）と言いうるのである。ここに、デカルトが『屈折光学』で述べている「盲人の杖」の働きの、ヴェイユによる実践がある。「盲人の杖」の実践すなわち「労働」において、ヴェイユはデカルト哲学における心身の合一を果たす。盲人が杖を通して直接事物に接触するように、労働において身体は、精神が実在に直接する道具となるのである（OCI 211）。

このように、労働において知覚が働くことを通して、私たちは理性を行使することができ、自由を獲得する。このような心身合一の有り様は、ヴェイユののちの思想の展開では、「身体の転換」というところまで拡張される。すなわち、私を取り巻く世界に対して漠然と愛を感じるだけでなく、その愛がひとりの人間に向けられるとき、あらゆる感覚域が捨象され、「完璧な歓びは、歓びの感情そのものが取り除かれている。というのも、対象で満たされている魂には、『私は』と言ういかなる余地もないからである」（OCVI-2 251）という位相において、「歓びと苦しみ」が等価に、「神の愛」として享受される可能性が見出されるのである。

3 純化された想像力

シモーヌ・ヴェイユ形而上学では、「想像力」は概ね「仮構的」であり、「創造的」であるのは稀である。私たちに立ちはだかる障害物は、想像力による「幻想」によって無化されてしまう。第2節で見たように、「私が信じること、私が感じることに同意を与えない」という否定的な意志の使用による「判断」は、実のところ、知性の次元では不可能なものになってしまう。唯一、愛の働きによって対象の美しさに触れ、想像力が悟性との「自由な遊びにおける一致」を果たすヴェイユ独自の美的判断においてのみ、[*22]想像力はその働きをなすのである。

こうした想像力への跳躍板として、「科学と知覚」はいかなる働きをなしているのであろうか。「快と苦しみ」の入り混じった感情、すなわち、「受容することと排斥すること」が「想像力」を構成している、とヴェイユはみなしている（OCI 201）。そしてまた、この想像力は、悟性と感性をつなぐ「電話交換手の役割」を惑わすものとされている（OCI 201）。雷が轟くことによって、私は「音を吟味する」という思惟の働きを惑わされ、私の意志がその働きを世界に委ね、意志が情念に堕してしまうのである（OCI 201）。このように、否定的な働きしかなさないように思われる想像力は、私たちに何らかの積極的な働きをなしうるのであろうか。

ヴェイユは、想像力を二つに区別することを提起する。その一つは、「想像力が関与している思惟」、つまり、想像力が「私が把持しえない外的世界のあらわれを表象する」場合であり、もう一つは、「精神が手綱をとっている思惟」、つまり、想像力が「この世界を私が掌握する手掛かりを表象する」場合である。後者は、現代哲学で考察されている想像力の積極的な働きにほかならないが、この後者の想像力を、「数の観念」のうちに、「秩序」を注意によって捉えることに見出しているところにヴェイユの独自性がある。「なぜ七は素数であって九は素数でないのか」という問いは、「そうだからそうである」としか私は言いえず、私にとって不透明であり、世界に由来しているので、想像力によって、世界と私とが結び合わされる。だがこの場合、想像力は私を世界に従属させているだけではなく、「想像力が精神によって導かれ、思惟のために世界への通路を切り開いている」（OCI 204）。この状態は、偶然性に対抗する武器となる。「数列」の秩序は無限であり、私を神と等しくさせ、私の思惟が世界を凌駕していることを私に確信させる。デカルトが「幾何学を代数学に」変換した際、幾何学においてのみならず、代数学においても、「数学の研究は、想像力を働かせる」（OCI 179/ A.T. III, p.692,『エリザベートへの手紙［一六四三年六月二八日付］』）としたことを、このように、私たちは「数列」のうちに見ることができるのである。

ところで、想像力の積極的な働きであるこの「数列」は、「直線運動」をその形象としてもつ。私が「想像力と感覚の混在に紛れる世界」（OCI 205）に働きかけられるのは、「直線運動」によってである。このとき、私と世界は「作用と反作用」の役割を果たし、「斜線は、二つの数が数列に対して有するのと同じ関係を、幾何学に対して有する」（OCI 205）。こうして、「幾何学が代数学になること」によって、感覚から完全に純化された代数学は、「直線運動」によって、ふたたび幾何学に還元されることになる。さらに、一点が一方向にではなく、固定されて私が世界に働きかけるとき「円」が定義され、二点が固定されて私が世界に働きかけるとき「楕円」が定義される（OCI 205）。こうして、「直線運動」によって、私たちは「欺く想像力」による感覚的印象に惑わされなくなる。だが、「私が世界を掌握する手掛かり」は、「思惟、意志、情念」のうちにではなく、「運動」のうちにある。そして、世界は直線運動そのものではなく、無限の直線運動の連続のうちにある。つまり、「直線運動」が不断に運動の過程になければならないのである。このとき、私と一つの世界との対応ではなく、私と「無数の世界」との対応において、私は世界に参与することになる（OCI 207）。

　そして、意志が運動の観念に結びつけられるとき、運動の連続性は、私が意志を働かせ、投げかけることによって、「最初から最後まで統一していること」と、「なされると分離し、たえずやり直されること」という二様のあらわれをもつ。こうして、世界は「一と二」という数列の間に、世界を挟む「ピンセット」として、「可能態」としてある（OCI 207）。だがその一方で、「すべて」は「すべて」の外にあり、「すべて」は「すべて」に無関心であるので、世界は「並置」としてある。このように、私たちは直線運動によって「世界の延長」を捉えることができない。したがって、世界は、「私の障害になるもの」と定義されることになる（OCI 208）。

　私は「世界を堪え忍ぶ受動的な存在」であるのと同時に、「世界を掌握する能動的な存在である」（OCI 209）。この私の存在を間接的に結びつけるのが「労働」である。労働によって、悟性ではなく理性が世界を把捉し、「欺く想像力」は制圧され、「従順な想像力」となり、「私の道具」となる。想像力は、「障害物」であるのと同時に、私と世界を結ぶ「結び目」となり、「私の意志による運動」と「なされた運動が悟性に表象される無限に合成された運動」の交差点となる。この交差点に「身体」が位置する。「身体」において、二つの想像力は結び合わされ、ここにおいて、否定的想像力と積極的想像力が一致する。こうして、想像力が「身体」に帰着させられることにより、想像力は、認識の唯一の道具となるのである（OCI 220）。

このように、当初、暫定的に二つに分けられた想像力は、労働している「身体」において重なり合う。「欺く想像力」は「従順な想像力」となり、私の道具となる。想像力がその真の働きを発揮するのは、「カエサルがルビコン河を渡ったことと、二＋二＝四であることとは、同様に真である」(OCI 172) ように、悟性の働く場を提供する場合に限られる。こうして、数学は「想像力」を介して自然学・物理学に適用される。そしてまた、ヴェイユが、のちの思想において、「針が、たとえ手を刺すものであったとしても、死んだ妻の実存を想起させるものとして、無限に貴重なものである」(AD 112,「神への愛と不幸」)、あるいは、「そのときたまたま激しい頭痛に悩んでいて、一つ一つの音が痛みを与えるとしても、愛する人の痛みを引き起こす声は、その人のあらわれを包み込むものとして、無限に愛しく貴重である」(IP 40,「『ティマイオス』註解」) と述べるのは、「愛の働き」が想像力の純化に不可欠であることを意味する。だが、「科学と知覚」におけるこの時期のヴェイユは、あくまで意志によって、「理性を感覚による吟味にゆだねる」(OCI 180) 可能性に注意を傾けている。幾何学の実践であるとヴェイユがみなす「労働」において、「仮構機能」ないし「自己拡大」の「想像力」は、「理性」が世界を把握することによって純化される。私が世界を認識するのは、悟性によってではなく、「純化された想像力」によってである。「他人の説を聴くことではなく、それを自分自身で工夫して発見すること」(A.T. X, p.403,『精神指導の規則』一〇) が、唯一、外的必然性を余儀なくされている労働者には可能であり、その労働のさなかで、「純化された想像力」の行使が可能である、とヴェイユは考えるのである。

4 「何」が「私」であるのか――労働と存在論

シモーヌ・ヴェイユ形而上学で希求されている存在の位相は、「実存の捨象」にほかならない「自我の死」である。ここで、実存は、「存在の病」ではなく、「本質の病」であるとみなされている。最晩年の著作『根をもつこと』では、死への同意の前段階として、労働への同意が述べられている（E 378）。死とは、死を決意することではない。誰も私に代わって死を理解できないだけではなく、誰も私に代わって死に同意できないのである。それゆえ、「自我の死」への同意は、「私の死」への同意とは明確に区別されなければならない。「私の死」は、自己自身と分離されることなく、自己自身から解き放たれることはない。それゆえ、ヴェイユにおいて、「どうして何かが在るのか」、「どうして無ではないのか」という問いそのものは、懐疑の徹底が不可能な「そうだからそうなのだ」という、私の認識とは無関係な必然性でしかない。したがって、それは容易に「欺く想像力」に委ねられうるのであり、「驚き」であり、「神秘」である位相にはけっして到りえない。

すでに第2節で考察したように、「科学と知覚」では、私の実存を露わにするか、あるいは、限定が設けられるかで、快ないし苦しみが定義されている。だが、実存が露わになるかぎりでは、逆に、本来無傷であるべき「世界に私という凹みが刻印されている」という錯覚に、私の思惟は委ねられることになってしまう。そして、世界が「私の意識における私とは異なるなにものか」として認識されるのは、「労働」において、世界に働きかけ、世界を堪え忍ぶ「作用と反作用の結び目」に私が「ある」際に、「考える」という力を「自由に」、「実在的に」行使する「物」であるかぎりにおいてである（OCI 192）。
「科学と知覚」では、「直線運動」から「円運動」への移行は、わずかに触れられるにすぎない。「直線運動」は、意志の運動の形象であり、もし、「直線運動」が「私はできる、ゆえに私は存在する」を保証するものであるとすれば、意志を行使する「私が神である」ことになる。そして、「私は神ではない」ことを私が知るのは、私の行為に限定が加えられることによってである。こうして、私のうちなる「神の無限の観念」が認識されるのは、私は全能ではないということを知ることによってである。すなわち、あらわれであり錯覚である「快と苦しみ」のうちに、堪え忍び、克服される「障害物」を読み取ることによってである（OCI 194）。このように、いかなる場合においても、「私を教え導くのは私だけであり」（OCI 194）、「認識するとは、私にのみ依存することである」（OCI 195）。そして、この「私による私の認識」は、のちの形而上学の展開では、「私のうちなる神による私の認識」へと深められてゆくことになる。

　私は全能ではないということを知ることによって、私の実存が唯一の実存ではないということを知る。そして、他の実存は、「私のうちに穿たれた航跡によって定義される」（OCI 193）。このように、労働において、私の意志の行使が不可能である「障害物」に遭遇することによってはじめて、私以外の実存を認識しうる可能性が生じてくる。認識の領野においても、障害物として遭遇するものは「矛盾」としてあらわれる。そして、のちの形而上学の展開で、数学が美しいものであるとヴェイユがみなす最大の所以は、数学が矛盾を孕むからである。自分が望まないことを感じる労働による「世界認識」（OCI 227）は、実在的であるからこそ「美の感情」へとひらかれてゆくのである。

ヴェイユは、労働と幾何学を媒介するものとして「体育」を捉えている。怖いから走るとき、私が走る方法を知るのは走ることによってではなく、「ひざを振り上げることと歩幅を伸ばすことを分離して練習することである」（OCI 211）。このように、目的に向かう「直線運動」をなすためには、自己を修錬するという「自己に回帰する運動」が不可欠である。そして、労働において、労働者は、「農夫が鎌を振るうように」、「研ぎ師が研ぎ車を回すように」、合成運動によって直線運動を円運動に変換するのである（OCI 212）。

そして、労働において、世界は私の意識する世界ではなく、私の思惟が世界の一要素となり、世界に私の刻印を印すことなく、私は世界のうちに存在する（OCI 212）。だが、「感じることを意志すること」を私が感じるためには、「感じることを意志すること」とは無関係の運動が必要である。労働において、目が感覚的印象とは無関係にあたかも二つの杖のように対象を知覚し、身体が「世界を掴むピンセット」であることを出発点として、「無感覚の身体」、つまり「道具としての身体」が必要とされてくる。このような身体において精神は自由に働く。このことは、のちの形而上学の展開において、身体が「透明になり」、「流動的になる」、「見習い修行」によって実在に接触することと深くかかわっていると言えよう。すでに、「科学と知覚」の結論において、ヴェイユは、労働によって変容可能な世界しか存在しない、つまり、この世界には精神しか存在しないと、はっきりと明言している（OCI 220）。労働者のみが知覚を真に働かせるのであり、雷が轟いていても労働者は思惟を惑わされないのである。「嵐のなかで棍棒を操る舵手、鎌を振るう農夫は、〈私は考える、ゆえに私は存在する〉たる言葉が、それにともなうもろもろの観念とともに言いあらわすような仕方で、自己自身を知り、こうして、世界を知るのである」（OCI 217）。

のちの形而上学の展開では、神は善と必然性という二つの相貌をもち、このそれぞれに対して、愛と力が照応する。そして、この神に倣うことが「脱創造」と言われている。[*23] この「脱創造」の位相へは、労働をもって接近しうるのである。「認識するとは、私ができることを認識するのである。私は、幻想を確信へ、偶然性を必然性へ変えることによって、楽しむ、苦しむ、感じる、想像するを〈為す〉と〈耐える〉に置き換えて、認識しているのである」（OCI 190）。

他方、のちの形而上学の展開では、「盲人の杖」が「感覚の捨象」だけではなく、「判断してはならない。天なる父が判断しないように、天なる父によって存在者は判断されるのである。……判断されるならば、判断しないという真の判断をしたことになる」（OCVI-2 443）というように、「私」という人称性の捨象、人格の捨象にまで徹底されている。数学の自然学・物理学への応用として労働を捉えるならば、万人が普遍妥当的に科学を所有することができる、とヴェイユは考える。このとき、自然学・物理学は労働において倫理学にまで拡張されている。そして、「自我の死」を経た後には、「鉛筆が私によって紙に押し付けられるように、私たちは神によって隣人に押し付けられるのである」（OCVI-3 385）というように、判断しない私のうちなる神が判断し、行為する。「私」は、延長をもたない神に延長である身体をその働きの場として明け渡すのである。「人間精神は、なにか知らぬが神的なものをもっていて、そのなかには有益な思想の最初の種子が蒔かれているのである」（A.T.X, p.373,『精神指導の規則』四）とデカルトは言う。この種子は「知性の種子」であり、この知性が開花し、知性の行使の果てに、もはや「私は考える」ことができない状態において「自我の死」への同意を経て、「どうにもゆるがぬもの」に感性が直面し、知性が入り込めない局面において、「感性のなかの真空が私を感性の彼方に運ぶ」（OCVI-2 337）ことを通して「美的感情」が湧出し、「真の種子」である神が己れのうちに宿るのである。

「エネルギーの離脱がある。したがって、努力がある。だがこの努力は私たちが生み出すものではない。出産のように、私たちのうちに生み出されるものなのである」（OCVI-2 479）

この私のうちに生み出された神の実在が感得されるのは、「私以外の何ものかが私を上方に導く」ことによってである。日々、毎瞬、実在との接触の直中にある「労働」を通して、夢のなかではなく、〈今、ここ〉に、苛酷な必然性を余儀なくされて実在している労働者たちは、「不可能性」に直面して、「なぜだ！」という「十字架上のキリスト」と同様の問いを発せざるをえない。そして、この問いに対する答えのない「沈黙」の絶体絶命の状態において、「美的感情」が内側から溢れ出ることを通して、「神秘」の位相へと移行する。労働者は天体の運動に倣って生きている、とヴェイユはみなしている。天体の運動に目的がなくとも合目的性があるように、人生に目的がなくとも合目的性があると感得させるものが「美的感情」である。そして、この「沈黙」が「言葉」であるがゆえに、すなわち、自らが「言葉」であるがゆえに、「神は永遠の幾何学者であること」と「神は至高の詩人であること」とが重なり合うのである。こうして、「幾何学者が三角形の普遍的な特性を抽出するためにひとつの図形だけを見つめるように、愛する術を知っている人は、ひとりの人間に対して普遍的な愛を向けるのである」(AD 205,「神への暗々裏の愛の諸形態」)。このとき、「私」という人称性は剥奪されており、私は、私を超えた「普遍的な人格」となるのである。

＊

シモーヌ・ヴェイユの思想は、デカルト同様に形而上学を根として、なおかつ数学が神秘と重なり合うという特徴を有している。ヴェイユが「科学と知覚」以降、「身体性の原理」、「知覚の働き」に並々ならぬ想いを寄せるのは、デカルトがそうであったように、ラニョーがそうであったように、絶え間なく世界からの必然性を感じざるをえない彼女の脆弱な身体と無縁ではなかろう。他方、彼女の科学の洞察において、一九三〇年代という激動の時代にあって、〈今、ここ〉に生きられ、感じられている時間・空間のなかで、彼女が認識していた必然性の境域を知ることができよう。ポアンカレが言うように、「行動が科学の目的だとは言えない。恒星シリウスに対して行動を起こすことなどできない。だからといって、恒星シリウスに対する研究が無価値であるとは言えない[*24]」のである。

「科学と知覚」以降、哲学・宗教学・文学・政治学を縦横する思索を展開するヴェイユの思想は、その幅の広さゆえに私たちをしばしば混迷に陥れる。だが、「すべての学問は人間的叡智にほかならず、いかに異なった事象に向けられても、つねに同一であることを失わない」(A.T.X, p.360,『精神指導の規則』一)のであり、私たちが、彼女の言葉に忠実であろうと、自らの理性に耳を傾けるならば、彼女の思想全体は、存在論を超越論的感性において捉え直したものにほかならないことが知られるであろう。

「村の馬鹿者も、神童と同じように、真理に近づくことができる」（EL 34,「人格と聖なるもの」）という叡智の普遍妥当性は、つねにヴェイユの思想を貫いており、その源泉はデカルトのうちにある。「求めるところが、人間精神の把握をまったく超えていることを明らかにし、したがって、それをもって自分が他人より無知だと思うようなことはないであろう。なぜなら、ほかならぬこのことの認識は、他のいかなる事柄の認識にも劣らず立派な認識であるからである」（A.T. p.400,『精神指導の規則』八）というデカルトの言葉に、ヴェイユの次の言葉が照応するであろう。「どのような人であっても、その知性と才能がどんなに凡庸であっても、もし専念するならば、人間の力の及ぶ範囲にあるすべてを認識しうるのである」（OCI 177）。

「存在が神秘である」真理に到達するためには、知性の限界に達し、知性を超えることが不可欠である。そして、万人が「方法」さえ踏まえれば、この知性の限界に到達することができ、実在である「神秘」に触れうるのである。

「科学と知覚」における考察は、アランが「継承されるカント」（OL 8）と絶賛する「自由と社会的抑圧についての考察」（一九三四年）へと発展していく。ここにおいて、かぎりなく現実に密接する問題を扱いながら神秘へ至る道程はいっそう強められ、「工場生活の経験」（一九三四〜三五年）を経て、シモーヌ・ヴェイユの「美的判断力」に貫かれた思想が開花することになるのである。*[25]

アニメーションの詩学——映画『千と千尋の神隠し』をめぐって

映画『千と千尋の神隠し』では、主人公「千尋」のキャラクター・デザインは二時間の時間の流れにおいて変化していない。「あらわれ」としては、終始一貫して、「不細工で、ひょろひょろした、冴えない女の子」として描かれている。しかし二時間の時間の流れのなかで、鑑賞者は次第に千尋の存在を「美しい」と感じ始めるであろう。それはなぜであろうか。それは、目には見えない千尋の魂の変化が、彼女の身体において美として表象されるからである。その美の本質とは、シモーヌ・ヴェイユが述べる「脱創造」すなわち「自己無化」にほかならない。「自己無化」が「自覚」であることは、「労働」において開示される。千尋は、自分がしたくない労働を通して、自己が無になる経験において、他者と世界へと愛を傾け、他者と世界とつながってゆく。このことを宮崎駿監督は「ファンタジー」と述べているが、この「ファンタジー」とは、まさしく、シモーヌ・ヴェイユが述べる「詩」にほかならない。

＊

1　アニメーションと倫理

アニメーション映画『千と千尋の神隠し』（二〇〇一年）は、宮崎駿（一九四一年〜）全作品のなかでもっとも普遍性をもつ作品であろう。この作品は、ただただありのままに、正確に、私たちの生きるリアルな世界を映し出している。そこには、どこにも気負いのない「やわらかな心」となった監督その人の姿が「見えない」という仕方で見える。自我という鎧を脱ぎ捨て、世界と他者とを映す鏡となったひとりの芸術家の姿が「存在しない」という仕方で存在している。監督はこの映画の企画書のなかでこう述べている。

「今日、あいまいになってしまった世の中というもの、あいまいなくせに、侵食し喰い尽くそうとする世の中を、ファンタジーの形を借りて、くっきりと描き出すことが、この映画の主要な課題である」[*26]

「世の中」を「くっきりと描き出すこと」は、自我から解き放たれ、無となった存在者にしかなしえない。このことは、監督が映画公開四年前に引退宣言をしていること、すなわち、引退宣言直後に絵コンテが描き始められたことと無縁ではあるまい。人は意識にのぼらない何かを契機として、「私」において「私」を超えて生きる。それは意識そのものとなった「私」であるとも言える。そのような私ではない私の有り様に「狂気」[*27]という言葉を当てることもできよう。そしてこの「狂気」こそが、あらゆる人が参与しうる「自覚」の道程にほかならない。

このアニメーションが描き出す「ファンタジー」の世界では、さまざまな矛盾が、ごく自然に、当たり前に生きられている。主人公「千尋」が迷い込んだ異界では、なぜ人間が忌み嫌われているのか、なぜ動物の姿をしたものたちが言葉をもつのか、なぜ人間の姿をしているものたちが動物なのか、なぜ超越者であるはずの神々が見える存在となってあらわれてくるのか、それらさまざまな矛盾は、映画のなかに吸い込まれてゆく鑑賞者には、ただただアニメーションの原義である「生命の息吹を吹きかけられたもの」としてリアルに立ちあらわれてくるのである。

「はじめて貰った花束が、お別れの花束なんて悲しい」

映画冒頭で語られる千尋のこの台詞は、映画全体のメルクマールとなっているのみならず、私たちの生そのものを象徴している。「出会いがあれば必ず別れがある」、「誕生があれば必ず死がある」。これら自らに降りかかってくる必然性に対して、私たちは何もなしえない。すべての人間は、自分の力ではどうすることもできない必然性のもとに生きている。それは、あたかも千尋が自分の意に反して両親の車で見知らぬ土地に連れてゆかれるようなものである。車の後部座席でふて腐れている千尋は、「重力の法則」に従って落下する物のようにに生気のない存在でしかない［映像1］。しかし、逆説的にも、両親が豚にされ、見知らぬ世界にひとり放り出されたとき、千尋の生ははじめて動き出す。

映像1

「働かないものはここでは生きてゆけないんだ」

湯屋のボイラー室でせわしなく働く「釜爺《カマジィ》」のこの台詞は、自分がしたいことではなく自分がしたくないことをする「労働」が、自我の鎧を脱ぎ捨てる最良の契機であり、自覚へ至る好機であることを象徴している。人間が道具を使うのではなく、「わしゃ釜爺だ、風呂釜にこき使われとる爺だ」と釜爺の台詞にあるように、「道具に使われている」労働において、世界は「私」を否定し、それまで拠り所としていた内的世界が崩れ去る。寄るべきところが何もない。その何もなくなった「無の場所」に、「私」に取って代わって「世界」と「他者」とが映し出される。このようにして、「私」とは絶対的に他なるものが「私」の奥底に映し出され、それが自覚を促してゆく。

「そなたのうちなる水と風の名において解き放て」

この台詞は、異界に迷い込み、半透明になり消えてしまいそうになる千尋に、見知らぬ少年「ハク」が異界の木の実を食べさせ、恐怖で立てなくなってしまった千尋に向けて発する台詞である。すると千尋は立てるようになり、ハクと一緒に逃げることができるようになる。この行為は、千尋が両親に依存し、他律的に生きる存在から、自律的に生きる存在へと転換してゆき、「水と風から生まれること」、「水と霊から生まれること」という「第二の誕生」を自ら遂げてゆくことを象徴している。海、雨、そして千尋の涙はこのイメージとなって、映画の重要な背景をなしている。

私たちは誕生したときにすでに、「二人称の他者」である両親をもっている。しかし、すでに決定された「二人称の他者」は、ある日突然見知らぬ「他者」どころか見知らぬ「豚」に変容してしまう脆い基盤に立っている。しかし、自己に向けられた愛をいつしかその人に返したいと思えるような、自己とは絶対的に他なる他者が、自己の心の奥底に映し出され、それが生の基盤となるとき、すなわち、千尋がハクを自らのうちなる愛の働きによって、「三人称の他者」から「二人称の他者」へと転換しゆくとき、千尋の存在は強度をもち、それは美となって輝き出る。それは同時に千尋が自ら自由を獲得してゆく過程でもある。両親のような絶対的に守られた庇護のもとに生きることが人間自由なのではない。人間が自らの生のリアリティを把持するとき、はじめて自由であると言えるのである。そのことは、両親から一方的に賦与された「千尋」という名ではなく、ひとたび名を奪われ「千」となり、そうしてもう一度自らの力で「千尋」という真に生きた名を取り戻すことでもある。

「千尋」が真に「千尋」となって生まれ直す過程は、彼女が発語する言葉にはっきりとあらわれている。「働かないものは湯婆婆《ユバーバ》に動物にされてしまう」とハクに説得され、「ここで働かせてください」と繰り返す千尋の語気は強いが、それはまだ自らの内側から本当にほとばしり出た言葉ではない。しかし千尋はいつしか情報伝達手段としての言葉ではなく、自らの存在を他者の前にさらけ出す言葉をもつに至る。湯屋の従業員三人を呑み込み、湯屋中の料理を貪り喰い、巨大化し、欲望の塊となった「カオナシ」は、湯屋のなかでただひとり自分に親切にしてくれた千尋の愛を求めて千尋に金《きん》を差し出す。すると千尋はこう言い放つ。

「いらない。あなたにはわたしが欲しいものは

絶対に出せない」

この映画では千尋はけっして造形的に美しい少女として描かれていない。だが、映画後半で、自らが死ぬか生きるかということがどうでもいいと思えるほどの他者への愛をもつとき、鑑賞者は千尋の存在を「美しい」と感じ始めるであろう。そして、自己の奥底に自己とは絶対的に異なる他者が映し出され、それが自らの存在の核となるとき、千尋は何事に対しても、はっきりと自己の存在を露わにする言葉を発する。その「言葉の強さ」は「行為の強さ」と比例関係にある。美は、自己において、自己を超えて生きる姿において、すなわち、人としてのかたちをもち、「水と風」の透明性と流動性をその内実として生きるとき、世界の必然性のひとつのきらめきとしてあらわれ出るのである。

海と空と列車、そして月が映画全体の背景を彩っている。果てしなく広がる海と空には境界線があり、果てしなく広がる海のなかに一本の線が引かれるように列車が走ってゆく。私たちは、誕生し、生き、そして死んでゆく。そして、「私の誕生」に対しても、「私の死」に対しても、「私」は何一つ参与しえない。ただ、「私」がなしうることは、誕生と死とに区切られた「私の生」を輝かせることだけである。海のなかを走り抜けてゆく列車はけっして後戻りできない。私たちがなしうることは、ただその不可能性に対して「イエスと言う」、すなわち「同意する」ことだけである。[*28] そしてその同意が真になされるならば、それら一つ一つの心の点は宇宙にちりばめられた光り輝く点となり、私たちの心に美として映し出される。月はこの光り輝く点が映し出す美の象徴である。

超自然的なものが自然的なものに映し出され、神が人間のうちに映し出され、無限が有限のうちに映し出される。見える世界において、絶対的に相矛盾するもの、絶対的に相反するものと思われるものが、見えない心の世界においてその一致点を見出すとき、そしてそれが芸術家の手によって、見える世界である「表現」として、ひとつの芸術として私たちの前に立ちあらわれるとき、芸術による倫理の道が開かれる。

映画を鑑賞することで鑑賞者の人生が何か物理的に変容を蒙るわけではない。さらに、監督自身が述べているように、[*29] 映画は忘れられる芸術である。それにもかかわらず、ひとつの映画作品によって私たちの生のある瞬間にある深度が与えられるならば、それはふとした瞬間に思い出される記憶となり、その都度永遠のきらめきを刻印してゆくのである。

2　見えるものと見えないもの

湯屋中の人々がカオナシから砂金をもらおうと躍起になっているあいだ、千尋はひとりぼうっと海を眺めている。すると海のなかから、傷だらけになってのたうち回る竜があらわれる。この竜は以前ハクと別れた直後に湯屋へ渡る橋のところで見た竜である。その竜に対してわれ知らず千尋は「ハク、しっかりー、こっちよー」と声をかける。なぜこの竜をハクと呼んだのか、そのことに対して千尋自身がハタッと我に返る。一方、権威・権力・金銭にしばられている「湯婆婆《ユバーバ》」には、実際に見えるものしか見ることができない。双子の姉「銭婆《ゼニーバ》」の魔法によって最愛の息子「坊《ボウ》」は千尋の肩にとまる小さな鼠にされてしまう。すると、湯婆婆の目には坊が映らなくなってしまう。

湯婆婆　「なんだい、その汚い鼠は？」
千尋　「あのー、ご存知ないんですか？」
湯婆婆　「知るわけないだろ、おおいやだ！」

真理あるいは神は、この世界において「かぎりなく小さいもの」あるいは「かぎりなく忌み嫌われるもの」としてあらわれる。なぜなら、真理は真理であってそれ以外の属性をもたないからであり、神は人間が触知できるような存在ではなく、この世界では不在というあらわれしかもちえないからである。それゆえ真理あるいは神の片鱗は、「ほとんど見えないもの」としてあらわれる。それがはっきりと見えるのは「自らを低くする者」だけである。千尋は両親を奪い取られ、労働を通して「いやだ」とか「帰りたい」といった情念や情動すべてを捨象し、自我の鎧を脱ぎ捨ててゆくことを通して、見えないものが見える心の目をもつようになる。千尋が釜爺のいる地下のボイラー室への階段を転げ落ちてゆくイメージや、竜となったハクの背中に乗って湯婆婆の最上階の部屋からボイラー室へと落下してゆくイメージは、このことを象徴している。真理ないし神は高みにあるのではない。低められ真空になった人の心のうちに宿るのである。名のある「河の神」は、鼻が曲がりそうに臭い「腐れ神」であった。誰もが嫌がる「腐れ神」の世話を千尋が必死でやり遂げたとき、「腐れ神」は「河の神」としてあらわれるのだ［映像2］。

　映画後半、千尋は身の危険も顧みずハクを助けるために銭婆に会いにいく。だが、「お前を助けてやりたいけれどもあたしにはどうすることもできないよ。この世界の決まりだからね。両親のことも、ボーイフレンドの竜のことも、自分でやるしかない」と述べる銭婆に対して、「ハクとわたし、ずっと前に会ったことがあるみたいなんです」と千尋が述べると、銭婆はさらにこう続ける。

「じゃ話は早いよ。一度あったことは忘れないものさ。思い出せないだけで」

映像 2

竜となったハクの背中に乗って千尋が湯婆婆の部屋からボイラー室に落下してゆくイメージは「記憶の穴」の象徴ともなっている。だがこのときには千尋はまだ漠然と水のイメージを思い出すにすぎない。ふたたび竜となったハクの背中に乗り、海の上の空を横切って銭婆の家から湯屋へ戻ってゆくとき、過去の記憶がはっきりとした実在性をもって現在に蘇ってくるのである［映像3］。ハクは幼い頃に千尋が落ちた「河」であった。浅瀬まで千尋を運び、千尋を助けてくれた「自然」であった。愛は人間同士のあいだだけではなく、人間と自然とのあいだにも通い合うのだ。

　映画前半で、ハクは自分が何者であるかも思い出せないのに、千尋のことをわれ知らず助けてしまう。「でも不思議だね、千尋のことは憶えていた」とハ

映像 3

クが述べるように、千尋のことがわれ知らずハクの心の奥底に映し出されている。私たちは自らの愛が向かうその方向性だけは忘れえない。「一度あったことは忘れない」という銭婆の台詞は何よりこの眼差しの視点から顧みられるべきであろう。この映画では、列車そのものは見えず、一面に海が広がり、列車の音だけが聞こえるイメージがしばしば用いられている。このイメージは、私たちの愛が眼差しとしてあること、そして愛が自らの生の根源となることを象徴していると言えよう。

3 欲望と愛

この映画の舞台となっているのは、人間の欲望の象徴であるバブル期に建てられたテーマパークの跡地である。心配する千尋を尻目に、「大丈夫、カードも財布も持っているし」と父親は述べ、両親は店主不在の店の料理を延々と貪り食い、ついには豚になってしまう。千尋が労働契約を結んだ湯屋の人々はみな欲望の塊のような存在ばかりである。物言わずそれとなく千尋を助けてくれる存在であった「カオナシ」は、砂金に目がくらんだ従業員の「カエル」を呑み込み、カエルの言葉を獲得し、金に任せて欲望のままに料理を貪り食い、ついには自分を嘲笑する従業員二人も食べてしまう。このとき、湯屋中の人々がカオナシに着目するのは、カオナシその人ではなく、カオナシに張り付いた「金」という「属性」であることが、なによりカオナシ自らに感じ取られる。それゆえカオナシは立腹するのである。そもそもカオナシが語る言葉は貪欲なカエルから盗んだ言葉であり、カオナシその人の存在を露わにする言葉ではない。欲望が肥大し、カオナシが巨大化してゆくにつれて、カオナシの心はますます空虚になってゆく。しかし、その連鎖を自ら断ち切ることができない。すっかりリアリティを失ったカオナシがふたたびリアリティを取り戻す契機となるのは、千尋の存在である。すでに第1節で見たように、カオナシは、もっとも自分に愛を注いでほしいと願っている千尋には、みなが欲望する金を拒絶されてしまう。すると、ついに怒り狂ったカオナシは千尋を食べようとする。千尋は自分が逃げるだけではなく、自分を食べようとしているカオナシをも、湯屋の外に出るよう誘導する。湯屋を出ると小さな船の上でリンが千尋を待っている。船に飛び乗る千尋はカオナシにこう呼びかける。

千尋「来た！　こっちだよー」
セン「呼んでどうすんだよ」
千尋「あの人湯屋にいるからいけないの。あそこを出たほうがいいんだよ」

カオナシが食べたものを吐き出しつつ湯屋の外の海へと出るイメージは、カオナシが自らの属性を一つずつ脱ぎ捨ててゆくことによって自らのリアリティを回復する過程である。ついにカエルを海の水のなかに吐き出したあとは言葉すらもたないもとのカオナシに戻る。カオナシにはもはやもつべきものが何もない。だが、列車のなかで並んで座るカオナシと千尋の間には言葉を超えた関係の橋がかけられている様が隣り合う二人のイメージに映し出されている。自己の内側に屈曲していた欲望が自己の外側へと向かうとき、それは愛となる。自己ではない他者が自己の心の奥底に映し出されるとき、その人の生ははじめて動き出す［映像4］。

欲望は「生への執着」であり、「生への執着」は「死への恐怖」と表裏一体である。河の神の世話に成功し湯屋の人々の称賛を得たものの、従業員三人を呑み込んだカオナシを招き入れた張本人であることがわかると、千尋はふたたび湯屋中の軽蔑の対象となってしまう。一方、瀕死の竜であるハクの血がべっとり付いた千尋の手を見ると、従業員の「親役《おややく》」や坊は恐怖する。千尋を軽蔑の対象とすることも、血がべっとり付いた千尋の手に恐怖することも、彼らが自らの死を恐れていることと通底している。しかし、死への恐怖を皮切りにした私たちを捉えるあらゆる恐怖は、実のところ、ハクの体を食い散らしていた「ハンコ」についていた魔法であり、千尋が足で踏み潰してしまった「小さな虫」にすぎない。ところが、この小さな虫が見える世界では「巨大な動物」（プラトン『国家』492e-493a）であるために、私たちの心は

映像4

この小さな虫に雁字搦めにとらわれてしまう。ただ、生死をも超える愛が自らのうちに芽生えるとき、「小さな虫」が「小さな虫」にすぎないことが、なにより自らに知られるのである。

リン「なにがどうしたの？」
釜爺「わからんのか、愛だよ、愛」

壁に血が飛び散り、瀕死のハクが横たわっているボイラー室で起こっている事態を飲み込めないリンに対して釜爺はこう述べる。この台詞には、ハクを助けるために自らの生死をも顧みない千尋の行為が、ハクのための犠牲としてあるのではなく、なにより千尋自身の生のために不可欠であることが象徴されている。自己とは他なるものが自己の行為の原動力になること、すなわち、愛する対象が存在しているという事実が、なにより行為主体の自由を保証するのである。

4 恩寵と優しさ

映画前半において、千尋は、まったく期待していないときに不意に他者から優しさを受け取る。「ここで働かせてください」と懇願する千尋に対して、「ここにあんたの仕事はねえ、ほかをあたってくれ！」と冷たく言い放つ釜爺は、「うわーっ、人間がいるじゃん！　やばいよ、さっき上で大騒ぎしていたんだよ」と驚くリンに対して、「わしの孫じゃ」と静かに言い放ち、千尋の絶体絶命のピンチを救ってくれる。千尋を手下に使うことを不承不承引き受けるリンは、千尋と二人きりになると「お前よくやったなあ、お前とろいから心配してたんだ。油断するなよ。わからないことがあったら俺に聞け」と言う。千尋はそのたびに「えっ⁉」と驚き、緊張が解けて、身体に異変が起きてしまう。ここで千尋がなすことは「とにかく働かせてほしい」と懇願することだけである。人が「われを忘れて」行為をなしたとき、その忘れられた「われ」が取りされられたとき、外側から光が降りてくる。だがその光源は、実のところ、自己の内側にある。この相補的な関係は、文字どおり「われが忘れられて」いるために、自らに気づかれず、「驚き」として、「恩寵」としてあらわれる。しかし、受け取られる優しさは、われ知らず優しくなっている

「私自身の優しさ」でもある。両親を奪われ、労働で疲労困憊し、もつべきものがなくなった千尋は、雨に濡れているカオナシのためにそっと窓を開けてくことを皮切りとして、どんな醜悪な存在に対しても優しさを投げかける。その優しさは物語が進むにつれて拡大してゆき、ついには死も恐れずハクを救うことと自らが生きることとが一致するに至るのであり、そのとき、湯屋中の人々の優しさが千尋へと向けられることになる。

　善は善として存在しているのではない。むしろ、悪の直中においてこそ善は見出される。そもそも映画冒頭で、千尋は「泣き虫で愚図で甘えん坊の」少女であったことを思い出そう。親切なカオナシは凶悪な欲望の塊にもなるし、そしてまた、その悪をも解消しうる。醜悪さや強欲さの象徴である湯婆婆は、優しさや救いの象徴である銭婆と二人で一人前となる双子の姉妹である。大切なのは、悪を解消する光が自らのうちからほとばしり出るか否かである。善は悪の直中で見出され、善は美として映し出される。そして至高の美とは愛の映しにほかならない。

第Ⅱ部

美的判断力の可能性

シモーヌ・ヴェイユの思想において、自覚の成立過程に美が不可欠であるのは、美的体験の直中で、私たちは、美しい対象と「距離」をとるのみならず、自己が自己から離れ、自己と自己が「距離」をとることにおいて美の感情が溢れ出てくるからである。このことを別の局面から捉えるならば、美の感情は、自己が「無」となり、「真空」となり、その「真空」においてのみ、溢れ出てくるということである。この「美的体験」と「自覚」との相関関係が、シモーヌ・ヴェイユ形而上学の核となっている。

第4章では、自己認識が「距離」ないし「真空」においてなされるのは、主体のもっとも生き生きした感情である「美の感情」が溢れ出るからであることを、とりわけカントが「美の第三契機」としてあらわした「目的なき合目的性」の観念が、ヴェイユの思想においてプラトンの色が重ねられることによって受け継がれていることに着目し、美の感情こそが、私たちの生を支え、いかなる状況にあっても、私たちの自由を証することを提示したい。

第5章では、この同一の問題を、ヴェイユと同様に、自覚を「距離」として捉え、さらに、無限に隔てられた距離において、神の不在の直中で神に出会うことを明らかにした日本の哲学者・西田幾多郎の思想を併走させ、ヴェイユでは不可欠である美がなぜ西田では消失してゆくのか、その差異に着目し、シモーヌ・ヴェイユにおける美の積極性を、よりいっそう深い次元において捉え直したい。

第6章では、シモーヌ・ヴェイユと同時代の女性哲学者ハンナ・アーレントの判断力において、「美的判断力」から次第に美が捨象されてゆくことに着目し、ヴェイユにおいて、逆説的にも、「美学の政治化」へ陥る危険性が排され、どのようにして真に美的判断力に到達することができるのか、また、なぜ判断力はヴェイユにあって「美的」である必然性があるのかを浮き彫りにしてみたい。

Essaiでは、ゴダール初期作品の集大成である映画『女と男のいる舗道』を取り上げ、主人公「ナナ」が、次第に自らの生のリアリティを失ってゆく有り様が、自らを語る言葉を失ってゆく有り様と比例関係にあることを明らかにし、「言葉がないこと」は「世界と他者との間に関係の橋を渡せないこと」であるがゆえに、「ナナ」のうちに美の感情が消失してしまうことを、さらに、主体のうちに美の感情が溢れ出ないからこそ、その存在の美が消失してゆく有り様を、この映画は、逆説的にも、芸術という美をもって、すなわち、鑑賞者の心に「美の感情」が溢れ出ることを通して表象していることに着目し、「美がないということ」において、逆説的に、美と自覚の相関関係を浮き彫りにしたい。

第4章　美と神秘――感性による必然性への同意

シモーヌ・ヴェイユ晩年の論考で、カントの名が言及されるのは、わずかに二度のみである。次第にカントから離れプラトンへと移行するシモーヌ・ヴェイユ形而上学に、ただひとつ残るのが、カント美学の中心観念である「目的なき合目的性」である。何ら目的がなく、「真空」が充満しているにもかかわらず、私たちの心に適った状態である「合目的性」が見られるのであれば、私たちの生は充溢する。そのことが、なにより苛酷な必然性との接触である「不幸」の直中で見られることにおいて、ヴェイユの思想をもっとも美しく輝き出させている。

本章では、対象を美しいと知覚することと、「自己が自己から離れる」という「逆説の自覚」の成立過程とが連続性をもつことを開示し、ヴェイユにおける「美的判断力」が、プラトンと同様、超越と切り離せないものであることを、さらに、この超越においてのみ私たちは自覚に至ることを明らかにしたい。

＊

人が師友・事象との出会いを通して心底心貫かれる想いをするとき、存在・時間を超えた永遠との接触を感じるであろう。そうしたとき、たとえそれが否定的契機を経てであれ、否むしろ否定的契機を経てこそ、私たちは己れを超えた不思議な可能性に自ずとひらかれているのを感じるのではないであろうか。

古来、先哲たちは、いったいどれほどの孤独や断絶の境に、己れがまったき無にかぎりなく近くなることを通して、己れを、そして他者を見出していったのであろうか。二〇世紀前半、激動の時代をわずか三四年の生を通して駆け抜けていったシモーヌ・ヴェイユは、多くの先哲たちと同様、なにより「行動[*1]」を通して、そしてあくまで教会の外に留まることを通して、「神への愛」と「神の愛」が行き交う場としてあろうとした一ペルソナであったとすれば、私たちもまた同様に、ひとたび近現代の認識論の枠組みをあたうかぎり明け渡し、彼女の言葉・ロゴス・生に虚心に向かわねばならないであろう。なぜなら、彼女の哲学的著作のほとんどは、他者に向かってひらかれて書かれたものではないにもかかわらず、その恐ろしく透徹した一言一句が扱う射程はきわめて広く、また絶え間ない「批判」を通して、私たちがうちにもつ既存の把握を透明化し、その存在を根底から揺さぶるものであるからである。

しかし、ヴェイユ晩年のプラトン解釈、またそこから導き出されたプラトニズムは、あまりに恣意的とも思われ、普遍を尊ぶ哲学の名にふさわしくないとみなされる向きもあろう。しかし、もし私たちが、「哲学本来の方法は、解決不可能な問題を、その解決不可能性において明晰に把握し、次に何も加えず、たゆまず、何年もの間、希望を懐かずに、待機のうちに、それらを観照することである」（OCVI-4 362）というヴェイユと道をともにしようとするのであれば、大切なことは、ひとつの思想に出会い、そこに深く沈潜し、そしてそこから自ずと何が湧出するのかを「待つ」ということであり、逆に生身の生からかけ離れた実証性・客観性の基盤の脆さが、あらためて浮き彫りにされてこよう。

本章の関心を少しく先取りしておこう。ヴェイユの思想は、ある線まではカントを踏襲していると考えられる。だが、哲学と神学を明確に区別するカントの思想とは次第に差異を見せ、究極的には哲学と神学が完全に重なる。しかし、カント同様の批判的態度は一貫しており、またごく初期の段階［一九二六年前後］で影響を受けていたカント美学の中心観念の一つ「目的なき合目的性[*2]（finalité sans fin）」にプラトニズムが重ねられることによってヴェイユ独自の観念になってゆく。そのため、この観念を通底する地下水脈として扱うことにし、行間を読みつつ、しかしできるだけ私たちの恣意が入り込むのを回避するために、「工場生活の経験」（一九三四〜三五年）の前後を前期・後期に分け、前期においてアランに提出していた自由作文中心の『初期哲学論文集』、また後期において数少ない完全原稿の形をとる「ピタゴラス派の学説について」（IP 108-171）を含む『前キリスト教的直観』を二つの柱として論を進めたい。そこで、苛酷な必然性との接触の直中にあって、いかにして美と神秘の交わりが見出され、またこの交わりにおいて、いかにして至高の自由がひらかれてゆくのかを明らかにしたい。

1　認識と距離

ヴェイユはごく初期の段階において〔一九二六年前後〕、カントの第三批判〔『判断力批判』〕に重きを置いた哲学の探究をおこなっている。そして、このことが、彼女の生涯にわたっての思想の方向性を指し示していると言える。第一批判〔『純粋理性批判』〕でも第二批判〔『実践理性批判』〕でもなく、第三批判に重点を置くのは奇異な感を受けるかもしれない。しかし、カント自身、悟性でも理性でもない判断力の批判書を、第一と第二の間ではなく最後にもってきたこと、また、第一批判の冒頭が「超越論的感性論（Die transzendentale *Ästhetik*）」から始められることを考えるならば、なにより人間の自由を探究していたカントその人が、エステーティッシュな能力、すなわち純粋直観に基づく判断力による趣味（Geschmack）こそが、人間の自由に不可欠であるとみなしていたと考えることができよう。

ヴェイユと同時代の政治思想家ハンナ・アーレント（一九〇六～七五年）も、同様に、美的判断力の没利害性、伝達可能性、共通感覚（sensus communis）に着目して、美的判断力から美的感情を捨象して「ア・プリオリな普遍性」を見出している。*3 だが、ヴェイユはむしろ、アーレントが捨象してしまった「美的感情における自由な歓び」に積極的に光を当てることによって、とりわけ極限に面しての自由の可能性を探究してゆくのである。*4

ここで、あらかじめカント美学を少しく俯瞰しておこう。美的判断は趣味判断であり、その基礎は概念ではなく主観の感情に置かれている。しかし、あるものが「おいしい」といった快・不快の感情は、個人の感情により、千差万別であるのとは異なり、あるものが「美しい」といった美的感情は、それが主観の感情であるにもかかわらず、あたかも対象の属性であるかのごとく、万人に普遍妥当的にその感情を要求できる。カントが美を「目的なき合目的性」、「関心なき適意」と定義するのは、美は判断する主体の目的や関心を超えた彼方に、感性における超感性のあらわれ、経験における先験性のあらわれ、あるいは感性において一切の感性的質料を廃した形式としてあるからである。そしてそれは私たちが自らのうちに超感性的基体をもつことによる。一方、認識能力としては、悟性があくまで構想力・想像力に仕えるというかたちで、悟性と構想力の自由な遊び（*ein freies Spiel*）における一致（die Zusammensetzung）としてある。*5

　カントがここに自由を見ていたとするならば、美的判断が趣味判断でありながら普遍妥当性を有するという超越性だけではなく、判断するその人が、自らの利害・関心を離れて対象に向き合い、その人の自律において*6判断することに自由が見出されるのであり、ヴェイユが着目するのは、まさしくこの点にほかならない。

　前期にアランに提出していた自由作文でヴェイユが詳述していることは、主観が客観から離れるあるいは主観を客観化することによって認識が成立するということである。美的経験において、美しい対象は私たちに何らかの距離を要求するのである。そして、美の「目的なき合目的性」、「関心なき適意」に私たち自らが倣うことで、自己のうちなる客観、すなわち情念・感情・思惟を切り離すことができ、こうして、「目的なき合目的性」、「関心なき適意」の二重の意味——主観と客観の距離、主観と主観のうちなる客観の距離——が見出され、私たちは神の象徴となり、カトリックの「普遍的な」立場に立つことができるとしている（OCI 72,「美と善」）。

このように、ヴェイユは、美的判断において倫理のひらけを見出している。美はつねに必然性との連関において考察されている。空間において把握可能な事象の美だけでなく、空間において把握できず時間においてつねに逃げ去る「音楽」、抽象観念である「数学」、さらにカントによれば概念を通して把握される「善」でさえも「美しい」という適意・満足によって把握されるならば、それは、その対象が一切の感性的質料を廃した「形式・形相」としてあるからである。

ヴェイユが最初に著した作品「『グリム童話』における六羽の白鳥の物語」（一九二五年）において、白鳥になった六人の兄を救うのは、その妹が「六年間口をきかず、笑わず、ひたすらアネモネで服を縫う」（OCI 57,「『グリム童話』における六羽の白鳥の物語」）という、「口をきかない」、「笑わない」という何もしない「沈黙の純粋さ」であり、それが、「行為の美」として映し出されている。だが、ここでの美は意志の抑制の働きによって作り出されたものである。しかし、美が「善の映し」となるプラトニズムの色が濃くなる後期において、「心底胸を打つ行為を讃えようとするとき、『その行為は善い』とは言わず、『その行為は美しい』と私たちは言う。そして聖人が私たちを惹きつけるのは、私たちがそこに美を感じるからである。徳は美しければ美しいほど、私たちの心に触れてくる」（IP 90,『国家』註解）とヴェイユが述べるとき、聖人たちが自らの目的や関心を離れ、一切の感性的質料を排し、意志をも含めて神にすべてを委ね、神に従順であり、そこには神の意志の働きのみが見られるということに彼女の眼差しは向けられている。そして、まったく無辜であるにもかかわらず、十字架上で一般の法による罪人として死んでいったキリスト[*7]（イエス）のうちには、傾向性・情動の働く余地がまったくない「真空」と言いうる空隙が穿たれ、己れがまさしく形相そのものであるために、キリストは「至高の美」として表象されるのである。

しかし、キリストが「至高の美」として表象されるとしても、「わが神、わが神、なぜ私をお見捨てになったのですか」〔マタイ二七・四六　マルコ一五・三四〕という嘆きを発せざるをえなかったキリスト自身が、いかにして神を認識することができるのであろうか。

2　美と不幸――「目的なき合目的性（finalité sans fin）」の射程

シモーヌ・ヴェイユ後期思想の中心観念に「不幸」がある。これは単なる日常語に留まるものではなく、彼女が自らの経験を踏まえて、心理的・現象学的分析から、形而上学的高みにまで引き上げたものである。「不幸」を端的に述べるならば、それは、「十字架上のキリスト（Christ sur la Croix）」に表象されるように、罪のない無辜な人が外的必然性として苦しみを課され、その苦しみを自らの想像力や動機によっては取り除くことができない「魂が粉砕された状態」（PS 122,「神への愛と不幸〔後から発見された部分〕」）である。彼女は、苦しみと「不幸」との決定的差異、すなわち、「水が99℃では沸騰しないような」（IP 168,「ピタゴラス派の学説について」）不連続を強調する。自然性のうちに生きる私たちは、自らのうちに穿たれた空隙を、想像力の働きによって埋めようとし、自らが無であるとの認識を迫る「真空」との接触を避けようとする。たとえば、信仰のために迫害された殉教者たちは、その迫害の原因を知っているので、つまり、目的が見出されるので、「不幸」ではない。「不幸」に自ら飛び込むことは自然性のうちに生きる人間には不可能なことである。外的必然性として課された「不幸」のうちにあって、何ら目的を見出すことができない「真空」に直面するとき、この「真空」を抱きしめること、すなわち、「極限状況の実在」を、「不在の神」を、愛することができる可能性があることにヴェイユは着目している。つまり、「身体の死」よりもはるかに恐ろしい「自我の死」に自ら同意できる可能性があるということである。しかし、「愛はひとつの方向性であり、魂の状態ではないということを知らねばならない。そのことを知らないと不幸の最初の一撃で、絶望のうちに落ち込んでしまう」（AD 120,「神への愛と不幸」）のである。

「不幸」において、およそ甘美な意味合いを一切排した、生命よりも真理を愛するという「愛」の働きをもって、私たちが一人称で（à la première personne）語ることを放棄し、神の愛の働く場として、「海のなかの魚のようにではなく、海のなかの一滴の水のように、神の媒介のなかに生きているのを知る」（IP 166,「ピタゴラス派の学説について」）ならば、「この世における神の不在は、天にいます神のこの世におけるあらわれであることを知る」（IP 168, 同上）。シモーヌ・ヴェイユにおける「コペルニクス的転回」と言いうるこの過程は、「脱創造（décréation）」と言われている。[*8] これは、私たちの自我が死に、無である神との共通性が生じることによって、「神の創造の働き」（IP 148, 同上）と一つになることである。無限に隔てられた距離において至高の認識があるとしても、認識そのものは似た者同士のうちにあり、存在の次元を異にする者同士は認識できない。そして、「私は在る、在らんとする」〔出エジプト 三・一四〕と言えるのは、いかなる場合でも神のみなので、自我の死に同意するまったき自己否定によって神を自らのうちに生み出し、そのうちに生み出された神を通して（*à travers Dieu*）、私たちは天にいる神を認識することができるのである。そして、ここにおいて、「至高の調和」である「ピタゴラス的調和」が見出されるのである。しかし、どのようにして「苛酷な必然性」を、「不在の神」を、何ら目的をもたずに愛することができるのであろうか。私たちは歓びとともになければ、対象に対して、自らを取り巻く状況に対して、真に同意してゆくことはできない。意志ではなく、「そうしたい」という欲望に貫かれることが、シモーヌ・ヴェイユ形而上学の要諦であり、そこに苛酷な必然性を愛することができる可能性が見出される。そして、それを支える存在論的基盤が「不幸」における美の感情の湧出なのである。

「必然性を観照して、それを愛するよう仕向けるものは、世界の美である。美がなければ、それはかなわない。というのも、同意は、魂の超自然的部分に固有の働きであるとはいえ、実のところ、魂の自然的部分と身体の自然的部分とがある程度協働しなければ、成就しえないからである。……キリストは、人間的な苦しみの淵で破滅させられる前に、完璧な人間的歓びを知った。そして純粋な歓びとは、美の感情にほかならない」（IP 157, 同上）

カントでは、「最高善」としての神を要請することによって、信仰を通して実践理性の直中において、「徳」と「幸福」との一致が見出されるのであった。[*9] しかし、私たちは垂直方向には一歩も歩めず、水平方向にのみ歩む私たちがなしうることは、ただ神に眼差しを向け、神が自らのうちに降りてくるのを「待ち望む（attendre）」ということだけである。[10] この「待機」における愛の働きにおいて恩寵の徴である美との接触があるならば、美的感情という主観の感性における歓びのあらわれによって、カントでは、要請としてのみありえたものが、ヴェイユでは、「徳」と「幸福」の絶対的一致を保証する存在論的意義をもつ。「不幸」の直中における美的感情の湧出によって、超越性と実在性の一致が図られ、また美はひとつの「事実」なので、「もっとも下劣な放蕩に身を沈めようとも、美が呼び出される」（IP 158, 同上）のである。このように、美は万人が普遍妥当的に把握しうるものである。

　こうして、「カントがいみじくも述べているように、美はいかなる目的ももたない合目的性である。……私たちは美に何を求めているか知らずに美に向かってゆく」（AD 155-156,「神への暗々裡の愛の諸形態」）とヴェイユ自身も述べているように、「美は合目的性が目的の表象なくして、対象において知覚されるかぎりにおいての対象の合目的性の形式である[11]」。だが、それだけではなく、「不幸」が美によって重層的に規定されることによって、「キリスト教の核心である」（PS 121,「神への愛と不幸［後から発見された部分］」）とヴェイユが述べる「不幸」において、否「不幸」においてこそ、「目的なき合目的性」が見出されるのだ。

> 「二つのものだけが魂に強いる力を持っている。不幸、あるいは美の感情から生じる純粋な歓びがそれである。美こそが、いかなる個別の合目的性ももたず、ただちに合目的性のあらわれを感じさせるがゆえに、この力を有するのだ。不幸とこの上もない純粋な歓び——ただ二つの道であり、等価な道である。だが、不幸がキリストの道となる」（IP 168, 同上）

3 「世界の美」と「世界の秩序」

「ひとり大自然の直中でほしいままに注意を傾けるとき、何ものかに導かれるように周囲に愛が注がれる。だがそれは、粗野で動かず、黙して語らぬものにすぎない。そして美は、たとえば重力が山や波や星の運行に刻み込む襞のように、必然性がはっきりとあらわれていればいるほど、活き活きと私たちに触れてくる。純粋数学においてもまた、必然性は美によって光り輝いている」

(IP 158, 同上)

海の波が崩れさる瞬間や険しい山々を目の前にしたとき、すなわち一般には自然の偶然性に接したとき、私たちの感性は恐怖すなわち不快を感じる。しかし、こうした構想力・想像力が把握できない対象に接したときであっても、単なる感性のみならず実践理性が呼び覚まされるならば、私たちのうちに畏敬の念が生じ、快の感情が湧き起こってくる。これがカントにおける「崇高の観念」であった[*12]。しかし、ヴェイユにおいて快の感情を感じさせるものは、崇高ではなく美である。そして、それは、偶然性ではなく必然性として、没形式ではなく形式として、不快に媒介された快ではなく直接的な快として、美の感情として感性にあらわれてくる。このような必然性が、なぜ美と感じられるのであろうか。

ヴェイユは、デカルトに心酔していた前期において、「精神にかかわることとは、精神が把握するものに対してのみ耳を傾けることである。精神の勝利とは秩序ではない。秩序に従おうという決意（résolution）である。このように、秩序は思惟と必然性の混合としてある」（OCI 241,「秩序という言葉の様々な意味」）と述べている。決意によって対象を秩序として把握するならば、対象を認識することができる。しかし、対象が己れに食い込む苛酷な必然性である場合、そこに思惟との混合はありえないので、対象を認識することができず、それゆえ私たちは対象を乗り越えることはできない。

「おそらく、美の感情の本質とは、一面では苛酷な強制であるにもかかわらず、また一面では神への従順である、という点であろう。摂理の寛容さのおかげで、この真理は私たちの魂の肉の部分と、いわば私たちの身体にさえ感じられるものとなっている」（IP 158,「ピタゴラス派の学説について」）

ヴェイユは、後期では、世界創造の神話、プラトン『ティマイオス』を註解するくだりで、天体の円運動を観照することを通して、「世界の秩序（ordre du monde）」が自らのうちに生み出されるならば、「苛酷な必然性」が「神への従順」にほかならないことを認識しうるとしている。ここで着目すべきは、「比例（proportion）という言葉は、おそらく〈受肉〉をも思い起こさせるであろう」（IP 30,「『ティマイオス』註解」）とヴェイユが述べていることである。天体の円運動は、たとえ何が起ころうとも、過去においても未来においても少しも変化せず、正確な比例に基づいてなされる。私たちも、この天体の円運動に倣うのであれば、どのような苛酷な必然性に接していようとも、自らのうちなる、飽くことなく拡散してゆく「無限定なるもの」に「限定」が与えられる、とヴェイユは考える。このように、比例に与ることによって、対象へと向かう欲望を対象から切り離し、合目的性を目的から切り離し、存在を自我から切り離し、脱創造すなわち自覚に至ることができるのである。

カントは、意志の規定根拠を感性から純粋実践理性に移し、道徳法則に従うことによってのみ自由になると考えた。だが、真に現象を透視し、物自体（Ding an sich）に到るためには、「満天の星空とわが心のうちなる道徳律」[*13]として、あたうかぎり要請に近くある類比としてあるだけではなく、ア・プリオリなものがイデア的なものに留まることなく、まさしく「満天の星空」がわが心に産み出されること、つまり、「世界の秩序」が自らのうちに産み出されることが必要不可欠である、とヴェイユは考えるのである。

ヴェイユは、このような身体における受肉の過程を、フランス・スピリチュアリスムの伝統に則り、知覚の理論[*14]から立ち上げている。もっともしばしば用いる例は、いま目の前にある正立方体の辺の長さは等しく見えないし、角度は直角には見えないが、この触知不可能な質料の背後にある形相を、私たちは一瞬にして把握することができる、すなわち、「これは立方体だ」と判断できるという「ラニョーの正立方体の考察」（IP 143, 169,「ピタゴラス派の学説について」）である。こうした知覚における直観を突きつめて神秘へのひらけを見出してゆくヴェイユは、「文字の意味と色彩の関係」（AD 115,「神への愛と不幸」）を用いて、あらゆる実在を通して神を愛しうる、すなわち必然性に同意しうる可能性を考察している。たとえば、赤インクで書かれてあろうが青インクで書かれてあろうが、文字が読める人にとってその色は文意に差し障りはない。だが、文字の読めない人にとってそれは大きな相違である。この文字の修得のように、訓練によって、苛酷な必然性との接触による苦しみを文字が読める人にとっては些細なことにすぎない色彩として解することができる、とヴェイユは考えるのである。

こうして、知性の面で必然性と感じられるもののそのすぐ下の面は美であり神への従順であることを理解するならば、見習い職人が怪我をすると「仕事が身についたのだ（C'est le métier qui lui rentre dans le corps）」と言われるように、苛酷な必然性との接触である苦しみも、「美の本体が身についたのだ（C'est la beauté elle-même qui rentre dans le corps）」（IP 36,「『ティマイオス』註解」）とみなすことができるのである。

他方で、前期において、ヴェイユは、幾何学の美を「必然性と合目的性の奇跡的一致である」（OCI 94,「詩と真実についての小論文のためのカントによる見解への註解」）としている。そして後期では、この奇跡的な一致が美として映し出され、「神の似姿」となる。円に内接する直径を斜辺とする直角三角形が一ミリでも円の外に出れば、それは直角三角形ではなくなってしまい、必然性に輝く美ではなくなってしまう。同様に、沈没しかかっている船を救うために、海がその波の流れを変えるのであれば、海は美しくなくなってしまうのである（AD 112,「神への愛と不幸」）。このようにして、「世界の秩序」である必然性が「世界の美」であることを観照しうるならば、私たちは必然性に従順、すなわち神に従順でありうるのだ。

4　芸術論における救い

「ある詩において、この言葉はこうした効果を生み出すため、詩人によって配置された——たとえば、豊かなリズム、畳韻法、鮮明なイメージなどである——と説明できるならば、その詩は二流である。完璧な詩とは、言葉がそこにあって、それが絶対的に適っている、としか言いようのないものだ」(IP 40,「『ティマイオス』註解」)

ヴェイユは、芸術創造に比して語る世界創造の神話、プラトン『ティマイオス』を逆照射して、彼女独自の芸術論を導き出している。神の創造である宇宙や宇宙の運行がその目的を超越しているように(IP 24,「『ティマイオス』注解」)、第一級の芸術作品は、いかにして「目的なき合目的性」である美として映し出されるのであろうか。

第一級の芸術家として『イーリアス』を書いたホメーロス、『リア王』を書いたシェークスピア、『ヨブ記』の作者などが挙げられている。ヴェイユが彼らを第一級とみなすのは、彼らが対象の「不幸」や苛酷な必然性に接しつつ、私心を交えずありのままの対象を描き出し、そこに美を見出しているからである。[*15] 第一級の芸術家たちは、対象の「不幸」や苛酷な必然性のうちにいかにして美を見出し、それを描き出すのであろうか。

カントは、快の感情を分析して、己れを楽しませる「快適(das Angenehme)」、己れの意に叶う「美(das Schöne)」、客観的に評価され是認される「善(das Gute)」の三つを挙げている。快適と善がともに存在への関心において規定されるのに対し、美は自由な遊びにおいて存在から解き放たれた表象として「美しい」と感じられるために「関心なき適意」と規定されるのであった。*16 しかし、第一級の芸術家たちが「不幸な人々の真実の言葉を見出し」（EL 30,「人格と聖なるもの」）、「不幸が恐ろしいものであればあるほど、不幸の真の表現はこの上なく美しい」（EL 37, 同上）のであれば、それを描き出す第一級の芸術家たちは、もはや存在に対して関心がないとは言えないであろう。

ここにおいて、美は感覚を通して感性において表象されるものであるが、感覚を通していながら感覚を越えた質料の背後にある形相における美、さらにその形相をも越えた、この世を越えた、見えない美を見出す「注意（attention）」が必要とされている。そしてこの「注意」は現象とかかわる感性ではなく、存在とかかわる理性を基底としていると考えられる。しかしこうした「注意」は、神の働きを受け入れてはじめてうちなる働きを湧出する、光と葉緑素の関係に比せられる「主体的受動性」とも言うべきものにまで拡張される。つまり、理性をも超えた、目で見ていながら何かが聞こえてくるような、無言の呼びかけを感受するような、プラトンがさまざまな神話を介して開示した美のイデアに到る「狂気の飛翔」が必要とされてくるのだ。

「絶対的な美は、感覚的な対象と同様、具体的なもの、目に見えるものである。だが、それが見えるのは、超自然的な視力があるからだ。長い霊性的な準備期間を経て、ある種の啓示、すなわち引き裂かれることによって人はこの美に近づく」（IP 89,「『国家』註解」）

ところで、このような「注意」に貫かれた超自然的視力をもつ第一級の芸術家と製造工との差異はいったい何であろうか。それは、芸術家は己れを明け渡し対象を愛することが求められているが、製造工は対象を愛する必要がないということである。それゆえ、『ティマイオス』の核となる考えは、宇宙の実体そのものは「愛」だということである、とヴェイユは述べている（IP 37,「『ティマイオス』註解」）。そしてまた、彼女の経験知によると思われる、対象に愛を懐けない製造工にとって必要なものは、時空そのものに愛を懐けるような「詩」である（CO 424,「奴隷的でない労働の第一条件」）と述べるのである。こうして、「受難」だけでなく、「創造」、「受肉」において神は「愛」によって贖いの役割を果たすと考える彼女は、このような創造の神の似姿に与ることによって、第一級の芸術作品が創造されると している。一人称で語ることを放棄することによってのみ、他者も一人称で語る存在であることを知り、この場合にのみ、真に、手段としてではなく目的として他者と向き合うことができる。ここにおいて、否ここにおいてのみ、「神への愛」と「隣人愛」へとひらかれるのである。

「愛」によって創作された第一級の芸術作品は、「世界の美」を映す鏡となり、神の愛を映す窓となる。そして、このような芸術作品を観照することを通して、鑑賞者もまた、苛酷な必然性が美であり、神への従順であると感得することができ、「不幸」や苛酷な必然性との接触において、そこから目を背けず、そこに留まることによって美を見出し、神への愛と隣人愛へとひらかれてゆくのである。

「芸術家の着想の結果生まれる作品は、それを観照する人々の着想の源泉となる。芸術作品を通して、芸術家のうちなる愛は人々の魂のうちに類似の愛を生み出す」（IP 40-41,「『ティマイオス』註解」）

道徳性をまったく考慮に入れない苛酷な必然性は、また、悪人にも善人にも太陽を昇らせ、雨を降り注ぐ〔マタイ 五・四五〕、神の無差別・無関心の愛でもある。「無辜な魂に及ぼす不幸の効用は、私たちが十字架に架けられたキリストの兄弟として創造されたのだ、と考えないかぎり、真に理解できない」（IP 167,「ピタゴラス派の学説について」）のであり、それゆえ、「不幸」な人々に「救い」はありえないのである。

「こう考えると、生命のない物質と同じく、極悪な犯罪者も世界の秩序をなしており、したがって、世界の美をなしていることになろう。すべては神に従順であり、したがって、すべては完璧に美しい。これを知ること、これを本当に知ること、それは、天にいます父なる神が完璧であるのと同じく完璧である、ということである」（IP 162, 同上）

*

シモーヌ・ヴェイユの思想は、初期から後期に至るまで驚くほど一貫している。生硬で揺れのあった彼女の思想が、さまざまな社会的実践の直中にあって、己れが無にかぎりなく近づくことを通して、垂直の方向性が確固たるものに強められ、また透明化されていったにすぎない。カントにあっても、『視霊者の夢』（一七六九年）などに明らかなように、超越的なものへの思い入れは強かったにもかかわらず、「哲学と神学は区別されるべきだ」とする自らの哲学の立場を崩すことはない。だがヴェイユにあっては、哲学と神学が必然的に重なってゆく。それは苛酷な必然性との接触を通して「キリストに捉えられる」(AD 45,「精神的自叙伝」)という彼女自身の経験の裏づけによるものであり、[*17] カントにはそうした経験がなかった、と考えるのが妥当であろう。そして、「ギリシアの滅亡以来、哲学者はいなくなってしまった」(E 324) とするヴェイユが、プラトンを評価するその基準とは、プラトンが「真正の神秘家」であり、「西洋神秘主義の父でさえある」(SG 70,「プラトンにおける神」)ということである。ここに、知性を突きつめた果てに神秘がひらかれるシモーヌ・ヴェイユ形而上学の道標が見出されたのである。

ヴェイユは、カントから、そしてプラトンから、いったい何をふたたび湧出させたのであろうか。大局的に見れば、カントからは「普遍妥当性」、プラトンからは「愛《エロース》」という媒介の観念であろう。両者が、愛の息吹を受けた主知主義とも言うべきヴェイユの思想の根幹を貫いている。

ヴェイユの美の把握は、カントの「目的なき合目的性」が次第に変容し、「不幸」の直中で「愛」がきざすことによって、「不幸」と「美」という対極にある両者に調和がもたらされるという超越が見られる。しかし、美は感性によるものであるが、対象の秩序を把握するとき、その把握は理性にまで拡張される。しかし、ふたたび理性を越えた愛の狂気の飛翔による「超自然的視力」は、やはり感性に貫かれている。このように、ヴェイユの「目的なき合目的性」は、重層的な意味を有している。そして、ヴェイユの思想の根源である「愛」もまた、きわめて重層的なものである。[*18]「自己否定」によって神へと愛の眼差しを向け、「待ち望むこと」により神の愛が私たちのうちに降りてくる。だが、ひとたび私たちのうちに宿った愛は静的に持続するものではなく、その宿った愛がつねに不断に創造されてゆかねばならない。すなわち、ひとたび「自己否定」がなされたとしても、私たちの自我は雑草のようにすぐさま芽生えてしまうので、たえずこれを刈り取ってゆかねばならないのである。「神を愛するのは神だけである」(AD 118,「神への愛と不幸」)ので、「自己否定」がつねに頽落への危険性と隣り合わせである否定の調べに貫かれている。

「神は創造にあたってすべてであることを放棄し、いくばくかの存在を自分以外のものに委ねる」(IP 148,「ピタゴラス派の学説について」)。「創造」、「受肉」、「受難」という神に固有の「愛の狂気」にあずかり、原初のアダムの堕罪以前の、恩寵に満たされ、神の友であった非被造(incréée)の状態へと回帰してゆくことによって、創造の神と一つになる存在論的飛翔が見出され、至高の自由がひらかれるのである。

「神はまた、何にもまして友である。神と私たちのあいだに、無限の距離が隔てられながらも、平等ななにかが存在するように、神は被造物のうちに絶対を置こうとした。それは絶対的な自由であり、私たちを神のほうへ向けようとする方向性に対し、〈はい〉あるいは〈いいえ〉と言える[マタイ五・三七]自由である。神はまた、私たちの誤謬と虚偽の可能性をさらに拡大し、単に宇宙や人間ばかりでなく、神の名を正しく用いる術を知らないあいだは、神をも、想像のうちで、偽りの支配ができる能力を私たちに残した。神は私たちにこういうかぎりない幻想の能力を与えたが、それはやがて私たちが愛によってそうした能力を捨て去ることができるためにであった」(AD 214,「神への暗々裡な愛の諸形態」)

第5章　美と実在——シモーヌ・ヴェイユと西田幾多郎

シモーヌ・ヴェイユの思想を、日本語で思索する者が肉感するために、西田幾多郎の言葉はきわめて有益である。西田は、ヴェイユと同様、「四方を本で囲まれた」一生を過ごす人にとってよりも、世界の必然性との接触を、日々ダイレクトに感じて生きる人々の間で読み継がれている。それは、ヴェイユと西田がともに、歴史の流れにおいて、個を徹底化させているからであり、それが、時空を超えた普遍の地平を提示しているからにほかならない。

本章では、ヴェイユの後期思想に、西田幾多郎最晩年の論考「場所的論理と宗教的世界観」を照らし合わせ、異質な両者の言葉がぶつかり合うさなかに輝き出る実在の閃光に着目してみたい。この営みは、若年であっても容易に読めるものの、その本質を掴むのは難しいシモーヌ・ヴェイユ思想の理解の一助になるであろう。「無というもの」のさらなる深淵——ヴェイユが「真空」、西田が「絶対無」という言葉を出してこざるをえなかったその境域に肌で触れることを通して、ヴェイユにおいて、実在との接触にほかならない美的感情が湧きおこる局面を明らかにしてみたい。

＊

私たちが苛酷な内的・外的必然性に接するとき、それがまったくの否定的契機であるにもかかわらず、われ知らず不思議な可能性へとひらかれるのを経験することがあるであろう[*19]。この瓦解と紙一重の際どい線にある必然性との接触において、逆説的にも、私たちのうちなる潜在的能力の開化の可能性が見出される。すなわち、極限状況において、恐れから崇高へ、崇高から美への転化の好機が見出されるのである。それゆえカントは、『判断力批判』における「崇高の分析」で、あえて戦争（Krieg）という言葉を出してくるのであった[*20]。

シモーヌ・ヴェイユは、一九三四から三五年にかけて一年間の研究休暇をとり、一女工として働く「工場生活の経験」をする。労働への関心と思弁上のプロレタリアート解放の限界が、彼女を実在との接触へと駆り立てたのである。しかし、こうした動機とは無関係に、「不幸との接触は、私の青春を殺してしまったのです」（AD 36,「精神的自叙伝」）と述べているように、この経験によって彼女は、身体のみならず思惟においても食い込んでくるのを避けられない「不幸」の徴を自ら受け取ることになる。そして、この「不幸」の受肉は、彼女の思想の根幹を貫く「不幸」の観念を醸成させることになる。

その六年後、この経験を基底にして書かれた論文「奴隷的でない労働の第一条件」（一九四一年）において彼女は、現実存在に釘付けになり「合目的性（finalité）」を剥奪された労働者にとって必要なものは、「美」であり、日常生活の実体であるような「詩」である（CO 424,「奴隷的でない労働の第一条件」）と述べている。

「美しいものはすべて欲望の対象であるが、人はそれが別のものであることを望まない。それが変わることを望まない。それがそのものであることを望む。晴れ渡った夜の星空を欲望をもって眺めるにせよ、人が欲望しているのは、現に所有しているその光景にほかならない」（CO 423, 同上）

ヴェイユは、ここで何か新奇なことを言おうとしているのではない。意志によっては超克不可能な「不幸」における「救い」を、意志より手前の欲望に根ざすのと同時に、「目的なき合目的性[*21]（finalité sans fin）」である「美的感情」に求め、とりわけ、日常生活におけるもっとも美しい神の象徴である「詩」において、超越の可能性を見出しているのである。

日本の仏教学者・鈴木大拙（一八七〇〜一九六六年）は、「『詩』の世界を見るべし」と題するエッセイのなかでヴェイユについて触れ、次のように述べている。「ところが不思議なことに、わしの本を読んだと書いてあるですね。わしの本の禅に関したものを読んでおると書いてある」[*22]。さらに、労働者に必要なものはパンでもバターでもなく何より「詩」であると述べていることに着目し、「わたしはこれがシモーヌ・ヴェイユというような人でなければいえないかと思う」[*23]と述べている。

他方で、ヴェイユ自身は、大拙の『禅仏教論集[*24]』を英文で読んでおり、彼女の思索ノート『カイエ』

には、禅・公案・鈴木貞太郎の語が散見される。[*25] そして、哲学に対する姿勢を端的にあらわしている次の言葉は、あたかも公案から編み出されたかのようである。

「哲学本来の方法は、解決不可能な問題をその解決不可能性において明晰に把握し、次に何年もの間、いかなる希望も持たず、待機のうちに、それらに何も加えずに、じっと、たゆまず観照することである。……超越への道行きは、知性、意志、人間的な愛といった人間の能力が限界に突き当たり、そしてその境に留まり、それを超えて一歩も進めず、そして方向転換をせず、自分が何を望んでいるのかも知らず、緊張のうちにただ待ち望んでいるときにひらかれる」（OCVI-4 362）

ヴェイユは、こうした状態を「極度の恥辱の状態（un être d'extrême *humiliation*）」と言い、この状態に留まることによってのみ、真理に至る可能性を見出してゆく。ここに、西洋と東洋の交差の場が見られ、また西洋、東洋を超えた、人間の根源における自らもそれと知らずに潜む力の湧出の可能性が見出されるのである。

一方、哲学の根を「驚き」ではなく「悲哀」のうちに見、ヴェイユの数々の社会的実践とは対照的に、激しく禅に打ち込み、その哲学の地下水脈として禅をもつ西田幾多郎（一八七〇〜一九四五年）は、西洋哲学と対峙し、体系的哲学を構築している。その思索の長さ・形態に鑑みると、両者は平行線上にあるように思われる。しかし、私たちが、ヴェイユと西田が生きぬいた激動の時代における、その「実在への眼差しの深さ」に着目するならば、そして、実在からの逆照射とも言える、悟性ではなく、感性による自由な直観から導出される「美」へのヴェイユと西田の眼差しの差異に眼を向けるならば、自由の位相が立体的に見えてくるであろう。

1　距離があること、距離がないこと

ヴェイユも西田もその哲学的思索の比較的早い段階で、カントを源泉とする近代美学に対して彼らに固有の解釈をおこなっており、それがある意味で彼らの方向性を予定調和的に指し示している。

第4章第1節で見たように、カントにおいて、美的判断は趣味判断であり、その基礎は概念ではなく主観の感情に置かれている。しかし、あるものが「おいしい」といった快・不快の感情は、個人の判断により、千差万別であるのとは異なり、あるものが「美しい」といった美的感情は、それが主観の感情であるにもかかわらず、あたかも対象の属性であるがごとく万人に普遍妥当的にその感情を要求できる。カントが美を「目的なき合目的性」、「関心なき適意」と定義するのは、判断する人の目的や関心を超えた彼方に、美が感性における超感性のあらわれ、経験における先験性のあらわれ、あるいは感性において一切の感性的質料を排した形式としてあるからであり、それは私たちが超感性的基体をもつことによる。また、認識能力としては悟性があくまで構想力に仕えるというかたちで、「悟性と構想力の自由な遊びにおける一致」としてある。*26

カントがここに「自由」を見ていたとすれば、美的判断が趣味判断であるにもかかわらず普遍妥当

性を有するという超越性のみならず、判断するその人が、自己の利害・関心を離れ、対象に向き合い、その人の自律において[*27]判断することに自由があるのであり、ヴェイユと西田の眼差しはまさしくここに定められる[*28]。

しかし、こうした両者の自律に貫かれた自由のひらけへの着目と同時に、自律を離れた垂直方向への眼差しが、すでに両者の初期の論考にも見られる。そして、それはカントが悟性でも理性でもない判断力の批判書を、第一、第二批判の間ではなく、最後にもってきたこと、また第一批判の冒頭が、超越論的感性論（美学）（die transzendentale *Ästhetik*）から始められることとも根の深いところで共通性をもつのである。哲学と宗教の統合の意図が見られるヴェイユと西田とは対照的に、カントの場合、哲学と宗教を明確に区別する自らの立場をけっして崩すことはない。だが、何より人間の自由を探究していたカントが、エステーティッシュな力、つまり、純粋直観に基づく「判断力による趣味（Gechmack）」こそもっとも重きをなすものとみなしていたと考えることができよう。

しかし、ヴェイユと西田の場合、「判断力による趣味」以前、あるいはそれを超えたとも言える立場に至るわけであるが、そうした道行きを可能にさせるものは、いったい何であろうか。それは、主観が客観から離れる、あるいは主観を客観化するということによって認識が成立するという把握である。すなわち、美しい対象は何らかの距離を要求するのである。ヴェイユの場合、ごく初期の段階で、美しい対象の「目的なき合目的性」、「関心なき適意」を模倣することにより、私たちもまた自己のうちなる客観（objet）すなわち自らの情念・感情・思惟を切り離し、「目的なき合目的性」、「関心なき適意」の二重の意味——主観と客観の距離、主観と主観のうちなる客観の距離——を見出し、ここに至って私たちは神の象徴となり、カトリック——普遍的——の立場に立つことができるとしている（OCI 72,「美と善」）。このように、フランス・スピリチュアリスムの伝統に則り、あくまで生活世界における知覚・判断から宗教性を導き出し、「私」というものの放棄には段階を要するヴェイユとは対照的に、西田は「目的なき合目的性」、「関心なき適意」を直ちに「無我の境界」（N-11 59,「美の説明」）と結びつけ、美を「思慮分別を超越せる直覚的真理」（N-11 60, 同上）であるとし、美と宗教性を重ね合わせることに臆するところがない。西田では、「距離」は一挙に消滅することを出発点とし、「真の自覚は自分の中において自分を知るということである」（N-3 350,「内部知覚について」『働くものから見るものへ』）から「自覚というのは自己が自己において自己を見るということである」（N-5 339,「総説」『一般者の自覚的体系』）へと、「純粋経験」、「自覚」、「場所」と次第に「認識と距離」の比例関係が明確になってゆく。*29

このように、「距離」の把握は比較的早い段階でなされるものの、無我への没入にはある時点での飛躍を要するヴェイユと、無我への没入を出発点として段階を経た後の飛躍により「距離」の把握に到る西田を並列して眺めるとき、西洋から東洋へ、あるいは東洋から西洋へと、眼差しの交差がうかがえる。しかし、どのような道筋、どのような表現方法を取ろうとも、カントが述べる「純粋直観」、西田が述べる「純粋経験」の、その「純粋」という言葉に着目すると、自己ないし事象の質料を離れた「形相」への注視が、私たちの自由を保証するということができる。こうして、「認識と死」というもっとも隔たった両極において至高の調和が見出されるという共通性が両者の思想の極みに見出されるとき、そして、「不快」や「醜」においてのみならず、ヴェイユが述べる「不幸」のような極限状況において「美」が見出されるとき、その空間として、ヴェイユにとっては「真空」、西田にとっては究極的な「場所」である「絶対無」の観念が導き出されるのである。

2 「真空」と「絶対無」

ヴェイユが自らの経験による苛酷な必然性との接触を通して捉えた「不幸」の観念は、彼女に固有のニヒリズムの把握につながる。「不幸」を端的に述べれば、罪のない無辜な人が外的必然性として苦しみを課され、この苦しみを自らの動機や想像力によっては取り除くことができない状態である。彼女が「不幸」の典型的な表象として挙げるのは、「十字架上のキリスト（*Christ sur la Croix*）」であり、これを「受難（Passion）」ないし「十字架上のイエス」と置き換えることはない。ここで彼女は、「十字架上のキリスト」というきわめて特殊な例を挙げながら、私たちすべてがこの状態に与りうる普遍妥当性を示しているのである。

ここでは、彼女が「不幸」をどのように捉えているのか、その表象の仕方を概観してみたい。「不幸」の状態である「十字架上のキリスト」は「わが神、わが神、なぜ（pourquoi）私をお見捨てになったのですか」〔マタイ二七・四六　マルコ一五・三四〕と問うが、そこには答えはない。もし答えが見出されるのであれば、それは自ら創り出したものであり、またそれを創り出す力を有するということは、「不幸」という特別な状態には到っていないことを意味する。不幸と苦しみの間には「水が99℃では沸騰しないような」（IP 168,「ピタゴラス派の学説について」）連続と境界がある。「なぜだ！　何のために！

(pourquoi)」という問いは原因ではなく「目的」を探究している。だが、「全宇宙には合目的性が欠如している」(IP 168, 同上)。「不幸」に引き裂かれた魂は、合目的性を追って泣き叫び、「真空に触れる」(IP 168, 同上)。しかし、もし魂が神を愛することをやめないのであれば、いかなる答えにも優る「神の声」として「沈黙」を聴く。魂はこのとき、「この世での神の不在」は、「天にいます神のこの世での隠れたあらわれ」であることを知る。この神の沈黙を聴くために、空しく合目的性を探究しなければならない。「不幸」と「美の感情による歓び」のみがそれを可能にさせる。

「二つのものだけが魂に強いる力をもっている。不幸、あるいは美の感情から生じる純粋な歓びがそれである。美こそが、いかなる個別の合目的性ももたず、ただちに合目的性のあらわれを感じさせるがゆえに、この力を有するのだ。不幸とこの上もない純粋な歓び――ただ二つの道であり、等価な道である。だが、不幸がキリストの道となる」(IP 168, 同上)

「神の不在」が神と無限に隔てられた「距離」として捉えられるのであれば、すなわち、この世に不在の神がこの世を超えたところに確かにいるという把握が可能になれば、私たちは「不幸」において神を認識することができる。そして、この無限に隔てられた「距離」を形作る「キリストの叫び」と「神の沈黙」は、あらゆる認識を超えた「至高の調和」をなす(IP 168, 同上)。このように、主観と客観の距離、父なる神と子なるキリストのあいだの無限に隔たられた距離、至高の調和という過程を見てくると、西田が段階を踏み、熟成を経てたどり着いた「絶対無」における「逆対応」を、ヴェイユはある種の飛躍をもって直観しているということができる。

ここでは、シモーヌ・ヴェイユにおける「逆対応」と言える過程をより詳しく見てみたい。いかなる合目的性も見出せない「魂が粉砕された状態」（PS 122,「神への愛と不幸［後から発見された部分］」）である「不幸」において「真空」に触れるとき、まさにこの「真空」が、「逆対応」に到るか否かの転換の契機の場であると言える。ヴェイユは、「エネルギーの実体変化（transsubstantiation de l'énergie）」（OCVI-2 357）という概念を用いて私たちの生きるエネルギーの転換作用を分析している。自らの自律によって生き、想像力によって「真空」を埋め合わせることが可能である場合、私たちはかぎりなく「補足的エネルギー（énergie supplémentaire）」によって生きる。たとえば、信仰のためにという目的を見出す殉教者がこの場合であり、「殉教者たちは神と離れていると感じなかったが、彼らが念頭に置いたのは別の神であった。それにおそらく殉教者にならなかった方がよかったのである」（OCVI-1 298）とヴェイユは述べている。しかし、「補足的エネルギー」が使い果たされ、自らの力によっていかなる目的も見出せない「真空」に直面するとき、この「真空」を抱きしめること、つまり、この「極限状況の実在」を、「不在の神」を愛し続けることができる潜在的力が私たちのうちにあることにヴェイユは着目し、ここに至高の歓び、すなわち美の感情による歓びが見出される可能性を見るのである。このように、まったき自己否定、すなわち、身体の死よりもっと恐ろしく、私たちの自然性はあたうかぎり抵抗する「自我（moi）の死」への同意が、意志ではなく欲望によってなされるのであれば、「植物的エネルギー（énergie végétative）」が湧出する。このダイナミズムは、西田が述べる「死してふたたび生まれること」であると言えるであろう。だが、「自己否定」ということを観念の上では受け入れることが容易な東洋とは異なり、デカルト以降、自我の確立[*30]のもとに哲学が築かれてきた西洋でこのことを言うために、ヴェイユは、「世界の中心はこの世を超えたところにあるのを知ること」、「必然性への同意は神の意志に同意することであること」、「一人称で（à la première personne）語るのを放棄すること」等々、さまざまな表現を駆使して、西田が述べる、「絶対否定」（N-11 395,「場所的論理と宗教的世界観」）に直面することを通しての「自己の永遠の死」（N-11 395, 同上）をあらわそうとするのである。そして、「自己の永遠の死」に直面してはじめて「恩寵」を受け入れる器としてのみ働く、葉緑素のように感光して初めてそのエネルギーを出す力、すなわち「主体的受動性」とも言うべき「植物的エネルギー」による「注意（attention）」が働き、シモーヌ・ヴェイユにおける「逆対応」が可能となるのである。

3 「弱さの強さ」と美

「キリストは、人間的な苦しみの淵で破滅させられる前に、完璧な人間的歓びを知った。そして純粋な歓びとは、美の感情にほかならない」（IP 157,「ピタゴラス派の学説について」）

「不幸」における「真空」との接触は、西田が述べる「自己自身の存在が問われる」（N-11 393,「場所的論理と宗教的世界観」）局面であると言えよう。この局面にあって、なおも「自己から働くもの」（N-11

374, 同上）であると言える、主体の「注意（attention）」が働き、意志ではなく欲望によって苛酷な実在を愛する、つまり、不在の神を愛する「方向」（N-11 375, 同上）が見られるためには、それを保証する確かなものが感得されねばならない。

第4章第3節で見たように、カントは、道徳の立場に真に立脚するためには、道徳的意志による「徳」と感性的欲求による「幸福」との絶対的一致を保証するものとして「最高善」としての神が要請されねばならないと考えた。[*31] しかし、私たちは垂直方向へは一歩も歩めず、私たちにできることは、ただ神が私たちのうちに降りてくるのを神への不断の愛をもって「待ち望む（attendre）」ということだけである。苛酷な必然性との接触において、神の降臨の確かな徴として「美的体験」があるために、カントにとって要請であり信であったものが、ヴェイユにとっては存在論的意義をもつ。美との接触によって超越性と実在性の一致が図られ、また、美はひとつの事実であるので、ごく一部の限られた人々だけでなく、「もっとも下劣な放蕩に身を沈めようとも、美が呼び出される。一般に、価値あるもの——その是非は措くが——を指し示そうとするとき、その質の如何を問わず、美に関わる言葉を用いるのがつねである。あたかも美を唯一の価値とみなしているかのように、そうするである」（IP 158,「ピタゴラス派の学説について」）。このように、美は、私たち誰しもが普遍妥当的に感受しうるものである。

しかし、なぜ「不幸」において、「美の感情による純粋な歓び」が見出されるのであろうか。第2節で、「不幸」の表象としてヴェイユが「十字架上のキリスト」を挙げ、そこに普遍妥当性を見出していることをもう一度振り返ってみると、西田が述べる、「作られたものから作るものへ」（N-10 298,「場所的論理と宗教的世界観」）、「限定せられたものから限定するものへ」（N-10 299, 同上）の移行による「否定の否定」(N-11 299, 同上)が必要不可欠とされてくる。ヴェイユはこの移行を「脱創造(décréation)」と述べている。[*32] しかし、あくまでこの「世界」に留まる西田とは対照的に、ヴェイユは、この「世界」を超え、完全に自己を脱し、自我の死によって自己の非存在のうちに神が生み出されることを通して、西田が述べる「外を内に見る」(N-10 311, 同上)ことが、「神を内に見る」ことにまで高められ、神が自己のうちに永遠に生き、原初のアダムの堕罪以前の「神の友」になる可能性を見ている。

しかし、「自己が一旦極度の不幸にでも陥った場合、自己の心の奥底から、いわゆる宗教心なるものの湧き上がるのを感ぜないものはないであろう」(N-10 295, 同上)という「心霊上の事実」の説明を哲学に求めることを切り口とする西田とは対照的に、第4章第3節で見たように、ヴェイユはあくまでフランス・スピリチュアリスムの伝統に則り、「知覚の理論」を駆使して「逆対応」つまり「脱創造」の過程を示す。もっともしばしば用いる例は、いま目の前にある「正立方体」の辺の長さは等しく見えないし、角度は直角には見えないが、この触知不可能な質料の背後にある形相を私たちは一瞬にして把握することができる、すなわち、これが「正立方体」であると判断できるという「ラニョーの正立方体の考察」である。ヴェイユは、この「知覚の理論」を徹底することで、実在すべてを通して神を愛することが見習い修行のように訓練によってなされうることを説いており、それを支える確かな徴として「美的感情」が導き出されるのである。こうして、西田ではあくまで宗教的感情に裏づけられた「真理」(N-3 117,「真善美の合一点」)としか言いえず、次第に捨象されてゆく「美的感情」という感性的認識が、ヴェイユでは「神を見ること」という直截性をもつまでに高められるのである。

私たちの自然性は振り上げられた鞭を目の前にして必ず震える。この鞭に自ら進んで同意する超自然性は「狂気」であり、この「狂気」にのみ神の「狂気」が呼応する。ヴェイユにあって、「受難」だけではなく「創造」、「受肉」においても神は贖いの役割を果たす。「神は創造にあたってすべてであることを放棄し、いくばくかの存在を自分以外のものに委ねる」（IP 148,「ピタゴラス派の学説について」）。こうした「弱き神」は、西田の「場所的論理と宗教的世界観」の要諦でもある。だが、この狂おしいほどの神の愛の過剰に、「神の絶対的自己否定」（N-10 317,「場所的論理と宗教的世界観」）に、「不幸」の状態においてのみ応えることができるのである。このように、ヴェイユの愛に貫かれた「狂気」の飛翔では、西田が根底に据える「意志的存在」（N-10 327, 同上）を放棄するところまで押し進められ、自己の「自覚」は一旦完全にかき消されてしまう。しかし、「不幸」において神の愛を受け取ったとしても、そこでやはり「自己否定」が「無限に創造的でなければ」（N-10 317, 同上）、神の愛の不断の創造はなく、神にふたたび愛を返し、父なる神と子なるキリストの間におけるように「愛」の行き交う「場」が生じることはない。こうした愛の道行きが、ヴェイユにおける「霊性的事実」（N-10 331, 同上）の徴である「美的感情」によって裏づけられるかたちで、自己のうちに「意識的自己を越えたもの」（N-11 330, 同上）が見出され、そこに至高の自由がひらかれてゆく可能性が見出されるのである。

一般の法による罪人として死んでいったキリストの兄弟として私たちは創造されたのだ、と考えないかぎり（IP 167,「ピタゴラス派の学説について」）、「不幸」な人に「救い」はありえない。つまり、「不幸」における「逆対応」によってのみ「永遠の今」に接する可能性があるのだ。こうして、主体のうちで「絶対矛盾的自己同一」が見出され、かつ神との関係において「反対の一致」が見出される。しかし、私たちには自己を否定する「絶対意志」がある（N-2 378,「経験内容の種々なる連続」『意識の問題』）と述べる西田とは対照的に、この西田の述べる「意志」が、とりわけ西田晩年の論考ではあたうかぎり自我から切り離されているとはいえ、ヴェイユは、そうした自己の働きまでも否定されたところで初めて湧出する「注意（attention）」に着目し、そしてまた、この状態になければ「逆対応的に神に接するのである、神につながるということができるのである」（N-10 315,「場所的論理と宗教的世界観」）とは言えない、と考えるのである。すなわち、「神だけが神を愛することができるのである」（AD 118,「神への愛と不幸」）から、自我が完全に消され、神の働きのみが自己のうちになければ「神の友」になることはできないのであり、この時点で微妙に、しかし決定的に西田と差異を見せることになる。

このように、初期西田が一挙に無我へと没入し、激しく禅に打ち込むにもかかわらず、その「表現」[*33]の境にどこまでも「意志」が残り、かつそれを強調するのに対し、アランの「意志」の哲学から出発し、「意志」による行動をもっとも重んじ、数々の社会的実践をおこなってきたヴェイユのうちに、自我が完全に捨象され、「意志」が捨象された彼方に「注意（attention）」の働きが見られるとき、両者のあいだで、西洋と東洋が交差し、かつ逆の形で緊張しつつ呼応する「ピタゴラス的調和」が見出されるのである。

4　芸術と超越

第4章第4節で見たように、ヴェイユは、第一級の芸術家として『イーリアス』を描いたホメーロス、『リア王』を描いたシェークスピア、『ヨブ記』の作者などを挙げている。彼らは、客体としてある「不幸」や苛酷な必然性に接していても、対象に「愛」を抱き、そこに「美」を見出す「注意」をもつ人々である。こうした芸術家たちは、自らの情動や傾向性が一切捨象され、自己が完全に否定されていなければならず、この「自己否定」を通して神から霊感を受けた第一級の芸術作品を創造する。そして、彼らの対象への「愛」は、また同様にそれらの作品を鑑賞する人々に類似の「愛」を生み出す。こうして第一級の芸術作品は神の愛を映し出す鏡となる。道徳性をまったく考慮に入れない必然性は、悪人にも善人にも太陽を昇らせ、雨を降り注ぐ〔マタイ 五・四五〕無差別・無関心の神の愛でもあり、第一級の芸術作品の観照を通して「不幸」な人との真の同苦の可能性が見出されるのである。

「美は、たとえば重力が山や波や星の運行に刻み込む襞のように、必然性がはっきりとあらわれていればいるほど、活き活きと私たちに触れてくる。純粋数学においてもまた、必然性は美によって光り輝いている」(IP 158,「ピタゴラス派の学説について」)

ヴェイユが、カントによれば「崇高[*34]」と定義されるような対象を「美」と述べるとき、「美的判断」

は「趣味判断」を超えている。だがそれは、「崇高」のように実践理性によるのではなく、対象への「注意」によるのである。この「注意」は、私たちが「物となって見、物となって聞く」（N-10 336,「場所的論理と宗教的世界観」）のみならず、私たち自身が世界を形作る物質（matière）の一部となり、神の愛が行き交う「場所」としてあるときにのみ見出される裸の純粋な主体の働きなのであり、こうした「注意」のみが世界の秩序を把握し、そこに「美」を見出すのである。

第4章第3節で見たように、カントは意志の規定根拠を感性から純粋実践理性に移し、道徳法則に従うことによってのみ自由になると考えた。しかし、真に現象を透視し物自体（Ding an sich）に到るためには、「満天の星空と我が心のうちなる道徳律」[*35]としてかぎりなく要請に近い類比としてあるだけでなく、「純粋数学」において顕現されるように、ア・プリオリなものが単にイデア的なるものに留まることなく、正に満天の星空が我が心のうちに生み出されること、すなわち、神が自己のうちに生み出されることが必要不可欠である。それが、主観の感情でありながら同時に普遍妥当性を有する「美」という実在性をともなうために、そこに自由が見出されるのである。そして、西田が「美の本質」、「真善美の合一点」、「美と善」等において向ける眼差しも類似の方向を指し示している。しかし、ヴェイユにおけるプラトンからの着想による「媒介」というかたちでの「愛」の観念は西田にはけっして見られず、「純粋感情」、「純粋意識」の境にどこまでも「『純粋に人間的』というもの（N-3 15,「美の本質」）が、晩年にはあたうかぎり捨象されているとはいえ、やはり一貫して見出される。そこに、ア・プリオリの把握が、「絶対意志」による西田と、行為的ではないがしかし恍惚に留まるものでもない「神秘的直観」によるヴェイユとの質的差異が見出され、表現による把握を「言葉によるのでなければならない」（N-10 349,「場所的論理と宗教的世界観」）とする西田と、ロゴスに「関係」の意味を強く読み込み、「海のなかの魚のようではなく、海のなかの一滴の水のように」（IP 166,「ピタゴラス派の学説について」）、かぎりなく小さいがしかし同じ水としての親和性、すなわち神との親和性をもって生きることを求めるヴェイユは、どこまでも差異を見せてゆく。しかし、両者のうちに、それが「絶対意志」によるものであれ、「注意」によるものであれ、不断の創造が見出されるとき、そこにともに絶対的自由がひらかれてゆくのである。

*

私たちは、なぜヴェイユに、西田に惹かれるのであろうか。それは、私たちがヴェイユにも西田にも「啐啄《そったく》」「ひなが卵の殻を破って出ようとして鳴き、親鳥が殻をつつき割ろうとすること」の感をもつからであろう。ヴェイユに触れ、西田に触れ、私たちのうちなる知られざる本質に気づかされるのを、悟性ではなく感性による直観によって把握しているからであろう。そしてそれは、ヴェイユが、「……歓びとは実在との接触以外のものではない。悲しみはこの感覚の低下あるいは消失以外のものではない」（OCVI-1 79）というように、西田が、「……純粋経験の考以来、私の考え方は最も直接的な実在から出立するというのでした」（N-11 173,「『理想』編集者への手紙」）というように、両者が、まったく異なる仕方でありながら、実在との接触において形而上学を立ちあげていることによる。そして、ヴェイユが「工場生活の経験」を通して「十字架上のキリスト」のもとに導かれるとき、西田が一心不乱に禅に打ち込むとき、そしてそれらを経て猛烈な勢いで執筆するとき、彼らその人たちが、「真空」、「絶対無」という非常に純粋な裸の本質に触れえた「碎啄」の感をもったということができるであろう。

しかし、ヴェイユの場合、西田に比してあまりにもその生きた時間が短い。哲学者としては「これから」という年齢である。だが、哲学者としての自意識が芽生える以前、他者へとひらかれた表現にこだわる以前に書かれたヴェイユの思索の跡は、逆説的にも、西田が「表現」の影に語りえなくなってしまった「城壁が創られる以前の空の青さ」といった本質直観を、私たちに開示してくれている。

ヴェイユにも西田にも、ただ著作に接しているだけではつかめない、ある段階に達したときの飛躍がある。私たちもまた、ともに「飛ぶ」ということのために、彼らに接したときの感動を保持しつつ、自己が内と外とから突き破られる瞬間を、待ち望まねばならないであろう。

第6章　美的判断力の可能性——シモーヌ・ヴェイユとハンナ・アーレント

シモーヌ・ヴェイユと同時代を、さらに第二次世界大戦後を生き抜いたハンナ・アーレントは、ヴェイユと同様にカントの『判断力批判』から着想を得て、極限状況における判断力、そしてまた、極限状況にい
なかった人々の判断力の可能性を探究している。だが、アーレントにあって、カントの「美的判断力」における「美的」は、捨象されてゆく。この「美的」には、耽美主義に陥る危険性を孕まれており、なによりヒトラーの行為そのものが、「政治の美学化」にほかならないのだとするならば、この危惧と判断力の変形は妥当であるように思われる。それでは、なぜヴェイユにあっては、「判断力」が「美的」であることが、むしろ強調されてゆくのであろうか。ヴェイユが戦後を生きたのであれば、「アイヒマン裁判」に対してどのような視座を見せたであろうか。ヴェイユの思想に即してこの裁判における判断力の可能性を問うことをも含めて、ヴェイユの思想にアーレントの思想を寄り添わせることによって、美的判断力の可能性を立体的に浮き彫りにしてみたい。

＊

シモーヌ・ヴェイユは、その短い生涯を閉じる一月前に、両親に宛てて手紙を書いている。そのなかで彼女は、自らのうちに伝達すべき「純金の預かりもの（un dépôt d'or pur）」がある確信をぬぐいえないが、この「純金の預かりもの」は膨大かつ稠密で分割不可能であるため、おそらく誰にも受け取ってもらえないであろう、なぜなら、これを受け取るには疲弊し切るまでの努力が必要なのだが、誰もこの努力をしてくれないのだから、と述べている（EL 250,「両親への手紙」）。ここで彼女は、徹底的に無人格性であろうとしながら、うちなる真理が彼女の人格性を内側から透明化するかのごとくに、「公共性」への志向を有している有り様を見ることができる。しかし、真理の「大きさ」と「稠密性」は分割することができず、そうでしかない揺るがない必然性としてあるために、「沈黙」としてあらわれ出るのであり、彼女のテクストもこの例外ではない。「真理は真理であって他のいかなる属性ももたない」という有り様は、私たちをして、沈黙に声を聞き取る努力を余儀されている。そのため、残念ながら、マルチン・ブーバー（一八七八～一九六五年）、エマニュエル・レヴィナス（一九〇六～九五年）といった哲学者たちでさえ、この「純金の預かりもの」にはおよそ到達しえていない表層の解釈を、ヴェイユの思想に与えてしまっている。[＊36] それでは、私たちはいったいどのようにして彼女のテクストの「沈黙」、さらには真理の「沈黙」を聞き取ることができるのであろうか。

本章では、カントの「美的判断力」を発展させ、そこに社会科学と詩学・美学が連続性をもつことを示したヴェイユの思想に、同時代の政治思想家ハンナ・アーレントの思想[*37]を照らし合わせることによって、私たちはどのようにして真理と他者と出会いうるのかを探究してみたい。

1 「美しい」と判断される位相

ヴェイユとアーレントは、同時代のフェミニズムに対して批判的であったし、さらにヴェイユはシオニズムに対しても批判的であった。ドイツとフランスという地政学的差異があるため、両者を同列に並べて考察することはできない、とみなす向きもあろう。だが、ヴェイユは教職を剥奪され、亡命を余儀なくされても、自らのユダヤ性を意識していないという点は、この二人の思想家を考察する際に銘記しておくべきことであろう。というのも、アーレントでは「人は攻撃されている自らのアイデンティティによってのみ抵抗しうるということ」がその思想の核となっているからである。それでは、いったいなぜヴェイユでは、このアイデンティティが自らの思索の核から外されてしまっているのであろうか。

ヴェイユの短い生涯における数々の政治・社会活動のなかでも、病弱な身体を押して一女工として工場で働く「工場生活の経験」(一九三四〜三五年)が、その後の彼女の生と思想に決定的な影響を与えている。この経験を経た後、「奴隷の刻印」を受け、以後「自分を奴隷としてみなしてきた」(AD 36,「精神的自叙伝」)と告白している。ヴェイユは、労働者の苦しみを自らの身体において受肉することによって、「特殊」において「普遍」を見出すことを、まさしく身をもって経験している[*38]。ここで、アーレントのように、攻撃されているアイデンティティが抵抗の力となりえないのは、「工場生活の経験」を通してヴェイユが受肉したことは、この抵抗する力すらも殺いでしまう必然性との接触であったからである。アーレントが経験した「恥辱」は、ヴェイユが述べる「奴隷の刻印」というレベルにおける自我の破壊ではない。

ヴェイユは、この「恥辱（humiliation）」を受け入れるという意味での「己れを低くすること・謙遜（humilité）」が「真理」を解く鍵であるという一方で、「感性論（esthétique）」がこの同じ鍵であるという。この「己れを低くすること・謙遜」と「感性論・美学（esthétique）」はどのようにして重なり合うのであろうか。

ここではまず、ヴェイユが述べる「感性論・美学（esthétique）」の位相を見定めておきたい。[*39] 「カントは体系の構築のためにア・プリオリな観念に執心することができなかった」（OCVI-3 46）と述べ、カントを擁護する立場を前提としたうえで、「ア・プリオリとア・ポステリオリはカントがいったようなものではない」（OCVI-2 211）と述べている。さらに、他者との共苦を語るコンテクストでは、「共苦のシステム」の構築には、「カントが時間・空間に用いた純粋な感性が必要であり、この感性はまた美にかかわるものである」（OCVI-2 395）と述べている。ここでヴェイユは、ア・プリオリな感性における認識はすなわち判断であると考えている。そして、この位相にあってはじめて他者との共苦が可能であるとみなしているのである。「世界の美は、物質そのものの属性ではない。それは、世界と私たちの感性との関係である」（AD 153,「神への暗々裏の愛の諸形態」）ならば、この美を感じ取る力は、反省を経て得られる「反省的判断力」ではなく、直接直観によるものである。だが、そもそもカントが「反省的判断力」を見出したのは、自らの利害・関心から解き放たれ、「感情移入」によることなく、普遍の立場で、自律においてではなく「美しい」と判断できる力としてではなかったのではないだろうか。耽美主義や感情移入に陥らずに、「共苦」を可能にする直接直観による美的感情をもちうるのであろうか。

現代のフェミニズム・ポストコロニアリズムの流れでは、肯定的なものであれ、否定的なものであれ、カントの「崇高論」を基盤に据えた判断力の分析が主流である。だがヴェイユは、第4章第3節で見たように、必然性との接触の直中で感じられる美を考察していながら、崇高論の立場をとっていない。というのも、ヴェイユが述べる「不幸」にあって、「不快から快へと」、「分裂から調和へと」至る道は残されていないからである。この局面を指してヴェイユは、「魂が粉砕された状態」（PS 122,「神への愛と不幸〔後から発見された部分〕」）と述べたのであった。それでは、ヴェイユは、およそ美が見出せない「不幸」において、どのようにして美を見出してゆくのであろうか。

この道程は、第4章第2節で見たように、カントの美の第三契機「目的なき合目的性」の変容において、もっとも明晰に描き出されている。「そして、二つのものだけが魂に強いる力をもっている。不幸、あるいは美の感情から生じる純粋な歓びがそれである。美こそが、いかなる個別の合目的性ももたず、ただちに合目的性のあらわれを感じさせるがゆえに、この力を有するのだ。不幸とこの上もない純粋な歓び――ただ二つの道であり、等価な道である。だが、不幸がキリストの道となる」（IP 168,「ピタゴラス派の学説について」）。

ヴェイユは、つねに、「美の感情」を「純粋な歓び」とみなしている。そして、「美」と「不幸」を同列に並べながら、彼女の志向は「キリストの道となる」後者に向かっている。「不幸」とは「十字架上のキリスト」や「ヨブ」のように、まったく無辜であるにもかかわらず、社会的威信を剥奪され、恥辱にまみれた状態である。この「不幸」が「美」と同様に「目的なき合目的性」であるのは、「不幸」において「美の感情」が溢れ出てくるからである。

カントは、自律において、他者の立場において、そして自己と矛盾することなく自己と一致して判断することを判断力の基底に据えた。だが、階級闘争を遥かに超えた、戦争のような生と死、被害者と加害者が瞬間瞬間、逆転の可能性を有する「極限に面して」、とりわけ「観察者」として、「他者の立場において」判断することは、もはや私たちの自然性においては不可能であろう。

このことをなにより痛切に意識していたアーレントは、自己が否応なく巻き込まれるという状況を忌避できない状態にありながら、そして、「人々の間に」ありながら、なおも、「観察者」として、自らの利害・関心から解き放たれて判断しうる可能性を、特にカントに寄り添わせて語ることがない場合には、美的感情をむしろ捨象するかたちで、「共通感覚」を前面に押し出すことで見出している。

一方、ヴェイユが「不幸」を「目的なき合目的性」とみなすもう一つの大きな理由は、「不幸」において、「奴隷の刻印」を受けることによって、自らの感性的質料が徹底的に打ち砕かれ、否応なく、自らが形相そのものにならざるをえないからである。自らの利害・関心が、否応なく消滅せざるを得ないからである。この状態にあって、純粋直観による「美的感情」が溢れ出るのである。

「キリストは、人間的な苦しみの淵で破滅させられる前に、完璧な人間的歓びを知った。そして純粋な歓びとは、美の感情にほかならない」(IP 157,「ピタゴラス派の学説について」)

「ヨブは苦悶の果てに、見かけはともかくも、完璧に十分堪え忍んだ苦悶の果てに、世界の美の啓示を受けるのである」(IP 164, 同上)

ここでは、もはや美は道徳の象徴ではない。そしてまた、私たちは道徳から宗教へと、道徳律から神へと漸近することはできない。ここで美は、神の実在を映し出す鏡となる。このような局面では、美を感じとる力は「注意」とよばれ、この「注意」は光に感光してうちなるエネルギーを湧出する植物の葉緑素のような「主体的受動性」といったものである。この「注意」が、「究極の不快」、「嘔吐を催させるような醜悪」の直中でア・プリオリな純粋直観によって「純粋な歓び」にほかならない美を見出すのである。美は、現実を忘却させ、陶酔へと私たちを誘う「快」ではない。

美しい対象に接したとき、この「快」を他者と分かち合いたいと思う。一般の「趣味」は、各人各様に異なり、偶然性によるのでなければ、「快」を共有できない。だが、美に接したときの快だけは、それが主観の感情でありながら、概念を通さずにあたかも対象の属性であるがごとくに、この感情を万人と分かち合うことができる。これが、カントが洞察した美の「共通感覚」であった。だが、こうした「共通感覚」を通した「快」の分有は、私たちを否応なく「集団への帰属」へと促してしまうのではないであろうか。このとき自律は真に自由ではありえないのではなかろうか。

ヴェイユにあって、美の感情は、「快・不快」という趣味ではなく、苦しみを通して到達する純粋な歓びという逆説を孕む感情である。そしてこの純粋な歓びには、「歓びの感情そのものが取り除かれている。というのも、対象で満たされている魂には、『私は』といういかなる余地もないからである」（OCVI-2 251）。このとき、私たちは、自我が死んだ状態であっても、なお自律において「判断する」という責任を果たすことができるのであろうか、と自問せざるをえない。だが、「超越論的な歓びに、極限の純粋な苦しみによってのみ、感性を通して接しうる」（OCVI-2 402）のであり、このような「超越論的な歓び」にあって、はじめて真に、自らの利害・関心を離れて判断しうる、とヴェイユは考える。ここに、自己が否応なく巻き込まれざるをえない状態にあって、なお自己と距離をとって向き合い、他者と向き合い、公平な判断を下すことができる「観察者」となる可能性が見出されるのである。

2　共通感覚と天才

ヴェイユもアーレントも、ホメーロスが、自己の利害・関心から解き放たれ、鋭い現実認識をもちえた「天才」であると認めている。ヴェイユがホメーロスを「対象の悲惨に接していながら、そこに美を見出す注意を持ちえた詩人」とみなしているのに対し、アーレントはホメーロスを「過去を語ることによって過去を判断する歴史家」とみなしている。このことは、両者の判断力の差異をあらわしているであろう。すなわち、ヴェイユでは判断はつねに「質」と結びつくのに対して、アーレントでは「量」と結びついているのである。

ヴェイユにあって、恥辱にまみれた「不幸」な状態にある人においてのみ美の感情の湧出がみられるとしたら、凡庸な日常を生きる者には、もはや美的判断に到達できる道は残されていないように思われる。しかし、彼女の記述をさらに詳細に見てゆくと、「不幸であること」が求められているのではなく、他方で、自ら不幸の状態に飛び込むことは自己欺瞞でしかないことが知られる。不幸は実際に自らに降りかかるかもしれないし、そうでないかもしれない。だが、この不幸が起こるかもしれない、恥辱にまみれるかもしれない、その「不幸の可能性」に同意することが「美的判断」の位相をつくり出すのである。しかし、この「不幸の可能性への同意」は私たちの自然性においては不可能である。私たちは自らを忘却することはできても、自らが無であるとの認識はできないからである。だからこそ、自分も無になってしまうかもしれない不幸を目の当たりにするとき、私たちの自然性は、「重力の法則」に厳密に従って、この不幸を必ず避けるのである。不幸な他者の立場に自らが身を置くことを、私たちの想像力・構想力（imagination）は拒絶するのである。

ホメーロスは、まさしく「不幸の可能性」に同意しえたからこそ、自己と他者を分離せず、「嘔吐を催す醜悪」である対象のうちに美を見出す注意をもちえ、恥辱にまみれた不幸な他者の「沈黙の声」を聞き分けることができ、他者を自分のように愛することができたのである。だが、私たちはホメーロスのような表現の能力には恵まれていないかもしれない。しかし、真理を愛し、沈黙である真理に耳を傾けることはできる。真理と不幸はともに沈黙における叫びである。そして、この不幸であり、真理であるものに耳を傾け、愛を傾けるには、「恥辱（humiliation）」を受け入れるという意味での「自己を低くすること・謙遜（humilité）」が不可欠である。そして、このとき、万人が普遍妥当的に「天才」でありうるのだ。

3 正義と美的判断

ヴェイユにおける「正義」の位相は、社会的威信を剥奪され、恥辱を受け入れる「自己を低くすること・謙遜（humilité）」においてしか真理を語りえない、沈黙を語りえないという、この世界で生きる私たちに深刻さを突きつけてくる。これは、ヴェイユによるカントの発展的解釈が、プラトンの敷衍解釈においてなされる有り様を見ると理解できる。この世界に生きるとは、善と必然の懸隔を生きることであり、正義と力の懸隔を生きることである。したがって、私たちが正義とみなすものは「正義と認められること」にすぎず、社会という「巨大な動物」の意見に、意識的にせよ、無意識のうちにせよ、取り込まれてしまっている。しかし、正義であることが不可能であるからといって、彼女は「判断する」という立場を放棄しているのではない。しかしここでの判断は、善・悪の価値判断ではない。第1節において、直接直観による美が「判断力」の条件となっていることを見たが、「善の映し」である美は沈黙している。美は語らない。だが、この美には呼びかける声がある（EL 38,「人格と聖なるもの」）と彼女は述べる。彼女にあって、判断は、あくまで美という感性を基底とした美的判断としてある。

ここでは、ヴェイユの思想に倣って、「アイヒマン裁判」（一九六一年）を振り返ることにしたい。「アイヒマン裁判」は、アイヒマン自身の判断力の問題と、当事者でない人々が彼を裁くことができるかという判断力の問題という二つの位相を孕む。前者に関して、アーレントは、「アイヒマンが他者の立場に身を置くことができていないこと」を洞察している。しかし、「他者の立場に身を置くこと」

を、アーレントはカントの「共通感覚」の前提である「構想力と悟性の自由な遊びにおける一致」である「美的感情」と切り離して考えている。一方、あくまで「美的感情」という感性を基底にしたヴェイユの判断は次のような形態をとる。

　ある人の眼をくり抜く「権利」が私にあって、しかも、それが「興味深い」ものであったとして、しかしそれにもかかわらず、私にこの行為を思いとどまらせるものは何なのであろうか。私の行為を思いとどまらせるのは、その人の人格ではない。そうではなく、もし、その人の眼をくりぬいたとしたら、その人が魂の引き裂かれるような痛みの叫びを発することを私が知っているからだ、とヴェイユは述べる（EL 12-13, 同上）。彼女にあって、「他者の立場に身を置くこと」とは、「魂の引き裂かれるような痛みの叫び」を「沈黙のうちに」聞き取る感性をもつことである。そして、この感性とは、他者が実在しているという美の感情であり、その対象を欲望しながら、自らの所有とすることなく、対象と距離をとらせるものである。こうして、「構想力と悟性の自由な遊びにおける一致」である「美の感情」を通して、「他者の立場に身を置くこと」が可能となる。大切なのは、自由ではなく、また、真理そのものでもない。そうではなく、このか細い、沈黙している真理の悲痛な叫びを聞き取る感性であり、この感性を保持できるような社会システムが不可欠である、とヴェイユは述べる（EL 14-15, 同上）。そうであるならば、アイヒマンはこの痛みを感じとる感性をもちえなかったために判断力への道程を阻まれたと言える。それはなにより、アイヒマン自身が「極限に面して」、自己と自己とが距離がとれず、自己が自己以外に向き変われないからにほかならない。アーレントは、「……あたかも君［アイヒマン］と君の上官がこの世界に誰が住み誰が住んではならないかを決定する権利をもっているかのように、……政治を支持し、実行した[*40]」からアイヒマンは死刑にされなければならないと判断している。だが、この判断には、なおもアーレントの感情移入がはいっていないであろうか。「攻撃されている自らのアイデンティティ」が判断を妨げる障壁になってはいないであろうか。

この問題をヴェイユの思想に即して考察するならば、「世界に誰が住み誰が住んではいけないかを決定する権利をもったこと」自体は、裁きの対象とはならない。フランス革命（一七八九年）以来の権利の観念を、彼女は徹底的に捨象していく。私たちがあるべきは、「正義であること」であって、「権利をもつこと」ではない。権利は、社会という「巨大な動物」の意見からけっして自由ではないのである。たとえば、私はこの卵をもっと高値で売ることができる権利があるということはできるが、売春宿に売られそうになっている娘が自分の権利を主張することはできない、ということが忘れられてはならない（EL 26, 同上）。アイヒマンの裁きは、「引き裂かれるような魂の痛み」の声を聞き取る感性をもちえたか否かに極まるのであって、また、彼の刑罰は、その罪の「量」によって変容を蒙るものではなく、たとえ死刑をもってしても、彼が失ってしまった「善への欲望」が、刑罰という痛みが加えられることを通して、呼び覚まされるものでなければならないのである。美に先立つ私たちの「共通感覚」とは、不正義が外的に加えられることで、「なぜ、私に悪がなされるのか？」という魂の引き裂かれるような叫びを挙げる部分である。そしてこの部分はあらゆる人間が普遍妥当的に有しているものなのである。そして、この魂の奥底からの叫びを通して、自らの思考の位相が崩れ、「なぜだ！」と問う、その問いのさなかに、自らに課された悪によって自らのうちに善が呼び覚まされることが、刑罰に必要とされているのである。このとき、「十字架上のキリスト」やヨブのように、恥辱のさなかにあって、「ア・プリオリな感性」が同時に「美を感じる感性」でもありうるのであり、このとき、否このときにのみ、人は善を保持しているのである。「感性論・美学は超自然的な諸真理を解く鍵」(OCVI-3 356) となるのは、このような位相においてである。

＊

シモーヌ・ヴェイユが命をかけて書いた政治思想の書『根をもつこと』(一九四三年) は、その神秘主義の色彩のために、当時は見向きもされなかった。彼女は、政治思想を語る際にも、超自然性の介入を招来する。それは、「見える世界」は私たちの生きる世界のほんの一部にしかすぎず、それは、容易に暴力に取り込まれる位相にあるからである。それゆえ、超自然性のみが真理を映し出すのだ。

ヴェイユの文体は簡潔で美しく、「哲学の通俗化」というカントの教えを守っていると言える。だがそれにもかかわらず、真理はやはり沈黙としてしかあらわれてこない。しかしその沈黙は、美となってあらわれ出るのである。

ヴェイユの思考空間を正確に捉えるのは困難を極める。「恥辱」、「謙遜」という言葉も、それらの言葉に光が当てられてしまった時点で、おそらく、これらの言葉の真の意味は消失してしまうであろう。

ガヤトリ・C・スピヴァック (一九四一年〜) は「サバルタン」の観念は非常に複雑であるために、この観念が正確に理解されないことを危惧している。[*41]「サバルタン」は沈黙しているわけではない。「サバルタン」は語っているのである。だが、この言葉は、沈黙となって、聞き取られることなく地に堕ちてしまう。だが、この聞き取られない言葉を発する人々のみが、実のところ、真理を語っているのだ。言葉に自我が投影されているかぎり、それは「真実の言葉」ではない。「言論の自由」が第一義的に守られねばならないのではない。そうではなく、美が呼びかける声を受け取り、沈黙に言葉を浮き上がらせる構想力・想像力が働く思考空間こそが、守られねばならないのである。

カントが、その体系の構築のために零れ落としてしまったものを掬い上げようとする営みには、大きな今日的意義があるであろう。そしてヴェイユがカントの美的判断力に着目するのは、なによりもまず、「われわれ」という連帯の錯覚とその危険性をつねに鋭く洞察していたからであり、深遠の淵(au bout d'abîme)にありながらも至高の歓びを享受する個人個人の間にのみ、連帯の可能性が見出されると考えたからである。それゆえ、アーレントが非難されたのと同様に、ヴェイユにも字義通りには「ユダヤ人への愛」という特殊で個別な愛はなかったと言えよう。ヴェイユにおける愛とは、個別で特殊な状況に左右されず、亡くなった二人の兄に平等に愛を傾けようとしたソフォクレス『アンチゴネー』の主人公アンチゴネーの愛であり、[*42] 善人のみならず悪人にも平等に光と雨を降り注ぐ神の愛である。この愛のかたちは、「脱創造」という「逆説の自覚」と表裏一体であり、また「脱創造」の状態になければ、愛の働きはない、とヴェイユは考える。だからこそ、ヴェイユは、フェミニズムやシオニズムを含めたあらゆる主義・学派・党派を峻拒するのであり、極限の孤独の苦しみにおいて、「なぜだ!」と問うその引き裂かれた魂において、うちから湧き起こる美への欲望のその眼差しにおいてのみ真の思考が紡ぎ出される、と考えたのである。そして、このような位相においてのみ、自己と他者と真に出会いうる「公共性」がひらかれるのである。

Essai

瞬間の形而上学——映画『女と男のいる舗道』をめぐって

映画監督ゴダールがシモーヌ・ヴェイユから大きな影響を受けていることは、よく知られている。近年の作品『愛の世紀（*Éloge de l'amour*）』（二〇〇一年）では、シモーヌ・ヴェイユその人について言及されており、『アワーミュージック（*Notre musique*）』（二〇〇四年）は、シモーヌ・ヴェイユ思想のイメージ化と言っても過言ではない傑作である。だが、真に「シモーヌ・ヴェイユ的」と言えるのは、一九六〇年前後のヌーヴェル・ヴァーグ全盛期の諸作品であると言えよう。「何か」から、あるいは「誰か」から真に影響を受けるとは、その対象の名前が消えさるほどに自らに血肉化されることである。映画という芸術表象において名前のなくなった シモーヌ・ヴェイユは、どのようなあらわれを呈するのであろうか。ゴダールにおける自覚の表象の極点であり、そしてまたゴダールにおいてもっとも詩的だと言える前期の集大成の役割を果たす作品『女と男のいる舗道』を取り上げ、労働および労働の疎外さらに人間の疎外を背景に、「自覚とは何か」を探究してみたい。この作品は、「人生に美がないこと」すなわち「人生にリアリティがないこと」を、芸術という美を通して表象するという逆説の提示である。

＊

映画で哲学を提示する才能にめぐまれたジャン＝リュック・ゴダール（一九三〇年～）の全作品において、その初期作品が放つ形而上学性の高さは、今もって色褪せていない。否むしろ、モノクロの利点を最大限に活かした初期作品だからこそ、逆説的にも、現在においてはけっして創作しえない稀有な形而上学的閃光を放っていると言えよう。

『勝手にしやがれ』（一九五九年）では心情に映し出されてくる「無限の観念」が、『小さな兵隊』（一九六〇年）では、告白の言語形態における「悪の意識」が、おそらくはじめて、「映画の形而上学」と言いうる高さまで昇華させられている。そして、『女は女である』（一九六一年）〔カラー〕をはさんで、第四作目となる『女と男のいる舗道』〔原題：『彼女の人生を生きる（*Vivre sa vie*）』〕（一九六二年）で、前三作の収束点の役割を果す完璧な形而上学性を映し出すことに成功していると言えよう。この作品を跳躍板として、これ以降ゴダールの作品は、社会性・政治性を強めてゆくのであるが、ゴダールというひとりの芸術家の個人史を超えて、この作品は、時代背景が異なってもけっして色褪せない普遍的な問いを投げかけ続けうる稀有な作品である。

『女と男のいる舗道』は、前後の因果律を意図的に遮断した、一二章・景（tableau）の断章・光景で構成されている。この映画製作をしたゴダールの願望のひとつに、私たちの生のリアリティは現象における因果律ではないということを映画として提示することが挙げられるであろう。私たちの生のリアリティは、因果律が断たれた後の「真空の空間」において、鑑賞者自らの「想像力・構想力」によって築き上げる「イメージ」においてこそある。このことをこの映画ははっきりと提示している。

本章では、映画制作当時ゴダールの公私共に絶好のパートナーであったアンナ・カリーナ（一九四〇年～）扮する主人公「ナナ」の「生きざま」から、自分の人生を真に生きるとはいったいどういうことなのかを、とりわけ動画の中の静止画の「一瞬」、言葉が発語された後の「沈黙」に焦点を当てて考察してみたい。

1　「私」が「私」で「ある」ということ

『勝手にしやがれ』以来、ゴダールの作品は、主人公の個が完全な個であらんとすることを、ただただシンプルに徹底的に描くことで、主人公と深いかかわりのある異性との非対称性において、「世界の問題」、とりわけ「フェミニズムの問題」を浮き彫りにさせている。『勝手にしやがれ』では、男性である主人公ミッシェルよりも、女性であるパトリシアは、より「属性」に縛られた生き方を余儀なくされている。このことを、ミッシェルの個の描写の徹底性から、両者の対話における「言語の差異」を通して浮上させている。また『小さな兵隊』では、終始一貫して映画全体が主人公ブルノの告白の言語形態に依ることで、ヴェロニカの主体が剥奪され、受動的な生き方にならざるをえない有り様を浮上させている。このように、光と影の非対称性によって、逆説的にも「マイノリティの問題」に光が当てられるという構図をとっている。

だが一転して、『女と男のいる舗道』では、影が影としていったいどれだけの光を放ちうるかという「逆説の実在性」に勝負は賭けられている。前作『女は女である』で喜劇の主人公を演じた同一の俳優アンナ・カリーナが、『女と男のいる舗道』で悲劇の主人公を演じきることも、「現象」における光から影への転落に、よりいっそう効果を与えている。

「彼女が彼女の人生を生きること」の出発点である第一景「カフェ　ナナのあきらめ　ポール　ピンボール」では、物質的な不自由がないにもかかわらず、なぜナナが夫と子どもを捨てようとしているのかが、カフェでの二人の後ろ姿のみの映像に直面した鑑賞者が、否応なく両者の対話に注視せざるをえないことによって明らかにされる。第一景で私たちは、両者のあいだに対話における「関係」の橋がまったく架けられていない事実を「想像力・構想力」によって自らの心に映し出してゆく。

夫のポールは、なぜ自分と子どもを捨ててナナが女優になろうとしているのかを理解することができない。そもそもこの男には理解しようとする方向性そのものがない。ナナとポールは身体としては隣同士に位置している。だが魂としてはお互いにとってまったく存在していないに等しい。このように、「私」の奥底に「他者」が映し出されず、また、「他者」の奥底に「私」が映し出されてこない、「私」が「ない」結婚生活にピリオドを打ち、「私」が「ある」人生を見出すために、ナナは女優という道を見定め、その道へ一歩を踏み出

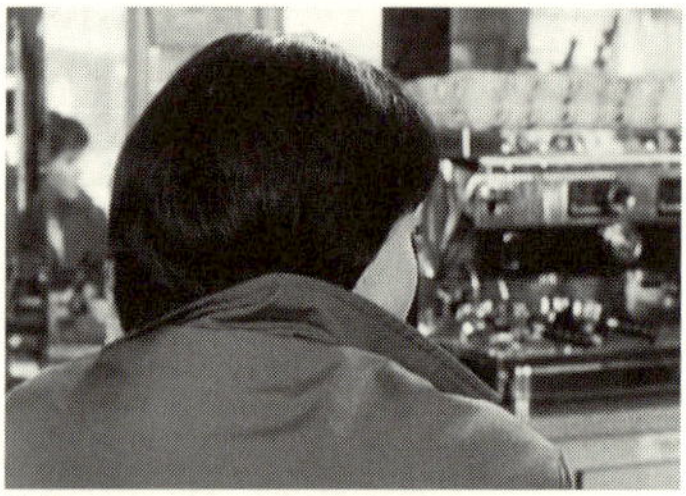

映像 1-a

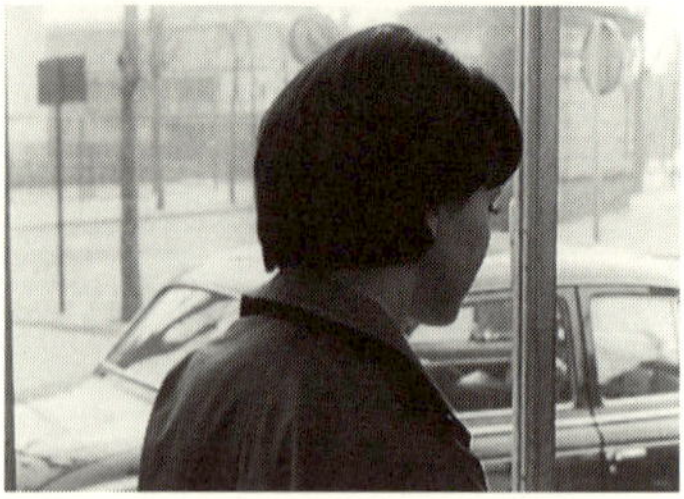

映像 1-b

そうとするのである［映像1-a］。

だが、ナナが「私」に出会うために切り開いてゆくこれからの道程が、けっして平坦なものではないだけではなく、これまでとはまったく別次元の位相が要求されるであろうことが、この景の終わり部分で暗示されている。第一景終わり部分でナナとポールはピンボールをする。その際、ポールがナナに語り聞かせる八歳の少女が書いた「素晴らしい作文」における一節「めんどりには外と中があります。外を剥くと中が見えます。中を剥くと魂が見えます」に、耳を澄ましながらピンボールをするナナの後ろ姿に、それまでにない不気味さが忍び寄る気配が感得される。ここでは「自らが自らの魂を見る」、すなわち「自己が自己を知る」自覚には死の気配がともなうことが予感されるのである［映像1-b］。

2　第二の誕生

「めんどりには外と中があります。外を剥くと中が見えます。中を剥くと魂が見えます」という一節には、このような不気味さがともなう反面、「生きているのは、もはや私ではない、キリストが私のうちで生きているのである」［ガラテヤ二・二〇］という使徒パウロの感嘆の叫びに転換してゆく深さをも孕んでいる。その深さの提示は、この一節のあとに続く「沈黙」と、第二景「レコード店　二〇〇〇フラン　自立」への転換による。ここで、「私」が「私」に出会うために避けられない「死の匂い」をともなう暗黒の「魂の闇夜」は、うちに「世界の美」への胎動をも孕んでいる。「めんどり」の象徴には、たとえば、まだ卵の殻のうちにいる雛が、恐る恐る卵の外に出ることで出会う世界への位相転換もが暗示されている。[43]だが、そのために、私たちは、暗黒の「魂の闇夜」を経なければならない。そのことをもまた、景と景の間に見出される一瞬の「停滞」が指示している。この「時間の停止」が「永遠の瞬間」となるのである。

この「死の匂い」と、それを経た後の「世界の美」の方向性は、第三景「管理人　ポール　『裁かるるジャンヌ』　写真家」で揺るがぬものにされてゆく。ここでは、映画のなかでナナが映画を観るという重層性によって映し出されるリアリティがある。そこで映される映像、カール・ドライヤー監督『裁かるるジャンヌ』（一九二七年）は、原作からデフォルメされたものである。原作とは異なり、ジャンヌと、ジャンヌに火刑を告げにくる若い修道士の表情が代わる代わるクローズアップされ、なおかつ音声が無声化され、両者の表情の交互の描写のあいだに、字幕が小さく書かれた白地の画面が挿入される。ここで、両者の表情の変化と字幕が指示する両者が発語する言葉から、私たちは両者の魂の変化の有り様を読み取ることになる。ここで私たちが「イメージ化」するものは、現象の苛酷さと反比例して開花してゆくジャンヌの生のリアリティである。

ジャンヌに火刑を告げにくる際、若い修道士の態度は高圧的であり、ジャンヌは、覚悟していたとはいえ、若い修道士の口から「火刑」という残酷な言葉が冷淡に発語されるのに接して愕然とする。だが、それに続く対話の過程で両者の立場は次第に逆転してゆく。「勝利はいずこに?」（若い修道士）──「殉教の地に」（ジャンヌ）、「救いは何処に?」（若い修道士）──「死!」（ジャンヌ）という問答において、ジャンヌの表情は次第に歓びに満ち溢れ、それとは対照的に、修道士はわなわなと震え出すのである。

死刑宣告を受ける前から、ジャンヌは自分が処刑されることを知っているはずである。だが、実際に死刑宣告を受け、さらにそれが火刑であることを知らされると、ジャンヌの魂は、絶望の底に突き落とされる。ここでは、すでに受け入れられているはずの自らの死に、ジャンヌが完全に同意できてはいなかったことが、なによりもまずジャンヌ自身に認識される。そして、ジャンヌの表情が次第に歓びに満ち溢れてゆく過程は、「わが神、わが神、なぜ私をお見捨てになったのですか?」「マ

映像2

タイ二七・四六〕と発せざるをえない「呪い」となった「十字架上のキリスト」が、「身体の死」より前に「自我の死」に同意しゆくことによって、「世界の美」の感情に与りゆく過程に参与してゆくことにほかならない。

「あなたの行為にいったい何の意味があるのか?」、また、「いったい救いはどこにあるのか?（どこにもないではないか?）」という若い修道士の問いかけそれ自体が、「魂の闇夜」をジャンヌが自らの力で超え出てゆくことを促進してゆく。そしてまた、ジャンヌの歓びは、ジャンヌの実存に限られることではなく、対話者である若い修道士の実存をも揺さぶるのであり、若い修道士はジャンヌの実存のうちに自らの実存を映し出すのである。さらに、「救いはいずこに?」（若い修道士）―「死!」（ジャンヌ）の問答における後者の「死!」のみが画面にグローズアップされ、それを見つめるナナが涙を流す表情が画面いっぱいに映し出される瞬間、音声は「沈黙の充溢」に満たされ、鑑賞者の「想像力・構想力」が十全に花開く、「真空」の境域が開示されるのである〔映像2〕。

「水と精神から生まれること」を、認識の領野において知悉するのは比較的容易である。だが、実践の領野において知悉するのは難しい。しかし、この映画は、「現象と実在《リアリティ》との振幅」によって、「言葉の沈黙」において、鑑賞者に「水と精神から生まれること」の何たるかを肉感させるのである。

3　本質と属性

同じセリフ、同じ場面、同じ状況が、絶対的に異なる局面において、一定のコントラストのもとに多用される「幾何学的配置」は、「私」が「私」で「ある」ことの位相を明確にする効果を与えている。

第七景「手紙　ふたたびラウール　シャンゼリゼ」では、のちにナナの「ひも」となるラウールに向けてナナは、「エディ・コンスタンチーヌの映画にも出たことがあるのよ」というセリフを言い放つ。このセリフは、第一〇景「幸福　ある男幸福は楽しくない」で、今度は、客に向けて、ふたたび繰り返される。この同一の言葉は、第七景と第一〇景において、まったく異なる意味作用を有している。

映像 3-a

　第七景では、この言葉を発語した途端、ナナは、「身の上話なんかして、最低ね」と激しい自己嫌悪に陥るのに対して、第一〇景では、むしろ客との対話を強引に誘導し、客の注意を引き、金をせびるために、ナナはこの言葉を発語する。前者では、この言葉が自らの口から出ることは、〈今、ここ〉で、ナナは自分が女優ではないことを認めることになるが、後者では、「女優でないこと・娼婦であること」が自明であるために、何ら痛みをともなうことなく、むしろ、情況をより有利にするために、この言葉が発語されることになる。このことを、私たちは、ナナの仕草と表情の絶対的な差異において、同一の言葉において読み取るのである。

　第六景「イベットに会う　郊外のカフェ」でナナは、友人のイベットに偶然再会する。久しぶりに出会ったイベットが語る近況は、ナナと対照的なものである。それは、イベットの夫が、イベットと子どもを捨てて俳優になることを目指すというものである。だが、ナナと絶対的に異なる点は、イベットの夫は、俳優になることに成功しているということであり、この事実に接したナナは、自分が成功していないということを否応なく認識せざるをえない。

　娼婦に堕ちたことは、自分を捨てた夫のせいであり、自分には関係がないと言い放つイベットに向けてナナは「自由と責任」について語る。自分も娼婦に堕ちている現実を踏まえて、「私はすべてに対して責任があると思うの。なぜなら自由だから」と言いきる。だが、その表情は暗黒の海よりも暗い［映像 3-a］。しかしながら、カフェの入り口付近でピンボールをしているすでにイベットの「ひも」であるラウールが、ナナに話を持ちかけようとする際、「ののしって怒れば娼婦、笑えば貴婦

映像 3-b

人さ」という別の客が発する言葉に押され、ラウールは実際にナナを試しにののしってみる。すると、ナナは一瞬の沈黙を経て「笑う」のである。この時点では、ナナの魂は、娼婦につきまとう「社会的威信の剥奪」という属性に完全にとりこまれてはいない。まだ、「私」を保持しているからこそ「ののしり」を笑いとばすことができるのである［映像 3-b］。

4 「現象としての死」と「本質としての死」

第一二景「再び若い男 『楕円形の肖像』 ラウール ナナを売る」でナナと同棲する若い男が読み上げるエドガー・アラン・ポー『楕円形の肖像』（一八五〇年）の一節は、画家が妻の完璧な肖像画を描き上げたとき「妻は死んでいた・妻を殺していた」というものである。このエピソードを跳躍板として、物語の最終場面でナナを売り飛ばそうとするラウールと売り飛ばす先の「ひも」とのいさかいに巻き込まれて、ナナは、最初は売り飛ばす先の「ひも」に、次にだめ押しのようにラウールに撃たれて死ぬ。まさしくこのナナの「現象としての死」の描写をもって映画は幕を閉じる。

この主人公の突然の「現象としての死」に接して、鑑賞者は「驚き」をもたざるをえない。ここに映画で驚かせるという哲学の効果があるとも言えよう。だが、映画全体で問題になっているのは、この「現象としての死」ではなく、むしろ、この衝撃から逆照射される「本質としての死」である。つまり、射殺される以前に、「ナナの魂は果たして生きていたのか？」ということが問われなければならないのである。

第一景から第三景にかけて、ナナは、夫に、同僚に、写真家に、とあらゆる知り合いに、「二〇〇〇フラン」の金の無心をしている。つねに金に困っており、ついに、第四景「ナナ 警察の尋問」では一万フランを盗んだかどで事情聴取されている。警官との対話におけるナナの最後の台詞「以前の私はもういないの」では、彼女が物理的にも、経済的にも絶体絶命の状態に陥っていることが指示されている。

一転して、第五景「舗道　最初の客　売春宿の部屋」では、ナナは娼婦となっており、暗くうつむきながら舗道を歩いている。呼び止められた最初の客と部屋に入るが、ナナは客にいくら請求していいのかわからない。こころみに、「四〇〇〇フラン」請求してみる。するとあっさりとこの金額が手に入る。「二〇〇〇フラン」の倍額である。だがしかし、失った魂の深さが、客のキスを拒むナナの絶望的な表情に映し出されている。

映像 4-a

映像 4-b

第三景でナナは、――おそらく家賃が払えないために――アパートを差し押さえられている。管理人の目を盗み、部屋の鍵を奪って自分の部屋へ行こうとするナナは、管理人の夫に取り押さえられてしまう［映像 4-a］。この差し押さえの現場である「アパートの中庭」は、第一二景でふたたび登場する。第三景の管理人夫妻もこの現場にいることが、鑑賞者に否応なく第三景での出来事を思い出させる。第一二景では、ラウールがナナを売るために、ナナの身体と魂そのものを差し押さえるのである［映像 4-b］。アパートの差し押さえのときの管理人夫婦とのやりとりと同様、ナナは、ラウールの目を盗み逃げ出そうとするが、売られる先のひもに差し止められてしまう。

5　言葉と欲望

このような幾何学的な配置によって、どのようにしてナナが人間として疎外されてゆくのかがあらわされている。そしてさらに、魂のレベルに踏み込んだ疎外が言葉に着目することによってあらわれてくる。すなわち、「言葉がないこと」は「魂が生きていないこと」を明晰に物語るのである。

　第一一景「シャトレ広場　見知らぬ人　ナナは知らぬ間に哲学を」で、ナナはカフェで読書中の言語哲学者ブリス・パラン（一八九七〜一九七一年）に声をかけ同席する。だが、何かを話そうとしても、ナナには自らを語る言葉が見出せない。なぜなら、彼女が送っている娼婦の生活は、ナナの「私」から乖離した実体のない生活であるからである。言い換えるならば、「考えること」をしたら生きてゆけない生活であるからである。哲学者は、ナナに、『三銃士』に登場するボルトスが生まれてはじめて「考えること」をしたために、ばかばかしく死んでしまうエピソードを話す。すると間髪入れずに、ナナは「なぜそんな話をするの？」と立腹する。『三銃士』のエピソードはナナの実体の意表をついているからこそ、ナナは立腹するのである。ここで、「言葉をもつこと」と「考えること」は表裏一体であると哲学者ブリス・パランは言う。さらに「生は自己放棄したほうがよく生きれるのだ」と言う。ここで言われている「自己放棄」とは、「自己執着」を離れるということである。「私」が「私」から距離をとって自らを見つめるということである。これは容易なことではないので、哲学者は、「自己離脱して生きること（Vivre avec détachement）」には「ある種の苦行」が必要だとも言うのである。ここで、「言葉をもつこと」がすなわち「考えること」であり、「考えること」によって主体が確立してゆくことが指示されており、それとナナの実体のギャップによって、私たちは、私たちが自分の人生を生きるとはどういうことかを認識せざるをえなくなるのである。

＊

芸術は幾何学のような完璧な純粋性を生じさせることはできない。だが、芸術の個性が強ければ強いほど、この純粋性に漸近してゆくのであり、そこに私たちそれぞれの生のリアリティがたちあらわれるのである。*44

　一二景への分断、映画『裁かるるジャンヌ』の挿入、言語哲学者ブリス・パランの出演、エドガー・アラン・ポー『楕円形の肖像』の引用等々、これまでの映画の枠組みを超え出てゆくヌーヴェル・ヴァーグ全盛期の作品『女と男のいる舗道』は、その斬新な数々の手法にもかかわらず、きわめて高い形式性を提示している。若い監督ゴダールが世界を全身で感受してゆくその過程は、逆説的にも、芸術家が自己無化してゆく過程であることを、この事実は物語っている。芸術家が徹底的に個的であるとき、逆説的にも、そこでは普遍の地平が拓かれてゆく。偶然性は必然性へと転換してゆく。形而上学が〈今、ここ〉で、生きられ感じられるものであることを、『女と男のいる舗道』は、映画史上、はじめて十全に示しえた映画であると言えるであろう。

第Ⅲ部

善への欲望

序

善は善としてそこにあるのではない。否むしろ、世界が悪一色で染め上げられ、およそ善というものがまったく見出されない局面にあって、善が心の奥底から欲望されることにおいてあらわれ出るものなのだ。

生きているかぎり、私たちは、人を憎み、人を呪い、人を傷つける。あるいは、天災や人災や病におそわれる。苦しみが多いほど、私たちの心がやわらくなり、優しくなるのであれば、そこに救いが見出されるであろう。だが事実はそうではない。苦しみが極限に達すれば、その悪を他者に転化したいと願う「悪への欲望」が、私たちのうちに否応なく生じてしまうのである。自分は違うとみなしている人は、社会的威信にくるまれ、高みにあって自らの存在が少しも危険にさらされることない局面にいるからにすぎない。安定した場所にあって慈愛に満ちていることは、キャベツの千切りよりやさしい。問題は、自己自身が問われるという状況にあって、自己が死ぬか生きるかという状況にあって、それでも、私の魂の奥底に私ではない他者と世界が映し出されてくるのか、ということである。これを可能にさせるのは、「善への欲望」のみであり、この善への欲望の働きによって、私たちの心に浸透しようとする悪はその働きをやめ、うちなる悪は内側から消え去り、それに代わって自らのうちに美的感情が溢れ出ることを通して、私たちは善の直中にあるのだ。

第7章では、シモーヌ・ヴェイユ形而上学において自覚を意味する「脱創造」が、ヴェイユ独自の「超越論的感性論」としてあることを指し示し、「超越論的な感性」とは「美を感じる感性」であることを明らかにしたい。人間の自由を、何よりまず生き生きした「美への欲望」のうちに見出したヴェイユにあって、存在の強さが美となって輝き出ることを通して善が開示されることを明らかにしたい。

第8章では、善への欲望が愛というかたちをとるとき、自らの内的な力ではいかんともしがたい必然性を、どのようにして超えうるのかを考察してみたい。知性の次元では肯定することができない必然性は、知性を突き抜けた果てに見出される愛の次元では、矛盾が生きられ感じられる境域となって輝き出るのである。

Essaiでは、ホロコーストをモチーフにした映画『ライフ・イズ・ビューティフル』を取り上げる。「人生は美しい」という題名が示すように、世界が醜悪さで一色に染められた直中にあって、私たちは「世界の美」に触れうる。その美の閃光は、この世界に生きる人間には、自分が生きるか死ぬかということよりももっと大切なものがあるのだ、ということを私たちに示している。主人公「グイド」の存在の美とは、目には見えない愛の働きが、鑑賞者のうちに溢れ出る美の感情を通して映し出されたものにほかならない。さらに、この映画とヴェイユの思想とを往還させて考察するならば、ひとたび悪に陥ってしまった人が善を取り戻す過程としての「刑罰」の意味や、自殺や冤罪が絶えない現代にあって、どのような社会システムの構築が不可欠とされているのかが、浮き彫りにされてくるだろう。

第7章　脱創造あるいは超越論的感性論

よく知られているように、カントは、一七八九年のフランス革命に決定的な影響を受けて『判断力批判』を書いた。およそ美的・芸術的才能とは無縁であるように思われるカントが、世界を美しいと判断する能力のうちに自由を見出すのは興味深い。だが、そもそも、『純粋理性批判』冒頭の「超越論的感性論」には、表立ってはあらわれてこないものの、美を感じる感性へ向けられたカントの息遣いが感じられる。

本章では、時間・空間という形式は、美を感じる感性によって捉えられることを、シモーヌ・ヴェイユにおける労働の観念に着目することによって開示してみたい。このことは、カントが体系の構築のために言いえなかったものをも露わにするのではないかと思われる。

時間・空間という形式が美を感じる感性を通して把握されるのは、ヴェイユにおける自覚を意味する「脱創造」においてのみである。そしてまた、超自然的な営みに思われる「脱創造」が至高の歓びにほかならない美の感情において果たされるならば、この「脱創造」に至ることを、なにより、私たち自身が希求していることが証される。ここに自由へのひらけがある。

＊

シモーヌ・ヴェイユは、多くのユダヤ系思想家たちと同様、二〇世紀前半を生き抜いた「暗い時代の人々」のひとりである。ところが、彼女はユダヤ人であるにもかかわらず、自らのユダヤ性を意識していない。否、民族性のみならず、性別すらも意識していない。彼女個人の生にふりかかる様々な迫害・差別・病といったものは、彼女において「神の不在・受難」というには程遠い。彼女が「神の不在・受難」に直面せざるをえなかったのは、「特殊」において「普遍」へと連なる状況、すなわち苛酷な「労働」という、万人の苦しみを自らの身体で捉える状況においてであり、この位相が彼女独自のニヒリズムの把握、そしてその超克の道を切り開くことになる。

ヴェイユのこの特異性に着目するならば、――これは慎重さを有する営みではあるが――「アイヒマン裁判」（一九六一年）に際して彼の死刑の意味について述べるハンナ・アーレント[*1]や、ヴェイユの「根づき」に抗して「ディアスポラ」の至高性について述べるエマニュエル・レヴィナス[*2]が、「ユダヤ民族の受難」そのものに対してすらも、自らの属性から解き放たれて、普遍の地平において語りえているのかという「揺さぶり」をかけることができるのではないかと思われる。というのも、ヴェイユの「工場生活の経験」（一九三四〜三五年）は、プリーモ・レーヴィ（一九一九〜八七年）やパウル・ツェラン（一九二〇〜七〇年）といったホロコーストから生還した文学者たちが語る「経験」に比してより少ない苦しみであるかもしれないが、その経験から導き出された洞察、とりわけ、その恥辱の刻印と持続性についての洞察は、驚く程彼らと軌を一にしているからである。

「そのときから〔工場生活以来〕、私は、奴隷の刻印、ローマ人たちが彼らのもっとも蔑む奴隷たちの額に焼ごてで押した奴隷の刻印を受け取ったのでした。以後、ずっと私は自らを奴隷とみなしてきました」(AD 42,「精神的自叙伝」)

「不幸は頑なにさせ、絶望させる。なぜなら、不幸は魂の奥底まで、焼きごてによるように、自分自身に対する軽蔑・嫌悪・反発をも刻み込むからである。このような罪責と穢れているという感覚は、論理的には犯罪によって生じるはずであるが、犯罪からは生じない。悪は犯罪者の魂のうちで、それと感じられずに住まっている。悪は、無辜で不幸な人の魂のうちで感じられるのである」(AD 103,「神への愛と不幸」)

苛酷な外的必然性を蒙った「不幸な人」がその内側から悪に染め上げられ、悪から抜け出す内的力そのものを削がれてゆく有り様は、たとえば、なぜ、アウシュヴィッツにおいて、暴動ないし革命が起こりえなかったのか、起こりえないようにヒトラーは仕向けたのかということの理解につながる射程を有している。つまり、ナチスに「生きる意味なし」と烙印を押された無辜な人たち自身が、その人たちが無辜であればあるほど、「生きる意味なし」という烙印に同意してしまう心的メカニズムが見られるということである。

このような洞察をもとにして、ヴェイユにおける自覚の構造を指し示す「脱創造（décréation）」が導き出される。そして、この脱創造には、「超越論的感性」における「美的体験」が不可欠である。このように、「脱創造」と美との相関関係を浮き彫りにすることを通して、美が「善の映し」となり、「脱創造」が倫理へと開かれることを、すなわち存在論そのものが倫理へと開かれることを明らかにしたい。

1　創造と愛

「工場生活の経験」を踏まえて書かれた論考「奴隷的でない労働の第一条件」（一九四一年）において、シモーヌ・ヴェイユが「奴隷的」と形容するその本質とは、労働者の生きる目的が、自らの「実存」の維持であり、「実存」の外側にある善へと自らの眼差しが向かえないことである（CO 419,「奴隷的でない労働の第一条件」）。しかし、彼女の思索ノート『カイエ』では、ときに、「実存（existence）」と「存在（être）」、ないし、「存在（être）」と「実在《リアリティ》（réalité）」が混同されている。だが彼女がはっきりと明言していることは、「実存と実在《リアリティ》はまったく異なるものである（Réalité et existence font deux）」（OCVI-4 215）ということである。私たちは「死なないために」生きることはできない。「実在《リアリティ》」が剥奪されている状態では、息はしていても真に生きているとは言えないのである。

アーレントの報告によれば、アイヒマンは、逃亡先のアルゼンチンで、あたかも捕まるのをまっていたかのような生活を送っていたという。*3 アイヒマンは、前代未聞の大量殺戮への参与という悪の過去であれば、その悪の過去と向き合うことで、アイヒマン自身の〈今、ここ〉のリアリティを取り戻そうとしていたと言えるのではないであろうか。

このリアリティとは、ヴェイユにあって、つねに、「至高の歓び」である「美の感情」が自らのうちに溢れ出ることにほかならない。そしてこの美を感じる感性を基底とした「感性論（esthétique）」が、「超自然的真理をとく鍵である」（OCVI-3 356）とヴェイユは述べている。彼女は、カントが述べる「超越論的感性」に、「労働」というファクターを導入することによって、カントの本体界と現象界の因果律を、プラトン『ティマイオス』における善と必然の因果律に包摂させることによって、彼女独自の「超越論的感性」を描き出している。

> 「しかし、私が私の彼方にある幾何学を懐疑することができたとしても、どのようにして私の存在そのものである道徳法則を懐疑することができるのであろうか」（OC I 66,「美と善」）

> 「カント：〈汝が望みうるのと同時に普遍的法則になる格率によってのみ行動せよ〉。〈汝の行動の格率が自然の普遍的法則のうちに意志によって立てられるように行動せよ〉。（別言すれば、神の視座に我が身をおくことである）」（LP 18）

いっさいの感性的質料を廃した形式として、道徳法則として「私」があるならば、その存在は疑いえないもの、すなわち確かな実在《リアリティ》をもつものとしてである。さらには、「道徳律に従順であること」は私に代わって神が私のうちに生きることである。このように、「私のうちに神が生きること」という「内在的超越」としての「自己無化」が、至高の歓びである美の感情が湧き出る場所となるのであり、この場所において、至高の自由が見出されるのである。このように、カントの形式主義は、ヴェイユにあって、「目的なき合目的性*4」、「対象なき欲望」、「真空への注意」といった、「目的がないこと」と「目的に適った心の状態があること」、「欲望が向かう対象がないこと」と「欲望が満足すること」、「何もない真空の空間」と「注意が充溢すること」という、絶対的に相反するものが一致する「ピタゴラス的調和」となってあらわれ出るのである。

生を動かす原理を欲望のうちに見るヴェイユは、自然的にはありえないように思われる「相反するもの」が互いに一致してゆくことを、実のところ私たち自らが欲望していることを描き出そうとしている。というのも、「あらゆる欲望は、善への欲望であり、幸福への欲望である。結局のところ、愛とは愛によって、永遠に善を保持したいと欲することを可能にするものである」（IP 70,「『饗宴』注解〔ヴェイユによる『饗宴』［205d］翻訳〕」）からである。自己の外にある善へと向かうことを別の局面から言いあらわすならば、「創造されたもの（créée）」から「創造される以前のもの（incréée）」へ、「存在（être）」から「非存在（non-être）」へと、どうしようもなく向かってしまうものがなにより私たちのうちにあるということである。

「理性をもつ被造物とは、脱創造の萌芽、原理、召命を自らのうちにもつ被造物のことである」
（OCVI-2 384）

ヴェイユにおいて、私たちの生の創造はつねに神の世界創造と類比的に語られる。そしてまた、神の創造と私たちの生の創造はつねに相補的なものとしてある。神の世界創造とは、神の力の顕示のあらわれではなく、その反対に、愛によって、自らの存在に代わって私たちの存在を与えたそのあらわれである。ヴェイユは、この神の有り様と人間の有り様を重ね合わせて考察するイメージとして、「十字架上のキリスト」、「ヨブ」と並んでしばしばギリシア神話における「プロメテウス」を取り上げている。プロメテウスは、人間を愛しすぎたために、ゼウスによる人類の滅亡を食い止めたので、恥辱のなかで永遠に責め苦を負わなければならない。自己否定、自己放棄とは、プロメテウスのように、岩肌につりさげられ禿鷹の餌食になることである。そのようにして無となった存在に代わって人間が存在せしめられる。神はそのようにしてこの世界にあらわれ出るのだ。この矛盾が生きられ感じられる有り様をヴェイユは次のようなイメージを用いて描写している。

「私たちは、家人の好意で金をもっていってもいいといわれた盗人のように、神に面している。この金は、この所有者である家人から見れば、贈与であるが、盗人から見ればそれは盗みである。盗人は、戻って返さなければならない。私たちの存在に関しても同様である。私たちは、神から存在を自らのものとするために盗んだのである。神は私たちに存在を与えた。だが、私たちは、

存在を盗んだのである。この存在を返さなければならない」(OCVI-4 316)

盗人がもう一度自らのリアリティを取り戻すためには、盗んだ金を返すということが不可欠である。金を盗んだままでそれを贈与されたものとして受け取ったままではこの人から生のリアリティが剥奪されてしまっている。そして、「神がその存在の一部を贈与する」という、神の「自己放棄」の有り様に、私たちは労働において与っている。労働において、感性的質料が排され、身体が流動的になり、無となることを通して、私たちは、「自我の死」に参与する。そして、自らのうちに愛が働くことを通して、無となった存在に同意することによって、私たちは創造の神に与るのである。

「隣人を自己自身のように愛するとは、人間の悲惨さを自己のうちで、他者においてじっと見つめることにほかならない。もし隣人を自己自身のように愛するならば、隣人は、自己認識を映し出す鏡である。自己認識とは神への愛である」(OCVI-2 392)

ここにおいて、「神を愛せよ」と「隣人を愛せよ」という二つの命令が一つになる。無化された自己の奥底に他者が映し出され、その映し出された他者の有り様に同意するとき、自らのうちに美の感情が湧き起こり、その美の感情を通して、自己に映し出された他者を通して私たちは自己が覚醒され自覚に至る。それが神を愛するということである。

あたかも「見えないもの」の傍らを通り過ぎるように、あたかも「物」の傍らを通り過ぎるようにあらゆる人が通り過ぎていった道端で倒れている瀕死の人の前でただひとり立ち止まる「善きサマリア人」〔ルカ二五―三七〕にとって、この立ち止まるという行為は、なにより「善きサマリア人」その人の生のためにある。なぜなら、道端で倒れている瀕死の人は確かにそこに実在しているのだから。そしてまた、「善きサマリア人」が「サマリア人であること」、すなわち、社会から忌み嫌われている人であること、自己無化を余儀なくされている人であることが忘れられてはならない。というのも、脱創造は内側から始められるとはいえ、自己破壊は外的必然性として課されるのでなければ、真に破壊的ではないからである。

　プラトンが、「洞窟の比喩」（『国家』518b）で開示しようとしたのもこのことにほかならない。壁に映された事物の影を実在だと思いなしている人がこの壁から後ろに向き直り、さらには洞窟の外に出るのは容易なことではない。問題となっているのは、私たちのうちに視力を植えつけることではない。そうではなく、もともと有している視力を、魂のすべてを挙げて向き変えることの困難さが問題なのである。俗にエゴイズムと言われているものは、「自己愛」ではなく、「遠近法の錯覚」である。自然性に生きる人間は、自己を愛することができない。

> 「中国で十万人の大虐殺が起こっても、自分が知覚している世界の秩序は何の変化もこうむらない。だが一方、隣で仕事をしている人の給料がほんの少し上がり、自分の給料が変わらなかったら、世界の秩序は一変してしまうであろう。それを自己愛とは言わない。人間は有限である。だから、正しい秩序の観念を、自分の心情に近いところにしか用いられないのである」（IP 73、『国

時間・空間においてのみならず、価値や存在においても、私たちは自然的には「遠近法の錯覚」のもとに生きている。「十万人の大虐殺」と「給料が若干上がらなかったこと」の価値がなによりその人において逆転してしまう現象のなかを生きるならば、その人の生にはリアリティが欠如している。自らが出会う世界と他者が自らの世界を構築するための手段でしかなくなってしまったとき、その人自身の生そのものが剥奪されてしまう。この「遠近法の錯覚」から覚醒することによって私たちは自己認識に至り、神への愛に至る。自己が自己から離れ、無となった場所に自己に代わって神が生きることによってのみ、私たちはなによりもまず自己自身に出会う。このように、ヴェイユにおける自己還帰は、精神によってなされるのではない。そうではなく、愛によってなされるのである。

だがこのような自己還帰の道程は、あらわれとしては、「狂気」にほかならない。十字架上のキリストやヨブ、さらにはプロメテウスやアンチゴネーは、ばかばかしく、何の意味もなく朽ち果ててゆく。自らが死ぬという事態ですらも何らその自己犠牲の意味がない。「なぜだ！」という問いのみが宙に浮いており、そこには目的がない。愛はつねに他人を救えても自分を救えない不条理のうちにある。

「奴隷は、振りあげられた鞭を目の当たりにして、同意することも拒むこともなく、震えるばかりである。しかし、必然性という名のもとでは、同意は、まさしくこの情け容赦のない力に対してなされるのであり、まさしくこの鞭に対してなされるのである。いかなる動機、いかなる動因も、この同意にとっては十分でありえない。この同意は狂気であり、創造、受肉、受難が一つとなって神の狂気をなしているのと同じく、人間固有の狂気である。この二つの狂気は、互いに呼応し合っている」(IP 147-148,「ピタゴラス派の学説について」)

善は見えるものでも触れられるものでもない。善は善を意志するというその働きであり方向であるもののうちにしかない。「絶対に汲み尽くせないただ一つのもの、それは私の善意志である。純粋で汲み尽くさない善は、善を意志するということのうちにしかない。それで十分なのである」(OCVI-3 190)。神は不在としてのみ、無としてのみあらわれるならば、その神は善を意志するすなわち神を愛するということのうちにしか立ちあらわれてこない。そして、神へと愛を傾けるその眼差しにおいて、すなわち、自己が自己から向き変わり、絶対的に自己とは異なる世界と他者へと向かうとき、私たちのうちに美の感情が溢れ出てくるのであり、この美の感情を通して、私たちのうちに神が生きることになって、私たちは神に出会うのである。こうして、私たち自身の「生の創造」が〈今、ここ〉でなされるのである。

2 「超越論的感性論」のゆくえ

「ア・プリオリとア・ポステリオリとの区別は、カントがいったようなものではない」(OCVI-2

211）とヴェイユは述べている。時間・空間は、私たちがア・ポステリオリにすなわち経験を通して、脱創造されることによって、無の境域に至ることによって、プラトンによれば「美の本体が思い出されること」（『パイドロス』249e-250d）を通して、ア・プリオリな認識が可能となるのであって、そもそも時間・空間があってア・ポステリオリなもの・経験的なものが導入されるのではない。

a　時間

ヴェイユは、アランに提出していた小論文「知覚あるいはプロテウスの冒険について」（OCI 121-139）で、時間を「媒介性（médiadité）」として捉えている。労働において、時間を媒介しなければ何もなしえないことを時間は私たちに教える。「カントが見事に開示したように、時間によって連続性が永遠性のうちに降りてくる」（OCI 131,「知覚あるいはプロテウスの冒険」）と言いうるのは、労働においてである。しかし労働において、時間は感性に重くのしかかり、私たちの欲望が現在にしか向かえないように仕向ける。労働において時間は、けっしてア・プリオリな形式ではありえない。しかし、逆説的にも、労働において時間は私たちの想像力が偽りの未来へ向かうことを妨げ、現在に釘付けにさせるので、この釘付けとなった一点において永遠につながる好機が得られるのである。

「労働は、反省や説得や魔術とは対照的に、当初の情動とも、志向される目的とも、その両者とも、いかなる関係ももたないひとつながりの行為である。こうして、たとえば、洞窟のなかにいる人が、大きな石でその入口をふさごうとしている場合の法則とは、なによりもまず、その人にその行為をなすようにする動きが、たとえば、獰猛な動物の恐怖といったものによって引き起こされるその人のうちに起こる瞬時の動きとかかわりがなく、そのまったく反対だと言える動きである」（OCI 125,「知覚あるいはプロテウスの冒険について」）

自分に襲いかかる動物のことを考える際に私たちが取ろうとする行為は、この動物から逃げることであるが、動物が洞窟のなかに入らないようにする「労働」においては、この「逃げること」とは正反対とも言える、むしろ動物が入ってくる入口に立ち向かいそこをふさぐということが求められている。こうして、「幾何学は、おそらくすべての思惟と同じく、勇敢な労働者の娘」（OCI 126, 同上）であり、自らが自らの情動から切り離されることで、自己は自己から離れ、真に自己でありうる。労働において、想像力は真に「構想する力・構想力」となるのであり、ここにおいて、時間が感性のア・プリオリな形式となり、カントにおける「先験的総合判断」が可能となるのである。幾何学は経験とかかわりがないとはいえ、幾何学が幾何学たりうるのは、たえず自己矛盾のうちに自らを置く労働においてである（OCI 136, 同上）。こうして、労働を通して、自らが欲望する対象から欲望が切り離され、自らが追及する目的から目的に適った心の状態である合目的性が切り離され、「対象なき欲望（désir sans objet）」、「目的なき合目的性（finalité sans fin）」を私たちは生きるのである。

労働において、時間は、内的にも外的にも私に重くのしかかり、私の心と身体を支配する。そして、労働において飢えや渇きが受け入れられるならば、実在しない時間に従属することによって、私の存在からあらわれがはぎ取られ、あらわれから存在がはぎ取られる。そこで、時間と時間をつなぐ私の注意の働きによって、時間が実在性をもって立ちあらわれてくる。

「人間の生にとって大切なことは、毎年、毎月、毎日の流れを支配する様々な出来事ではない。今の一分が次の一分にどのようにつながっているのかというそのつながり方であり、各人の身体、心、魂において、そして、なによりもまず、注意力の働きにおいて、今の一分から次の一分へと繋がるために、どのような努力がなされたかということである」(OCII-2 267/ CO 186-187,「工場日記」)

このように、ヴェイユにおいて時間がア・プリオリな形式となるのは、時間に従属することによって自我が打ち砕かれ、無となった存在を通して、一瞬と一瞬のつながりが心のうちに映し出されることによってである。

b　空間

アランに提出したもう一つの小論文「時間について」(OCI 142-158) は、「私たちの身体を道具の地位に、私たちの情動を記号の地位に引き降ろそう」(OCI 147,「時間について」) という一文で締めくくられる。また、この小論文の注記には、「体育とは、そのそれぞれが道具でしかない筋肉という歯車として活動している身体を変形することである」(OCI 410,「時間について」) とある。

労働において、身体が道具に、情動が記号へと移りゆくことによって、私の実存は、空間を受け入れる「形式・無」となる。そして、ヴェイユが「工場生活の経験」で見抜いた重要な洞察は、労働者に代わって、あたかも機械に「理性」があって、機械が「方法的である」ということである。このように「考えること」を剥奪された労働空間をヴェイユは「死せる場所」と捉えたのであった。重くのしかかる空間において、なにより身体がその空間に従属することによって、逆説的にも身体が流動的になり、無となる可能性が見出されるのである。

「労働するとは、自己自身の存在を、魂と肉体ともども不動の物質のなかに置き、物質の断片が、ひとつの状態から他の状態へと移行する際の媒介となり、その道具となることである。労働者は、自らの身体と魂をもって、その人が操作する道具の付属品となる。身体の動きと精神の集中とは、道具の要求に従属し、さらに道具自体も製作中の物質に順応するのである」(E 378)

このように、私たちが「無」となり、「物」となることで、自己から世界を遠近法的に眺める「遠近法の錯覚」から逃れ、空間は感性のア・プリオリな形式となる。こうして、身体が空間の必然性に釘付けになることによって、身体が必然性に倣い、流動的となる可能性の条件として空間がある。

c　時間・空間の一点——十字架上のキリスト

感性のア・プリオリな形式としての時間・空間を私たちは生きうるのであり、この一点にあって至高の自由がひらかれてゆく。その一点とは、歴史的事実としての「十字架上のキリスト」にほかならず、この時間・空間の一点を、ヴェイユは、プラトンの諸著作やソフォクレスやアイスキュロスの悲劇が開示している神話の主人公のうちに表象している。
ソフォクレス『アンチゴネー』のアンチゴネーや、『エレクトラ』のエレクトラ、そしてアイスキュロス『縛られたプロメテウス』のプロメテウスといった主人公たちは、身体的な苦痛を通して、「神の不在」という時間・空間の一点に釘付けになっている。そこで、「超越論的〈自我〉は、エネルギーを有しているのではなく、エネルギーを注意によって見つめる能力を有している」（OCVI-2 355）という「待機」の状態において、「注意」であり「神への愛」である働きが見られるのであれば、そこで、神と私のうちなる神とのあいだの遮蔽幕が打ち破られ、神は私たちのうちに恩寵の種をまき、その種は成長し、時間・空間を超えて、私たちは神へとたどり着くのである。ヴェイユにおける内在的超越はこのような有り様を呈している。

「神と人間は、待ち合わせ場所を間違えた恋人同士の男女のようである。二人とも時間より前にその場所に着いているのであるが、違った場所にいるのである。彼らは、待って、待って、待つ。男〔神〕は、立って、動かず永遠の時間の場所に釘付けになっている。女〔人間〕がうんざりして立ち去ってしまったら不幸なことだ。というのも、彼らがいる場所は四次元の同じ場所なのだから。キリストの磔刑は、この神の不動性のイメージである。神は気が散るということがない注意なのである」（OCVI-4 185）

労働という苛酷な必然性との接触において、反抗でも服従でもなく、「必然性への同意」にほかならない「神への愛」が働くならば、「世界の美」が私たちの心のうちに立ちあらわれる。しかし、このときの美の感情による歓びは、自らにとっても歓びと感じられないほどに自我が死んだ状態における歓びである。なぜなら、「完璧な歓びは、歓びの感情すらも排除する。なぜなら、対象によって満たされている魂には、〈私は〉と言うどんな小さな場所も残されていないからである」（OCVI-2 251）。私たちは、「超越論的歓びに、極度の純粋な苦しみによってのみ、感性を通して接しうる」（OCVI-2 402）。このようにして、労働を通して自我の死を生きることによって、「感性論・美学は超自然的真理をとく鍵となる」（OCVI-3 356）のである。

3　シモーヌ・ヴェイユによるニヒリズムの超克

神を探し求めるのではなく、神を待機する際に働く私たちの注意の力は、善への欲望と同じ働きである。欲望が愛によって生気づけられるとき、私たちは善がないことに同意している。善がないことに同意するとは、自己以外に欲望が向かうことである。このとき、欲望は満たされないことで満足する「対象なき欲望」となっている。

「存在しないことへの同意は、一切の善が欠如していることへの同意である。この同意こそがまったき善を成り立たせているのである。人はそのことを知らないだけだ。ひとたびそのことを知るならば、善が消失する。……しかし、植物的な欲求が赤裸々になるとき、善を意識したからといって善を殺してしまう危険性はなくなる。魂は、欠如と苦しみの叫びによって完全に満たされるのである」(OCVI-4 269)

「善がないということ」に同意する「対象なき欲望」には、「善がないということ」の苦しみが不可欠である。この苦しみの直中にあって、なぜ私たちは善を把持していると感得しうるのであろうか。それは、私たちが心底歓びのうちにあるとき、善はすべて嬉しいと感じるその対象のうちにあって自らのうちにはないというそのことに、われ知らず同意しているからである。このとき、「われが忘れられるほどに」歓びのうちにあるからである。完璧なそして純粋な歓びのうちには、自己が自己から離れるという「犠牲」であり、「放棄」であるものがあり、それは苦しみの底にあるものと同一のものである。苦しみという必然性を私たちは自らの力で拭い去ることはできない。「私」は、この時間・空間の一点に釘づけにされていることを超え出ることができない。だが、植物が太陽のほうに身を寄せるように、その必然性に対して同意することはできる。このとき、あらわれとしては変わらない必然性が異なる働きを「私」にもたらしてくるのである。

「人間がこの世界の法則を逃れるのは、閃光の持続によってのみである。静止や観照や純粋直観や心の真空や道徳的真空の受容といった瞬間。こうした瞬間を通して人は超自然的でありうる。真空の瞬間を堪え忍ぶ人は、超自然的なパンを受け取るかあるいは倒れるかのいずれかである。

恐ろしい危険、だが、その危険を冒さなければならない。希望のない瞬間においても。しかし、そこに自ら飛び込んではならない」（OCVI-2 201）

ここで、カントにおける実践理性のア・プリオリな総合的使用は、決定的な転回を受けることになる。「カントは恩寵へと導かれる」（OCVI-2 293）とヴェイユ自ら述べているように、自由は、格率が道徳法則へと漸近してゆくことによって見出されるのではない。そうではなく、恩寵の介入によって自由がおのずから導かれるのである。だがそのためには、苛酷な必然性との接触において、自らのうちにつくられた「真空」を堪え忍び、「真空」を受け入れるということがなければならない。というのも、「恩寵が満たす。だが恩寵は、それを受け取る真空があるところにしか入ってくることができないからである。そしてまたこの真空をつくりだすのも恩寵なのである」（OCVI-2 286）という真空と恩寵の往還関係が不可欠であるからである。

あらわれとしては、「狂気」であり、「ばかばかしさ」でしかない自我が死ぬということへの同意は、超自然的な能力である。しかし、この同意は、実のところ私たちの知性によって果たされている。「必然性と知性との関係は、主人と奴隷の関係でもなく、奴隷と主人との関係でもなく、二人の自由な人間同士の関係でもない。それは、観照される対象と観照する眼差しとの関係である」（IP 147,「ピタゴラス派の学説について」）。

知性は、「こちら側」と「あちら側」との、「自然」と「超自然」との「交差点」に位置している。私たちが真に知性を働かせるとき、そこでは、私たちの「われ」はいっとき留保されている。だがその瞬間は持続せず、すぐさま「こちら側」へと、自然性へと墜ちてしまう。倒れてしまうかもしれない、瓦解と紙一重のきわどい一点――時間・空間の一点である「十字架上のキリスト」の状態において、あらわれとしては「狂気」であり「ばかばかしさ」にほかならない「必然性への同意」が見られるのであり、そしてまた、そこにこそ至高の自由がひらかれるのである。というのも、すべての社会的威信を剥奪され、正義でありながら不正義と認められる「完全な正義の人」においてのみ、なんら自我が投影されない実在《リアリティ》がそのままに自らに立ちあらわれてくるからであり、そのときに私たちは真に自己とそして世界と他者と出会っているからである。

*

シモーヌ・ヴェイユの思想において、存在が倫理の地平を開示するのは、なにより自らのうちに「美の感情」が溢れ出るという存在論的な徴があるからである。そしてまた、その人のうちに美の感情が湧き出ているならば、その人がリアルな生の直中にある証であり、それゆえ、その存在そのものが美となって輝き出るがゆえに、他者の生を震わせ、他者が自我から離れることを促すのであり、ここにおいて、垂直方向と水平方向の交差点において倫理が開示されるのである。

美がおのずから「キリストの美」へと収斂されるシモーヌ・ヴェイユの思想は、彼女と同時代人であるテオドール・アドルノ（一九〇三～六九年）やヴァルター・ベンヤミン（一八九二～一九四〇年）といったモデルネたちの歴史哲学に連なる地平を有していると言えるであろう。だが、プラトニズムに依拠するヴェイユの思想は、普遍を語る詩を尊び、個別を語る歴史性を軽んじる傾向があるように思われる。だが、とりわけ、ニーチェに対するヴェイユの激しい嫌悪にもかかわらず[*5]、真理は時代を超えた普遍的なものではなく、歴史的なものだけが絶対的な形姿を伝えるということを、「イメージの哲学」の集大成と言える『カイエ』全体は、逆説的にも私たちに開示している。モデルネたちのマルクスへの転回とユダヤ教的救済への志向は、ヴェイユの、とりわけ美的判断力批判におけるカントからの離脱、さらに、「工場生活の経験」を経て十字架上のキリストに到る宗教観、美感形成を跡づける時代的背景の多くを内包しているであろう。

第8章　愛について

『前キリスト教的直観』は、シモーヌ・ヴェイユ全著作のなかでもっとも形而上学性が高い著作である。この著作の前半はプラトン解釈からなっており、この解釈の過程で、ヴェイユにおける愛の観念が形成されている。着目すべきは、「愛について」の副題をもつ『饗宴』からではなく、世界創造の神話『ティマイオス』から愛《エロース》のかたちが導き出されていることである。ヴェイユにあって、生の創造とは、自己が、「創造されたもの」から「創造される以前のもの」へ、すなわち、「作られたるもの」から「作るもの」へと、その無への道ゆきに内側から同意することにほかならない。一見したところ、自然的には不可能であるように思われるこの同意は、愛の働きによって、あくまで自然性において果たされるのである。

愛によって、自己の奥底に自己に代わって自己とは絶対的に他なるものである世界と他者とが映し出される、まさしくその直中において、自らの生が創造されゆくことを知るならば、「生きるとは何か」、「自由とは何か」、その位相がおのずから見えてくるであろう。

＊

シモーヌ・ヴェイユとカントとの連関に執心する論者は稀である。だが、『シモーヌ・ヴェイユの哲学――その形而上学的転回』[*6]〔原題『シモーヌ・ヴェイユの宗教形而上学』〕の著者ミクロス・ヴェトー（一九三六年～二〇二〇年）は、ヴェイユが自らの形而上学を練り上げるにあたり、カントとプラトンが重要な役割を果たしたことをこの著作のなかで示そうとしたと述べている。[*7]

本章では、シモーヌ・ヴェイユ形而上学におけるこのカントとプラトンの二源泉という視点を保持しつつ論を展開したい。実際、ヴェイユが晩年没頭していたのはプラトンであり、プラトンの註解そのものが彼女の形而上学を形成している。ヴェイユが晩年にカントを再読してはいない。そして象徴的に語るカントはつねにプラトンの衣をまとった変容を蒙ったカントである。ここに私たちはヴェイユの思想を読み解く一つの鍵を見ることができる。「カントは恩寵へと導く（Kant mène à la grâce）」（OCVI-2 293）と彼女は述べている。

さて、本章のもう一つの視座を示しておきたい。ヴェイユが述べる自由はつねに必然性との接触の直中における自由であり、「第二種の認識〔理性〕から第三種の認識〔直観知〕への移行が彼女の思想の重要なファクターである。それゆえ、スピノザとの類似と差異を見極めることが、ヴェイユの思想を立体的に捉えるのに有益であろうと思われる。

「もし同じ主体のうちに二つの相対立する活動が引き起こされるならば、両者が対立しなくなるまで、両者のうちに、あるいはその一方のうちに、必然的にある変化が起こらねばならないであろう[*8]」

心身の合一・分離という対立はどうであろうか。他者との対立はどうであろうか。二つの命題がそれぞれにおいては矛盾なく、しかも相互に対立するとき、自由と平和は守られるのであろうか。

二〇世紀前半は、階級闘争を遥かにこえた「戦争」という激動の時代であった。ヴェイユは、この究極の矛盾が拮抗する時代に、魂の超自然的部分と自然的部分との対立、さらに超自然的部分が自然的部分を説得する可能性を見出し、真理への統一、必然性の認識の道を切り開いている。エチエンヌ・ジルソン（一八八四〜一九七八年）が述べているように、「自由は、人間が理性的であるという事実によって人間に属することを、そして自由は意志がもつ選択能力によって表現されることは、何人にも認められるところである[*9]」。古来、キリスト教思想と折り合い、さまざまな変遷を経つつ、自由の本源であった「理性」と「意志の選択能力」というこの二つのファクターは、ヴェイユの思想にも不可欠である。だが、彼女の独自性は、私たちの自然性においては不可能な、「恥辱（humiliation）」に同意するという意味での「己れを低くすること・謙遜（humilité）」の状態でこの自由が見出されるということである。「十字架上のキリスト」に表象される「己れを低くすること・謙遜」が「超自然性を解く鍵」（SG 81,「『国家』註解」）となる。この一点において、けっして理性を捨て去るのではなく、「神を愛し、従順であることに同意している理性的な被造物の魂の超自然的な部分」（IP 161,「ピタゴラス派の学説について」）が呼び覚まされ、神に従順であることに同意する自由な選択の可能性が見出されるのである。自由と必然性に引き裂かれ、二律背反する直中で、「真正なる神秘家」であり、「西洋神秘主義の父でさえある」（SG 70,「プラトンにおける神」）プラトンの言葉が愛に極まるとき、この矛盾を解く鍵が見出される。そして、ここで言われている神秘家とは、愛によって、「私でないこと」が「私であること」という、存在の位相転換を自覚し、その自覚に到達したがゆえに自由である人にほかならない。

1　媒介としての「愛」——マルクスからプラトンへ

シモーヌ・ヴェイユは、『ギリシアの泉』における「プラトンにおける神」（SG 67-126）と、『前キリスト教的直観』における「創造における神の愛」（IP 22-93）で、プラトンの註解をおこなっている。『饗宴』（193a-d）註解のくだりには次の記述が見られる。

「プラトンは、その神話ですべてを語ってはいない。だから、神話を敷衍することは恣意的な解釈をすることではない。むしろ、敷衍しないほうが恣意的な解釈をすることになろう」（IP 48,「『饗宴』註解」）

ヴェイユは、ギリシア語原文を一語一語自ら翻訳することを通して、プラトニズムの「泉」を「直観」によって捉え、それを理論的に反省し、再認識、再構成している。それは、ヴェイユとプラトンとの間に起こる「ずれ」、「亀裂」、「閃光」を言語化する営みにほかならず、真理とはこのように、自己とは絶対的に他なるものとの往還のうちにあらわし出されるのである。

「プラトンは洞窟から抜け出し、太陽を観て、それから洞窟に戻った。『ティマイオス』は洞窟にふたたび戻った人間が著した書物である。だから、感じられるこの世界は、『ティマイオス』においても、もはや洞窟としては描かれていない」(SG 119,「『ティマイオス』註解」)

ヴェイユは、プラトンの全著作のなかで『ティマイオス』を格別なものとみなしている。『前キリスト教的直観』では、『ティマイオス』が描き出す愛に、とりわけ『饗宴』と『国家』が収斂させられることによって、愛のかたちが立体的に浮き彫りにされる。そしてここで捉えられた愛がどのようにして自然性における私たちの超自然的な働きを促すのかが、後半の「ピタゴラス派の学説について」で描き出されている。

ヴェイユはどういうわけかわからないものの自らのうちに宿ってしまった真理を他者に授けていかなければならない義務がある、としばしば近親者に語っている(EL 250,「両親に宛てた手紙」)。この真理はなぜ、またどのようにして彼女のうちに宿ったのだろうか。そしてまた、彼女はどのようにして、洞窟の外に出て太陽を観て、その太陽の実在を他者にも伝達してゆこうとしていたのであろうか。

多くのユダヤ系思想家たちは、国民国家体制のもとで難民的立場に立ち、それぞれ「マルクス主義批判」を出発点として、矛盾を矛盾のままに把持する「手すりなき思考」を得たと言えよう。だが、ヴェイユの独自性は、自ら一女工として働く「工場生活の経験」（一九三四～三五年）をし、そこで、精神においてのみならず身体において「恥辱」の刻印を受け、それに同意する「謙遜」において「美の経験」が不可欠なものとして出されてくるということである。

「洞窟の比喩で、太陽を目にする直前に観照されるのは、月である。月は太陽の映しであり、似姿である。太陽は善であるがゆえに月は美である、と想定するのは自然のことだ」（IP 88,「『国家』註解」）

洞窟を出た人間が太陽に先立って月を見るとは、「洞窟の比喩」における魂の転回に美の感情が不可欠であるということである。先述のように、ヴェイユがプラトンを神秘家とみなす所以は、私たちの生のエネルギーは私たちにあって私たちを超えたところから到来することをプラトンは知悉していたということである。この点を踏まえて、ヴェイユによるマルクス主義批判がどのように展開されるのかを見てみよう。

ヴェイユの眼差しは、なによりもまず、マルクスが、自然性に恩寵が介入する可能性があるということを知らないということに向けられる（OL 238,「マルクス主義はあるのか？」）。プラトンの弁証法とは、対立する矛盾が、超自然的な恩寵によって、善へと向かうところにある。しかしマルクスは、この弁証法を、特定の社会的物質、すなわち商品に帰属させてしまったのである（OL 205,「ロンドンでの断片」）。

ヴェイユによれば、マルクスが見出した「〔商品という〕物理的ではない物質」は「心理的な物質」にも敷衍できるのである（OL 233,「マルクス主義はあるのか？」）。ここにプラトンとマルクスとの決定的な差異、そしてプラトンの至高性をヴェイユは見る。

盲目的な必然性に従うのは、物だけではない。私たちの思惟すらもこの必然性から自由ではない。力と正義との対立は、思惟において、善と必然性の対立としてあらわれる。この矛盾の解決は私たちの自然性を超えている。ただ一つ、私たちのうちにあって私たちを超えている超自然性である愛がきざすならば、この矛盾は弁証法的に統一されるのである。

「たとえば、子どもが具合が悪いので学校に行けないと言ったのに、仲のよい友だちが遊びにくると途端に、遊ぶ元気が出る場合がある。このとき、心配した親は怒って、子どもが嘘をついたのだと思い、こう言う。『遊ぶ元気があるのに、どうして学校にいけないの？』。子どもは本当に真面目なのである。子どもは本当に病気だったのである。だが、仲のよい友だちに会って、遊びたいい気持ちが病気を解消させてしまったのである。しかし、学校の勉強は病気を解消させるに十分な触発とはならなかったのである」（OL 234-235,「マルクス主義学説はあるのか？」）

子どもにも周りの人々にも、なぜ子どもの病気が治ってしまったのかがわからない。病気を解消させたのは確かに子どもの生命力である。だがこの生命力はこの子どものうちにあってこの子どもを超えている。自己ではなく他者へと向かう愛が己れのうちにきざすというただそれだけで、病気という悪は消失していってしまうのである。

このように、超自然性は目にはあらわれてこないとはいえ、私たちの自然性において生きられ感じられている。この愛という微小な一点が見出されるならば、それは、私たちのうちにあってどんな力の支配からも逃れているがゆえに、世界を持ち上げる「アルキメデスの梃子《てこ》」の支点となる。「ペルセポネーにおける柘榴の実や、『福音書』における芥子種や小麦の種が意味するもの」（IP 62,「『饗宴』註解」）は、はじめは目に見えないほど小さいが、やがて天に至る木に成長する。

ヴェイユがプラトンから受け継いだものは、なにより、実在を詩的イメージによって映し出すということである。彼女はつねに「ロゴス（Verbe）」のうちに、「言葉」に先立って「関係」の意味を読み込んでいる。それゆえ、彼女にあって、キリストは「言葉」であることに先立って、神と人、人と人、人と物とをつなぐ「関係」としてあるのだ。そしてその関係とは、愛にほかならない。キリストは愛という媒介としてのみある。そして、象徴とイメージの爆発は、私たちを実在へとダイレクトに結びつける。さらに、私たちは真理という何かに自らの眼差しを向けることはできない。実在に接しえたときにはじめて私たちは真理に触れるのである。

先述のように、ヴェイユは、『前キリスト教的直観』における「『ティマイオス』註解」で、世界創造の神話『ティマイオス』の中心となる考えは、第一に、「私たちの生きる宇宙の根底であり、実体であるものは愛であるということ」（IP 37,「『ティマイオス』註解」）であり、第二に、「神の愛の映しであり、また神自身であるこの世界は、私たちが模倣すべきモデルであるということである」（IP 39, 同上）と述べている。さらに、こうした考えは、「汎神論ではない」ことを強調している（IP 25, 38, 同上）。「汎神論ではない」とは、神はこの世界という実体を超えているということである。ただ神の現存は世界の美としてあらわれ出る。そしてこの美とは、私たち自身の世界への愛の、感性における徴なのである。このことはヴェイユとスピノザの思想の質的差異である。

自由であるとは、いっさいを排しても、不断に、至高の歓びを探究することである。そのために、私たちの知性は、感覚的な知覚や漠然とした想像や混然とした観念から解き放たれていなければならない。そして、ヴェイユはこの知性において「注意の働き」を見出し、そこに「神への愛」へとつらなる道を見出すのであるが、この愛の働きは、スピノザが述べているような「神への知的愛」ではない。彼女にあって、知性には、必然性を自由へと転換する力はないのである。必然性が自由へと転換されるのは、必然性にほかならない世界へと愛が傾けられ、世界が美として私たちの心に映し出されるときにかぎられる。そのとき必然性はそのままの苛酷さにおいて愛の対象となるのである。

「おそらく、美の感情の本質とは、一面では非業な強制であるものの別の面では神への従順であるという感情であろう」(IP 158,「ピタゴラス派の学説について」)

「私たちが友だちの名を呼ぶ時、友だちの魂を思い描いているのであり、身体を思い描いているのではない」(IP 25,「『ティマイオス』註解」)ということと類比的に考えれば、神は確かにこの世界という形象にほかならない。だが、この世界という形象をかぎりなく超え出ている。それゆえ、私たちの愛は、世界に向けて、世界を超えて働きかけられるのである。

「移しかえられるとすぐさま陳腐なものに堕してしまう時計製造工の仕事などを手始めに取り上げる現代人とは異なって、プラトンは、人間の行為を取り上げるとはいえ、すでに超自然的な行為を取り上げている」（IP 23, 同上）

私たちに知られていない世界創造は、芸術創造を通して、類比的にとらえることができる。芸術創造が「超自然的な行為」であると言えるのは、「時計製造工は、時計を愛さずとも時計を作れる。だが、芸術創造は……愛からしかなされえない」（IP 23, 同上）からである。そしてまた、時計には時計を使用するという目的があるが、芸術には目的がないからである。目的がないのに目的に適った心の状態、すなわち、美が心のうちに溢れ出ることが芸術の超自然性である。そしてまた、私たちが生きる宇宙にもなぜ宇宙は運行しているのかという目的がないが目的に適った心の状態、すなわち、世界の美がある。世界が美しいからこそ私たちは愛を傾けることができるのであり、そしてまた、愛が働くがゆえに世界は美しいのである。それと同じく、「時計を愛さなくても時計は使われる。だが、作曲家と歌手を愛さずに本当に美しい歌に聞き入ることはできない」（IP 23, 同上）のである。

「第一級の芸術家は、超越的なモデルに倣って創作する。ただ、再現されるものがこの超越的なモデルというのではないのである。モデルは、芸術家の着想の超自然的な源泉である。……漠然とした類比を思い浮かべても、画家が肖像画を描くとき、モデルは芸術家と絵とをつなぐ《リャン》ものなのである」（IP 26, 同上）。

芸術創造は、芸術家のうちにモデルへの愛が働かなければなされえない。しかし、芸術作品はモデルを通してモデルを超えたものとして描き出される。このように、愛と愛を傾ける対象という媒介によって、無から芸術創造はなされるのである。ヴェイユがあくまでも芸術創造との類比によって世界創造をとらえようとするのは、そこに美の感情が不可欠であるからにほかならない。

「職人は、知性の働きに従ってテーブルを考案し、製作するが、それだけのことである。だが、芸術家の着想の結果生まれる作品は、それを観照する人々の着想の源泉となる。芸術作品を通して、芸術家のうちにある愛は人々の魂のうちに類似の愛を生み出す。こうして、あまねく宇宙に揺るぎない愛《エロース》が働く」（IP 40-41, 同上）

自らのうちに湧き起こる「美の感情」だけは、己れを欺くことができない。そしてまた、芸術創造は芸術家のうちに湧き起こる美の感情なしにはなされえない。この美の感情とは、具体的ないし抽象的モデルに対する愛から湧き出る感情である。一方、本当に感動する作品に出会ったとき、私たちは、見知らぬ他者であるはずのその作品の作者を愛さずにはいられなくなってくる。われ知らず、われにおいて、愛の感情が湧き出てくる。このようにして、個別の愛から普遍の愛、すなわちイデアに至る「プラトン的愛」（SG 102,「『パイドロス』註解」）が導き出されるのである。

2　善と必然の矛盾をどう生きるのか

自由は奔放なものであるが、激すれば無法になり、臆すれば凋落に堕する。進歩には欲求の傾向性が必要であるが、道徳律と秩序の自発的形成が並行しなければ、自由は自己崩壊するであろう。

カントは、純粋な理論理性の認識能力を省察し、自由と因果律との間に生じる矛盾については、理性が自発性を見出すならば、自由な意志が因果律を克服するとした。さらに、実践の領野では、行為を意志するのみならず、この意志がいっさいの感性的衝動から解き放たれているためには、当為(Sollenn)が不可欠であり、この当為によって、私たちは実践的に自由な判断をなす地平が切り開かれるのであった。しかし、先述のように、「カントは恩寵へ導かれてゆく」とみなすヴェイユは、実践的自由が見出される局面を、「この作品に見られる教説は、哲学的反省から得られたものではなく、宗教的伝承から得られたものである」(IP 63,「『饗宴』註解」)とみなす『饗宴』のうちに見出している。そしてまた、自らを超えた恩寵の光のみが私たちに自由をもたらすと彼女がみなすのは、私たちのうちに、われ知らずどうしようもなく美へと惹かれてしまうものがあるからである。

「ディオティマは、ソクラテスにまず次のことを理解させようとする。すなわち、愛《エロース》は善への欲望であり、美への欲望であり、知への欲望であるが、善でも美でも知でもない。そして、言うまでもなく、悪でも醜でも無知でもない。しかし、完全なる善と完全なる美と完全なる知を愛《エロース》は有している、とさきほどアガトンは述べたばかりである。ここでもまた、相反する二つの命題が同時に真であることを知らねばならない。そして愛《エロース》は、自発的にでなければ何をも堪え忍ぶことはないので、自ら進んで善と美と叡智を剥ぎ取られている」（IP 63,「『饗宴』註解」）

「愛《エロース》」は、「善への欲望」であり、「美への欲望」であるが、善でも美でもない。善は善を欲望しているその眼差しのなかにしかない。そしてその眼差しの有り様が美としてあらわれ出るので、自らの愛の働きが自らに感じられるのである。

このように、シモーヌ・ヴェイユの思想は、愛と美との往還関係に極まっている。ヴェイユにおける意志と欲望の関係は次のようになる。すなわち、意志の働きは、畑を耕す農夫が雑草を刈り取る働きにすぎないものとなり（AD 190,「神への暗々裏の愛の諸形態」）、作物が成長してゆくためには不可欠なものであるが、作物をつくるのは「太陽の光と水」であるように、光という恩寵に照らされてはじめて善は生み出されるのである。このことには、「光と水」を自らつくりだすことができないのだという意志の無効性に直面する経験が不可欠である。ここにおいて、実践的自由へのひらけは、ただただ、移動できない植物がそうするように、自ら光のほうへ身を寄せるということのうちに見出される。この光のほうへ身を寄せるという働きは、注意の働きにほかならない。この注意が働くためには、非業な強制という相貌をもつ必然性が自らに美と感じられることを通して、この必然性に同意しゆくことが不可欠である。そのとき、私たちは、自己が自己から離れ、対象をじっと見つめることができる。とはいえ、この局面に至るためには、魂のうちに芽生えた悪である雑草を刈り取っていかねばならず、意志は、こうした意味における自己陶冶に不可欠なものである。そして、この雑草刈りという自己陶冶が徹底してなされるならば、外的に付与されるのではなく、もともと私たちのうちに備わっている愛が働き出すのである。

「私たちは、どのようにして神への愛を自分のなかに据えようか、と模索する必要はない。神への愛は私たちのうちにある。神への愛は私たちの存在の基盤そのものである。もし私たちが別の者を愛するならば、それは誤りであり、人違いをしたのである。道で歓び勇んで見知らぬ人に駆け寄るときと同様、離れていたがために友を見間違えてしまったようなものである」（IP 71、「『饗宴』註解」）

ヴェイユにおいて、「世界の魂」（『ティマイオス』）と「愛《エロース》」（『饗宴』）と「完全なる正義の人」（『国家』）とが重なり合う。この三者のつながりに着目するならば、愛は私たちの生の基盤でありながら、この愛の働きがどれほどまでに困難であり、しかしそれにもかかわらず、どうしようもなく私たちが欲してしまうものであることが見えてくる。「完全なる正義の人」とは、正義でありながら不正義であるとの最大の汚名を着せられ、鞭うたれ、磔にされ、殺されてしまう人のことである。その一方で、この世界でありながらこの世界を超えている「世界の魂」が愛にほかならないのであるならば、この愛が働いている世界を、私たちは否応なく美しいと感じざるをえなくなってくるのである。この矛盾こそが、私たちの存在の有り様にほかならない。

「私たちの召命は一性《いっせい》であり、私たちの不幸は二元性の状態にあることだ。不幸は、傲慢と不正義という原初の汚れから生じる。……一性とは、主体と客体が唯一無二であり、自分自身を認識し、自分自身を愛する人の状態である。そして、神だけがこの状態にある。私たちは、神への愛を働かせ、神に倣うことによって、この状態に与ることができる」（IP 46,「『饗宴』註解」）

この一性に与るためには、自己という洞窟のなかに善はなく、自己の外である洞窟の外にしか善がないということを知らなければならない。しかしそのことを知るならば、「私たちのうちなる凡庸なるものはすべて、死を余儀なくされる」（IP 71, 同上）ので、私たちの自己保存の本能は偽りの神へと目を向けさせようとするのである。

それでは、私たちはどのようにして、想像上の神へ眼差しを向けることをやめ、真の神すなわち自己ではない他者と世界に眼差しを向けることができるのであろうか。それは、「十字架上のキリスト」の状態に与ることによってのみなのであるが、ここで、ヴェイユは、受難の本質を通常そう思われている「苦しみ」ではなく、「社会から全的に放擲されること」のうちに見る。この「社会的威信の剥奪」こそが、私たちにとっての最大の「恥辱」である。というのも、私たちのうちなる凡庸な部分にとってもっとも価値あるものとは社会から承認されることだからである。「美と真理の名のもとに、ほぼすべての芸術家と学者は、社会的威信を探究している」（IP 75,「『国家』註解」）とヴェイユは述べている。自然性に生きる私たちは、否応なく社会的威信を追い求めてしまう傾向性を有している。それゆえ、外的にこの社会的威信をいっさいはぎ取られた「十字架上のキリスト」の状態においてはじめて、真に自己以外へと向き変わり、神へと愛を傾ける可能性が見出されるのである。そしてまた、不幸を解決する鍵は、まさしくここにこそある。ところで、「十字架上のキリスト」は、磔刑という最大の恥辱である刑罰を受けることによって、はじめて神へと真に眼差しを向けることが可能になったのであり、ここにおいて、キリストの「魂の凡庸なる部分」は死を余儀なくされたのである。そしてまた、この「魂の凡庸なる部分」が死を余儀なくされるのでなければ、私が愛する神は、「私が想像した神」にすぎず、つまるところ、神への愛は「私への愛」にほかならないのである。

「実在する完全な正義には威信があってはならない、ということをプラトンは心得ていた。受難の本質は、威信の欠如であり、苦しみではない。イザヤの言葉『多くの痛みを負い、病を知っている人』〔イザヤ五三・三〕が真の意味をもつのは、病気が人々から忌み嫌われている場合にかぎられる。しかし病気が忌み嫌われることは稀であったであろう。刑罰の性質を帯びた苦しみが不可欠であったのである。というのも、社会的威信へのあらゆる参与を真に剥奪されるのは、刑罰の裁きが人を社会から追放する場合のみだからである。他のどんな苦しみも、このどうにもならない、払拭しえない剥奪——刑罰の裁きが課すもろもろの苦しみの本質である——の性質をもちえない」（IP 78,「『国家』註解」）

今日、「キリスト教徒であること」ないし「キリストという言葉を出すこと」によって、社会から放擲され、己れの存在が問われるということはない。否むしろ、それらは、私たちの社会における威信を強める役割を果たしている。このことは、神性と無縁であるどころか、神性と正反対に位置づけられるものである。自己が自己から向き変わるとは、自己が無化することにほかならず、自己が無化されるとは、いっさいの社会的な拠り所をもたないことを意味する。そうでなければ、私たちが求めているのは、「正義の人であること」ではなく、「正義の人であると認められること」であり、そのとき、人は、善を把持しているのではなく、善を把持していると認められる「社会的威信」を把持しているのである。そのとき人は、正義とも善とも無関係であるのみならず、否むしろ、不正義と悪とに関係しているのである。

一般に言われている道徳が、「正義と認められること」であり、「善を把持していると認められること」であるという道徳の虚構を、マルクスはいち早く見抜いていた。だがマルクスは、この虚構を階級闘争によって打ち破られると信じて疑わなかったのであり、自己が真空となり、単なる場所となるときに、自らを超えた恩寵の光がきざす可能性を、まったく考えなかったのである。そして、この一点において、ヴェイユはマルクスと袂を分かつのである。

「だがそれは、正真正銘の刑罰の裁き、すなわち一般の法によって罪人に課される裁きでなければならない。ある主義、集団、思想、信仰に忠実であったがために、国家的、政治的、宗教的な理由で迫害された人は、完全な威信の喪失をこうむっているとは言えない。過酷な拷問や恥辱をはなはだしく受けた末に死に至ったとしても、その苦しみは十字架上の苦しみからははるかに遠い。……キリストは、自らを王だと信じる狂人として嘲られ、一般の法による罪人として朽ち果てたのである。殉教者には威信が貼りついているが、キリストは完全に威信を剥奪されていた。さらにキリストは、歓びのうちにではなく、自分を救ってくれるよう空しく父に懇願し、自分を慰めてくれるよう空しく人々に頼みながら、ついに精根尽きはてて責め苦に赴いたのである」(IP 78, 「『国家』註解」)

ヴェイユは、一般の法による罪人として、人々にあざけられ、見捨てられ、己れが死ぬという事態に対しても、なにひとつ意味を見出せない、まさしくそのことにおいて、キリストが神と連なる一点を見出す。己れへの誇りは、神への愛ではなく、自我への愛の徴であり、なんら魂の転回がなされていないことを意味する。死へ赴くという行為においてすらも、「神への愛のために」という目的が見出されるのであれば、それは、自我の残存ゆえに、宇宙の運行のような完全なる美として表象されえない。ここで私が従順であるのは、私に対してであり、神に従順であるのではない。このように、自然的には、カントが述べるようには、私の意志によって道徳律に従順であることはありえない、とヴェイユはみなすのである。ヴェイユにおいて、意志は、どうしても押しやられる、私たちがなすべき「義務の範囲内において」のみ効力をもつ。意志が使い果たされ、いっさいの想像力が目的を見出せず、もはや何も望めないという待機の受動性のうちにあってはじめて、恩寵である光のほうに身を寄せるか否かの選択の自由があらわれるのである。

「宇宙全体は、従順がぎっしりと詰まった塊にほかならない。この塊には、光り輝く点がちりばめられている。この点の一つ一つは、神を愛し、従順であることに同意する理性的被造物の魂の超自然的な部分である。残りの部分は、密度の高い塊のなかに取り込まれている。理性を授けられてはいるが、神を愛さない人間は、緊密で薄暗い塊の断片にすぎない。それらもまた、全体として従順であるにはあるが、落下する石のように従順であるにすぎない」(IP 161-162,「ピタゴラス派の学説について」)

「神への愛」と「不幸」は相関関係にある。いっさいの社会的威信を剥奪され、自己自身が問われるという局面になければ、私たちの眼差しは神ではなく自我へと向かってしまう。だが、逆説的にも、必然性に釘付けになり、その場を離れることができない不幸において、自らのうちなる恐怖や不安でがんじがらめにならざるをえないはずの状況にあって、この恐怖や不安から距離をとり、自己以外のものに自己の眼差しが向かうならば、逃れられない必然性の直中にあって、必然性への従順において私たちは生の充溢を得るのである。[*10]

「自由は、自らの本性の必然性によってのみ存在し、それ自身の本性によってのみ行動しようとするものである。だが、これに反して、必然的あるいは強制されていると言われるものは、一定の仕方で存在し作用するように、他のものによって決定されるものである」[*11]

ヴェイユが述べる必然性への従順が可能となるのは、私がそうありたいという欲望においてである。それはなにより、私のうちなる愛の働きによって、その根拠が私から湧き出るものであるがゆえに自由であるのだ。だがこのような有り様は、「きわめて険しい路のように思われ」、また、「とにかく優れたものはすべて稀有であるとともに困難である」[*12]とスピノザとともに言えよう。

「私たちのうちには、凡庸なるものが住まっている。それは、自己保存の本能により、ありとあらゆる虚偽を用いて、生まれてから死の瞬間まで私たちがずっと愛し続けているものは真の神にほかならない、ということを認識させまいとするのである。というのも、この認識に至るやいなや、私たちのうちなる凡庸なるものはすべて、死を余儀なくされるからである」(IP 71,「『饗宴』註解」)

ヴェイユが述べる愛が働くならば、痛みがかぎりなく痛く、苦しみがかぎりなく苦しく、白がかぎりなく白く立ちあらわれることに同意するならば、私は痛みそのものとなり、苦しみそのものとなり、白そのものになるがゆえに、理性をもつ私のうちにあって、「私」と言いうる部分は消失し、そこには必然性の働きのみが見られるのである。そして、このことはごく自然の日常において生きられ感じられている。ヴェイユは次のような象徴とイメージを用いて、愛という媒介の働きがあるがゆえに、私たちは痛みを痛みとして受け取りながら、痛みから離れ、愛する対象にダイレクトに触れうることを表象している。

「激しく愛する人と長い不在の期間を経て再会し、語りかけられるとき、その言葉の一つ一つは無限に貴重である。それは、言葉がになう意味のためではなく、愛する人のあらわれを一つ一つの音節のうちに聴くからである。そのときたまたま激しい頭痛に悩んでいて、一つ一つの音が痛みを与えるとしても、愛する人の痛みを引き起こす声は、その人のあらわれを包み込むものとして、無限に愛しく貴重である」（IP 40,「『ティマイオス』註解」）

愛は、苦しみや痛みといった悪すらも消失させる。そして、この愛の働きの直中にあって、自己から働くもののうちにあって、私たちは至高の自由を享受しうるのである。

3　数学――知と愛の合一

数学は、私たちがア・プリオリな認識をどこまで押し進められるかということの大きな例証である。数学はその対象と認識がア・プリオリな直観において提示されるかぎりにおいてのみ、これを研究するところの学である。

カントは量の図式としての「数」に着目したが、ヴェイユはこの数が、理性を侵食してくる感性的衝動や自然的な必然性の因果律といった「無限定」に「限定」を与える調和の原理であるのみならず、私たちの自然性と超自然性との架け橋になることを見出している。私の感覚に立ちあらわれてくる世界は、そこにはっきりと現前してはいるが、不確実な現象にすぎない。その一方で、この世界では、無というあらわれしかもちえない神を、私たちは端的には感覚において捉えることはできないが、神は確実性の原理である。このように、いわば「見えない世界」であるからこそ確実であるということを、知性の次元で把握しうるのは、数という媒介を通してである。数という媒介を通して、「見えない世界」は「見える世界」としてそのままの確実性において把握されるのである。

「もっとも未開の人々でさえも、感覚的に物を知覚する際、知らず知らずのうちに、知覚の条件である数々の数学的諸関係をとらえている。もっとも原始的な技術であっても、少なくとも潜在的には、必ずある程度数学を応用したものとなる。労働の際の運動や技術のなかにあらわれるものだが、数学的な諸関係を方法的に扱うことでのみ、自然の諸力との均衡の感情――それは、自然的な幸福に呼応する感情である――が生じることがある。数学的な諸関係を利用すると、感覚的世界は生命のない物質からなっているのであって、気まぐれな無数の神からなっているのではない、ということが理解される。以上の例を明記せねばならない。まさしくこの数学こそが、なによりもまず、神によって創作された神秘的な詩というべきものなのである」（IP 161,「ピタゴラス派の学説について」）

数学は私たちの想像力を制御する。「想像上の神」へと想像力が飛翔することを妨げる。そして、数学を通して自然と同じ目線に立つということは、自らのうちに自由で幸福な感情を呼び起こす。それゆえ、ヴェイユは、数学を「神によって創作された神秘的な詩」であると述べているのである。そしてまた数学が果たす媒介の役割は、確かにこの世界でなされるものの、その働きはこの世界を超え出ている。数学を媒介とすることで、感性界と叡智界が調和されることを、ヴェイユが詩と名指すのは、たとえ醜悪さにまぎれていようとも、世界が美として私たちの心に映し出されるからである。不幸の直中にあって謙遜に与るならば、自己無化において、愛が働くことによって世界は把握できないものを把握できるものとして、一篇の詩において、美として立ちあらわれてくるのである。このことをギリシア人たちははっきりと知覚していた、とヴェイユはみなしている。だからこそ、彼らはどのような世界の必然性の苛酷さに接していても歓びに満ち溢れていたのである、と。

「数学を単に合理的で抽象的な思弁とみなすのであれば、二重の意味で間違っている。数学とはそうしたものであるのだが、また自然の学そのもの、きわめて具体的な学である。そしてさらに、神秘でもある。この三つは一体であり、切り離すことができない」(IP 159, 同上)

私の存在の根拠は私に知られていない。私の誕生に関しても私の死に関しても、私たちは何もなしえない。この「存在の神秘」は、もっとも抽象的な学である数学がもっとも具体的な生の直中でその効力を発揮するからこそ、詩のもつ象徴とイメージの爆発をもって私たちの実在を喚起するのだ。

「おそらく、私たちのうちには、記憶、感受性、想像力、習慣、信仰に貼りついた多くの連関があるはずだが、それらは必然性を内包していない。世界の実在を構成する必然的連関は、活き活きと働く知的注意力が向けられた場合に限って、実在的なものとなる。必然性と注意の自由な働きとの間の連関は、ひとつの驚異である」（IP 154, 同上）

もっとも単純な例を考えても、一と一は、これらを「足す」という私たちの「知的注意」の働きがなければ、けっして二にはならない。必然性は、厳然としてそこにあるのではなく、私たちの知的注意の働きによってはじめて必然性となる。だが、この「知的注意」によって必然性があらわされるとしても、私たちが何かを創造するわけではない。私たちが無から何かを創造するのは、必然性が受け入れられ、必然性に同意し、そこに愛がきざすときにかぎられる。この自らのうちにきざす愛の働きがなければ、生の創造はなされえないのである。その一方で、この必然性が自己を否定してくる強制という相貌をもっているとしても、私たちのうちから働くものがなければ、必然性たりえないことを知悉するならば、この必然性を前にして、内側からその必然性の因果関係を捉えられるのであれば、私たちの苦しみは軽減するのである。

あらゆる出来事が他の出来事によって決定され、必然的自然法則以外の因果律しか見出されないとしても、もしこの因果律が、知的注意によって捉えられるのであれば、それは、愛と同意という私たちのうちなる超自然的働きである「高度な注意」への橋渡しとなる。そしてまた、「純粋数学においてもまた、必然性が美に輝いている」（IP 158, 同上）と言いうるのは、この高度の注意である愛の働きがあるからにほかならない。

己れのうちに愛がきざすならば、不幸にあって不幸から離れることができる。神への愛と不幸との弁証法的関係を、ヴェイユは、プラトンのうちに、さらに、プラトン以前にはまとまった著作がないピタゴラス派の伝統のうちに見出している。そして、ヴェイユがニーチェを批難するのは、まさしく、ニーチェが不幸にあって人が謙遜であるとき、恐怖や不安のうちにあって、これらに取り込まれずに、至福を享受しうることをまったく見ていないからである（S 231-233,「アンドレ・ヴェイユへの手紙とその草稿」）。弱さが弱さとしてそのままに強さに転換するのは、己れのうちに愛の働きがきざすときにかぎられる。

＊

人を欺き、人に裏切られ、人を憎んでも、それにもかかわらず、他者は私に悪ではなく善をなしてくれるにちがいないと期待してしまうものが私たちの心のうちにはどうしようもなくある。この私たちの心の部分は、どんな世界の醜悪さにも染まらない超自然的部分であると言えよう。

善と必然性との矛盾は、うちなる愛の働きにより、自らを超えた光を受け取るときに、はじめて弁証法的に統一される。それを可能とさせるのは、意志が使い果たされ、うちなる注意の働きが愛への橋渡しをなす場合である。その媒介の働きは数学のうちに見出されるのであり、数学は、「こちら側」と「あちら側」をつなぐ架け橋である。「神は永遠の幾何学者である」とは、神は永遠に美しいということでもある。この美の感情のみが、私たちの存在が私たちを超えたところにその原理をもつことを証するのである。そしてまた、幾何学者は、世界に比例と均衡を見出すことにより、絶対的に相反するもの——人と神、人と人、物と物とのあいだに調和をもたらす。似た者同士のあいだに愛が働くのではない。愛は、絶対的に相反するもの同士のあいだにこそ働くのであり、そのとき、私たちは、自らにあって自らを超えて生きる存在そのものが神秘であることを知るのである。ここに、生と死すらも弁証法的に統一される原理が見出されるのであり、私たちは永遠に参与しつつ存在の不思議さ、存在の神秘をリアルに現実的に生きうるのである。

「ペレキュデスはこう述べている。創造の際ゼウスは愛《エロース》に姿を変えた。それは、ゼウスが世界の秩序を相反するものから構成し、比例と友情へと導いて世界全体にわたってあらゆるもののうちに同一性と一性の種を撒いたからである。［プロクロス『プラトン「ティマイオス」註解』32C, II 54, 28 Diehl.］」（IP 22,「『ティマイオス』註解」）

Essai

善への欲望——映画『ライフ・イズ・ビューティフル』をめぐって

映画『ライフ・イズ・ビューティフル』は、「ホロコースト」という二〇世紀最大の醜悪さを、文字通り、美として表象しえた作品である。現象の醜悪さの直中にあって「生の美しさ」、「生の輝き」が溢れ出るのは、「行為の動機」が、本来ならば、現象に取り込まれ「低い動機」に堕してしまうところを、一貫して「高い動機」を維持しえているからである。それは、自己の奥底に自己ではない世界と他者が映し出されることに同意している人にしかなしえない。主人公「グイド」の姿に、不断に愛《エロース》が宿っているがゆえに、グイドはこの同意をわれ知らずになしえている有り様を、鑑賞者は映像と音響を通して、私たちのうちに湧き起こる美の感情において、感得するであろう。

自己が生きるか死ぬかという極限状況にあって、何が自分にとって最も大切なものであるのかが忘却されてしまう。だが、自らのうちに溢れ出る愛をもって、人は、極限状況にあってさえも自由でありうるのだ。この作品は、「善の映しとしての美」というプラトニズムが、映画という芸術表象においてもっとも端的に体現されているものであろう。そしてこの作品を問い直すことによって、現代の多くの社会問題が、どれほどまでに存在からひらかれる倫理を切実なものとして必要としているのかが、知られるであろう。

＊

「古来如何なる芸術家が普遍性などという怪物を狙ったか？　彼等は例外なく個体を狙ったのである」[*13]

芸術と普遍性を直線的に結ぶ、短絡的な芸術理解を直撃した、よく知られた小林秀雄（一九〇二～一九八三年）のこの言葉は、芸術家のみならず、私たち人間の「逆説的真理」を明示している。「特殊」という名の井戸を掘り続けていった底には、「普遍のひらけ」が見出される。だが、逆説的にも、井戸の底でシャベルがカチンと音を立てたとき、そこでは「特殊」は無化されている。これが、普遍の地平に立つということである。[*14]

アドルフ・アイヒマンの裁判記録の映画化であるエイアル・シヴァン監督『スペシャリスト』（一九九九年、フランス・ドイツ・ベルギー・オーストリア・イスラエル）では、ハンナ・アーレントの『イェルサレムのアイヒマン――悪の陳腐さについての報告』での考察が十全に活かされ、個が強烈に印象づけられることを避けられない「ドキュメンタリー」の難しさにもかかわらず、それぞれの証言が、現代に生きる私たち一人一人に当てはまることを、とりわけ、私たち一人一人がアイヒマンになりうることを、リアルに伝達しえている。しかし、鑑賞者がそれぞれ確実に把持しうるこの「表象」の重みを、どのように内在化すべきなのかについて、映像は何も指示しない。『スペシャリスト』が私たちに突き付けてくるのは、「悪がいかに陳腐なものであるか」というその強烈な表象だけである。

他方、「証言」、「記憶」、「表象」といった「言葉」が、現代思想の表舞台を華麗に舞う姿を、私たちは日々目の当たりにすることができる。これらの言葉は、映像とは異なり、私たちの「解釈」という洗礼を受けるならば、容易に内在化することができよう。だが解釈は、望むと望まざるとにかかわらず、私たちをしてこれらの言葉を特権化させ、偶像崇拝への道へと、すなわち、新たな暴力を産み出す道へと歩み出させてしまうであろう。

「表象」の重みを手放さずに、かつ、けっして「解釈」という名の暴力に身を委ねることなく、「表象」の本質へと肉薄しうる可能性を、いったいどこに見出せるのであろうか。

　本章では、一九九八年、アカデミー主演男優賞受賞作品である『ライフ・イズ・ビューティフル（*La vita è Bella*）』（一九九七年、イタリア）を取り上げ、まさしく主演男優であり、この映画製作に徹底したこだわりを見せた脚本家・監督ロベルト・ベニーニ（一九五二年〜）その人に焦点を当て、「私たちの欲望はどのようなものであれ、本来的には善への欲望である」[*15]とプラトンが述べる「善への欲望」が、現実の世界において、どのようにして生きられ感じられるのかを考察してみたい。

　この形而上学的考察を可能にする鍵は、ベニーニが呈示する「笑いによる遊び」である。ベニーニは、撮影終了直後のインタビューでこう語っている。

> 「……それに、誰が、ナチズムだけが恐怖だと言ったのですか？　かつてナチズムと呼ばれていたものが、今、どんな顔をしているかを見なければなりません。問題なのは、むしろ、こうした恐怖は何度でも繰り返されるという点です。……私たちが用心していなければ、鷹揚な笑いによってこういう狂気に対する免疫を持っていなければ、こうしたことが二度と起らないという保証はないのです。一つのことを過度に神聖化すると、危険なものになります。そういうことは、先に笑っておいたほうがいいのです」[*16]

　私たち人間の根源的脆さは、本来「善への欲望」であるべき欲望が、いともたやすく現象《あらわれ》のうちにとりこまれ、悪へと失墜してしまうことにある。今日、私たちが「ナチズム」に注視せざるをえないのは、ナチズムの本質を見極めているからではない。そうではなく、ナチズムが私たちに与えた虚無を、私たちの悪しき想像力が、何としても払拭しようとするからである。こうした私たちの根源的脆さを見据えたひとりの芸術家ベニーニの鋭い眼差しは、悪しき想像力から解き放たれ、虚無を虚無として受け止めるニヒリズムの可能性の鍵を「笑いによる遊び」に見られる「人間と神との一致」、すなわち、「狂気であり愚かさである神に倣うこと」に見出している。

　この映画は、一九三六〜四五年のおよそ九年間を時代背景とする前半一時間と、一九四五年の終戦までのおそらく数日間に相当する後半一時間に分かれ、そして前半の「時間の長さ」は、後半の「時間の深さ」に置き換えられることになる。ベニーニの公私ともにパートナーであるニコレッタ・ブラスキ［妻のドーラ役］（一九六〇年〜）は、この映画のインタビューでこう述べている。

「彼らの人生は一瞬で変わる、それがこの映画で気に入っている点よ」

「人生は美しい」となぜ言いうるのかは、ブラスキが指摘しているように、前半と後半の「見える世界」、「現象」の落差、すなわち天国から地獄への転落にもかかわらず、彼らの内的世界がその変容を蒙らないことに見出される。この不可能を可能にさせているのが、どんな困難な現象《あらわれ》をも吹き飛ばす主人公グイドの「笑いによる遊び」である。そして、前半で着目されるべきなのは、「ナチズムへ連なる恐怖」、すなわち、私たちがどれほど容易く「力」に取り込まれてゆくのか、とりわけ、「力」が潜在的な不安や恐怖を抱えているとき、いったいどれほどの射程で私たちを魅惑するのかを示し得ているということである。このように、誰しもが力の支配から逃れえない状況のなかで、主人公グイドの「笑いによる遊び」だけは、この力の支配をかぎりなく逃れてゆくのである。

1　動機の問題

とはいえ、グイドの「笑いによる遊び」は、前半の幸福な日常では比較的容易に維持されうると言えよう。なぜなら、グイドが「笑いによる遊び」を生きたとしても、それは「風変わりな人間」、「奇異な人間」、「ユーモラスな人間」という印象を他者に与えるに留まり、グイド自身、何ら自らの存在への影響は蒙らないからである。だが後半の極限状況においても引き続きこの「笑いによる遊び」を持続させてゆくのは難しい。なぜなら、同一の行為の「動機」が高くなってしまうからである。

私たちの行為は、その現象《あらわれ》としては同一のものであっても、その「動機」の高低によって、まったく異なる働きをもたらす。*17 後半の極限状況にあっても「笑いによる遊び」が持続するためには、もっとも高い動機、すなわち、「自我の死への同意」が必要とされるのである。*18 それゆえ、後半における主人公グイドの「笑いによる遊び」は、「道化的なもの」が「徹底的な真剣さ」に裏づけられていることによってのみ持続する。そこに見られるのは、ドストエフスキー（一八二一〜八一年）が「至高の美」であると洞察した「キリストの美」である。そこで私たちは、容姿自体はコミカルであるとさえ言えるベニーニ扮する主人公グイドを、「美しい」と感じるのと同時に、グイド自身のうちに「世界は美しい」と、すなわち「人生は美しい」と発語しうる「美の感情」が溢れ出ているさまを、目の当たりにするのである。それが映像と音響を通して鑑賞者の心に訴えかけてくることにより、鑑賞者自身が自ら「人生は美しい」と発語する地平を促すのである。

この後半におけるグイドの「笑いによる遊び」は、「何一つ不正義を働かないのに、不正義であるという最大の評判を立てさせる」[*19]とプラトンが呈示した「正義のボーダーライン」を難なく乗り越えさせ、この状況において、「他人の目にはもちろんのこと、しばしば自らの目にも隠されている行為の格率」[*20]が露わになる。そこで明らかにされる二つの格率とは、「嘘をつくこと」と「他者を救うこと」という互いに相矛盾するものである。したがってそれは、カントの「定言命法」が、厳密には成り立たない状況である。それにもかかわらず、グイドの行為がまぎれもなく「善行為」であるのは、この行為が、自己に死して他者に生きる「絶対愛」に貫かれ、それが前述のように、「至高の美」として鑑賞者一人一人の感性において証されるからである。

後半の「強制収容所内の生」において、息子のジョジュエを取り巻く世界は、「恐ろしい顔をした大人」、「別の大人をいじめる悪い大人」、「泣き叫ぶ大人」で溢れている。「ぼくたちはボタンや石けんにされてしまう」、「ぼくたちはかまどで焼かれてしまう」と恐怖せざるをえない世界である。敏感な子どもをこの恐怖から守るには、この地獄を、「これは嘘なんだ」、「これはゲームなんだ」、「彼らは悪人の役を演じているのだ」、とグイド自身が自ら笑い飛ばせる力量が必要不可欠となってくる。グイドとて、ナチスの恐怖を眼の前にして、どの場面においても一瞬怯む。だが次の瞬間には、文字どおりわれを忘れて道化を演じている［映像1］。もし少しでも自らのうちに「自己執着」の裏面をなす「恐怖」が内在していたら、子どもはそれを

映像1

敏感に感じとってしまう。だが、グイドは、気づいたときにはすでに道化になっている。子どもを守ろうと意識する以前にすでに守っている。逆説的にも、もし愛する息子がいなければ、自らも陥っていたであろう恐怖、つまり、染まっていたであろう「悪」からグイド自身も自らの「笑いによる遊び」によって、「自我の死への同意」[*21]をそれと知らずに果していることによって、この極限状況においてグイド自身が自由であり続けるのである。私たちが真に善行為をなすならば、その行為は、なにより自らの自由によって裏づけられていなければならない。自らの自由をもってのみ、私たちは他者に自由をもたらすことができるのである。

　他方、恐怖すなわち「悪」は、被害者だけではなく、加害者の魂にも浸透している様を、私たちは、ナチス側の人々の表情から読み取ることができる。ガス室の更衣室で、グイドの叔父は、倒れかかるナチスの女性に手を貸すが、この女性は氷ついた表情を浮かべるのみである。戦争が終わり、妻を探しまわるグイドを見つけ、笛を吹く女性も同様に表情を奪われている。

　どんな人間にとっても、通常殺人には高い動機がともなうはずである。だが、否応なく私たちの組織内では、本来「高い動機」であるべき殺人が、「注意力」が麻痺するように仕向けられたナチスの「低い動機」によってなされてしまうのである。否、動機を自覚させせないというもう一つの恐怖の裏づけのもとに、加害者の自由が剥奪された状態において、盲目的に殺人がなされてしまうのである。

　ひとりの人間が、なぜ他の人間を「物」として扱うことが可能なのかと問うならば、その答えは、他者を「物」として扱うその人自身が「物」になってしまっているという事実のうちにある。自分が「物」になっている度合いに応じて、重力の法則にしたがって物が落下するのと同様に、自然科学的な厳密さに正確に比例して、私たちは、他者を「物」として扱うのである。

2　善意志と「善への欲望」

『ライフ・イズ・ビューティフル』では、ただ一度だけショーペンハウアー（一七八八〜一八六〇年）の名が登場し、ショーペンハウアーが述べる意味における「善意志［生意志（Wille zum Leben）］」が、作品全体を貫く一条の光となっている。

　都会に一緒に出てきて叔父の家で共に暮らすグイドの親友が、「眠りたいと意志すれば眠れるんだ」という他愛もない事柄においてショーペンハウアーの名が出され、その後、ことあるごとに、グイドはこの「善意志［生意志］」を活用する。グイドは、一目惚れした女性［妻になるドーラ］を恋し続け、ただ彼女が振り向いてくれることだけを念じ、彼女に一目会うためにはどんなハードルも乗り越える。すると、彼女はついにはグイドの方に振り向いてくれるのである。

　だが、時代の暗い影が忍び寄り、後半の「強制収容所内の生」に接近するにつれて、グイドは、どんなに意志しようとも、自らの力ではいかんともしがたい場面にしばしば遭遇することになる。グイドの叔父の愛馬は緑色のペンキで塗られ「ユダヤ馬」と揶揄される［映像2－a］。息子のジョジュエは「なぜあのお店にはユダヤ人と犬は入れないの？」とグイドに問いかける。私たちの意志は、これらの「現象《あらわれ》」の到来を阻止することができない。だがこれらの「現象《あらわれ》」を「物語」に変えることはできる。緑色に塗られた馬は、恋する女性を誘拐する「騎士の馬」へと変貌を遂げる［映像2－b］。「あのお店はユダヤ人と犬が嫌いなんだ」と息子に説明し、グイドの店は、息子が嫌いな「クモ」とグイドが嫌いな「西ゴート人」は入れないことに決める。グイドは、自分の店のシャッターにた

映像 2-a

映像 2-b

ださらりと「ユダヤ人の店」と書くことで、何も語らずに、自己が自己であることを自覚しようと意志する。

　だが後半の「強制収容所内の生」では、グイドはついに物語ることすらできない、「善を意志するということにおいて善い」[*22]、「善意志」の完全な不可能性に直面せざるをえない。グイドは強制収容所内の健康診断で、旧知の軍医に再会し、この医師はグイドに将校の集まりに給仕として来ることを指示する。軍医にとってもこの行為には大きな危険がともなうはずである。グイドはこの絶望的な状況を打開してくれるかもしれないと一縷の望みをこの軍医に託す。だが危険を冒してのこの行為の軍医にとっての意味作用は、自分がどうしても解けない「なぞなぞ」をグイドに解いてもらうことだけであった[*23]。

　ここに私たちは、質料的な格率にもとづく行為が、自らはそれと知らずにどれほどの射程において人を悪徳に導くかを見ることができる。ひとたび質料的な格率が道徳法則として採択されるならば、人は、何ら良心の痛みを感じずに、場合によっては善行為をなしている自負のもとに、残虐な行為を平常心で為すことができるのである。

映像 3-a

映像 3-b

　この軍医はもはやグイドを自分と同じ人間だとはみなしていない。グイドはこの軍医には、単なるなぞなぞを解くのに便利な「物」であるにすぎない。ここで、なぞなぞに夢中な軍医に何を語りかけても、あるいは罵倒しても、事態は何ら変わらず、さらにいっそう悪いことには、世界の悪に同化してしまっている相手に何かを働きかければ、悪は自らに跳ね返ってきて、自らの魂を蝕むということである[*24]。ここで、絶体絶命の現実に直面したグイドがとる行為は、疲れて安らかに眠っている息子の寝顔に眼差しを向け、どこかで眠りについているであろう妻に、二人にとっての思い出の音楽を流すことである［映像3－a］。悪一色で染め上げられた世界の直中にあって、ただひとつの善である「愛する人の純粋なイメージ」を心に抱くのである［映像3－b］。このイメージが、絶望的なこの状況にあって、グイドの魂のうちに浸透しようとする悪を打ち砕き、グイドは善を把持することができるのである。こうして、「善を欲望するということにおいて善い」[*25]、「善への欲望」が、すなわち「善の所有」が、悪の直中で見出されるのだ。

　このように、「善への欲望」は「善意志」の絶対的不可能性に直面した場合の最終手段のように思われる。だが実は、この「善への欲望」は、前半の幸福な日常生活においても生きられ感じられている。先述の揶揄された緑の馬で恋する女性を誘拐するのに先立って、グイドは、恋する女性の婚約発表の場に給仕して居合わすという絶体絶命の場面に遭遇する。この「現象《あらわれ》」を目の前にして、グイドは何一つ意志しえない。ただただ、グイドの心がドーラだけで占められ続けているという事実だけが持続する。だが、グイド自身は真剣に給仕しているつもりが、気が動転しているので、おかしな挙動に出てしまう。その光景を目の当たりにしたドーラは、彼の愛の深さを感得し、婚約者を捨て、グイドと生きることを選択するのである。ドーラの心を決意させたのは直接的に彼女に働きかけた具体的な行為ではない。グイドは、「善［愛の対象］」を心底「欲望する［愛する］」ということにおいて、すでに「善［愛の対象］」を所有しているのである。

　ショーペンハウアーは、自らが見抜いた直観を深く掘り下げないという欠陥をもつ哲学者であるが、カントの「物自体」とプラトンの「イデア」の同一性を見抜くショーペンハウアーの芸術家肌の直観力には一目置かれるべきであろう。ショーペンハウアーが述べる「善意志［生意志］」は、カントの「善意志」からプラトンの「善への欲望」までの射程を有しており、この「善への欲望」が「愛」にほかならないことをショーペンハウアーは看破している。そしてベニーニは、『ライフ・イズ・ビューティフル』において、このショーペンハウアーの洞察が、現実の世界において、どのようにして生きられ感じられるのか、その振幅を私たちに呈示しえていると言えよう。

映像 4-a

映像 4-b

3　恩寵と自由の問題

戦争が終わり、ナチスが強制収容所を一掃しようと動き出すと、グイドは息子を小さな箱のなかに隠し、妻を探して家族三人で逃亡しようとする。だが妻を探し出せずに、ナチス側に捉えられてしまう。そして銃殺される直前に、息子を隠している箱の前を最後の道化を渾身の力を振り絞って演じるグイドの姿は、『ライフ・イズ・ビューティフル』のクライマックスであると言える［映像４－ａ］

映像 4-c

［映像４－ｂ］。ここで着目すべきなのは、息子を隠している箱の前を通り過ぎ、息子を安心させたと確信した後も、グイドの表情は引き続き、恐ろしいほど穏やかであり、それが頑なナチス側の兵士の表情と対照的に描写されていることである［映像４－ｃ］。このときのグイドの表情は、完全に自らの「自我の死への同意」を果たしえた人の表情、つまり、聖人の表情、真の意味での殉教者の表情であると言えよう[*26]。

しかしながら、鑑賞者は、この場面に直面して自らの感情を把握することができない。現象の苛酷さとその苛酷さの直中におけるグイドの全き無私性に接して、私たちは言葉を失い、自らの魂のうちにある種の空隙が創られるのみである。それではいったいいつ私たちは自らの感情を取り戻すのであろうか。それは、母親を見つけた息子のジョジュエがアメリカ兵に戦車から下ろしてもらい、母親に無邪気に駆け寄る映像に、「これが私の物語、父が命を捧げてくれた――、私への贈り物だ」と成人したジョジュエが語るナレーションが重なり合い、麗しい音響とのハーモニーと共振し合う場面においてである［映像5］。ここで、「これは素朴な物語、だが語るのは難しい。童話のように悲しみがあり――、童話のように驚きと幸せに溢れている」という映画冒頭のナレーション部分が想起され、この映画が「思い出」であり、「物語」であった事実に私たちはふたたび連れ戻されるのである。この「思い出の二重構造」の呈示によって、グイドの生の美しさが、鑑賞者自らの魂のうちに映し出されるのであり、私たちは、銃殺された父親の「思い出」が、成人した息子の魂のうちに息づいている「永遠の今」に触れるのである。このとき、鑑賞者自身の魂の「超自然的な部分」が、一時的であるにせよ、呼び覚まされている。鑑賞者がこの場面で涙を流さずにはいられないのは、ひとたび現実から切り離された「童話」が、成人したジョジュエの声という現実との接触の一点において、その生命を吹き返すことにより、「グイドの生の美しさ」が、現実以上のリアリティをもって私たちの心に迫ってくるからである。それゆえ私たちの心は、はち切れんばかりの美の感情でいっぱいになり、美の感情が溢れ出るのを止めようがなくなるのである。この映像における「思い出の二重構造」による童話と現実との間に張られた「緊張」は、カントが図式によって呈示しようとしたものを、よりヴィヴィッドな形で呈示し得ていると言えよう。このようにして私たちは、自然性において超自然性が到来する瞬間を、「こちら側」において「あちら側」に横切られる瞬間を、まさしく私たち自身の生の直中で肉感するのである。

映像5

古来言われてきたように、私たちの自由を保証するものは、究極的には恩寵だけである。だが恩寵は、自我が完全に無化された魂の状態にしか介入しえない。それゆえ、自然性に生きるかぎり、私たちはこの恩寵に触れることができない。だが恩寵が介入しえたかのような映像が、「思い出の二重構造」によって呈示されるとき、ここにこそ人間の至高の自由があるという、けっして知りえない「真理」を、私たちは知るのである。ここに、「語りえないこと」を語ってくる、「見せえないもの」を見せてくる、芸術作品に固有な形而上学的意味作用があると言えよう。

4　「リアリティ」とは何か

先述のように、『ライフ・イズ・ビューティフル』では、「これは素朴な物語、だが語るのは難しい。童話のように悲しみがあり――、童話のように驚きと幸せに溢れている」という冒頭部分と、「これが私の物語、父が命を捧げてくれた――、私への贈り物だ」という終わり部分に、二回だけナレーションが入る。この映画は、成人した息子の魂において生きられ感じられる「父親のリアリティ」が語られる「物語」であり、「童話」である。アーレントは、「どんな悲しみでも、それを物語に変えるか、それについて物語れば耐えられる」と言う。しかしそれはいったいなぜなのであろうか。「紅茶に浸したマドレーヌ」が「幼児の思い出」をその[*27]深さにおいて現象《あらわれ》を超えてリアルに映し出すように、現在の起点が「過去」に移されることによって、もろもろの欲望は浄化され、「善への欲望」という「欲望の形式化」が果たされうる。そこに私たちの人生の美しさがリアルに立ちあらわれてくるのである。

先に私たちは、グイドの行為には、「嘘をつくこと」と「他者を救うこと」という相矛盾する二つの格率が孕まれていると述べた。だがグイドがついた嘘は、「果たして嘘なのであろうか？」という問いを立てることができよう。なぜなら、強制収容所内の地獄では、「人間をボタンや石けんにする」、「人間をかまどで焼く」という、ありえない「非実在性」が、現実の「実在性」にとって代わる「転倒した世界」が展開されているからである。一方、グイドがこの地獄の直中で構築した「笑いによる遊び」という「ステンドグラス」が、「悪いことをしている大人」、「怖い顔をしている大人」、「他の大人をいじめている大人」は、「悪人の役を演じているのだ」、「これはゲームなんだ」と子どもが本当に信じることができる色彩を放ちえたのだとしたら、この「ステンドグラス」の色彩こそが、息子のジョジュエにとっての「リアリティ」だと言えるのではないであろうか。

『ライフ・イズ・ビューティフル』では、前半六年間の幸福な生活が、後半のおそらく数日間の地獄においてふたたび生き直される。息子と夫が連れ去られたあと、駅に向かい、「私も死にます」と言うに等しい「私も乗ります」と言い放つ妻のドーラは、「強制収容所」に列車到着後の一瞬を最後に、二度と夫に会うことができない。だが彼女は、強制収容所内において、拡声器から聞こえてくる夫と息子の声に、どこからか聞こえてくる二人にとって思い出深いオペラの音楽に、夫との「つながり」、夫の愛の深さの「リアリティ」を感じ続け、そのことがこの地獄の直中で、彼女の生を生たらしめるのである。[*28]

他方、終始一貫して表情を奪われているかたちで描写されていたナチス側の人々が自らの「リアリティ」を取り戻すのは、いったいいつであろうか。それは、映像ではいっさい表象されないが、敗戦が決まったことを知る瞬間であり、さらに、その瞬間、夢から目覚めるように、彼らが、自らの犯罪の大きさを自覚することを、私たち鑑賞者一人一人が、ヒトラー以下、ヒムラー、ミュラー、アイヒマンの言動という歴史的事実を通してすでに知悉している。この「周知の事実」が前面に出されるのではなく、むしろ「右往左往するナチス側の人々の喧噪」によって暗示されることによって、「周知の事実」が、単なる事実を超えた「普遍的な真理」として鑑賞者各々の魂のうちにふたたび息を吹き返す逆説的効果に、ベニーニの狙いは定められている。[*29]

ドストエフスキーは、なによりこのテーマに対して、リアリストとしての手腕のすべてをかけているといっても過言ではなかろう。先述の「紅茶に浸したマドレーヌ」のような単なる想起でも類比でもない、名づけ難い「悪の意識」[*30]に独特の象徴作用に迫ろうとしたドストエフスキーの作品に接するとき、私たちは、フローベルのリアリズム[*31]においてはけっして経験しえない、リアリズムの眩暈というべき、さらなるリアリズムの深さに誘われる。

一方、文字ではなく、映像と音響で勝負するべニーニは、前述のように、一切表象しないという方法によって、つまり暗示によって、「悪の意識」に肉迫しようとしている。名づけ難い恐怖や不安という「悪の意識」は、「表象されなさ」という背後におかれた不気味さによっていっそうヴィヴィッドに暗示されるのであり、その不気味さを、グイドの「笑いによる遊び」が軽やかによぎってゆくことによって、「人生は美しい」と言いうる映像に固有の「リアリズム」を、ベニーニは呈示しているのである。

*

ドストエフスキーが『カラマーゾフの兄弟』の主人公ドミートリーを通して描こうとした「新しい人間の誕生」、つまり、親殺しの無実の罪で二〇年の労役に服した後に接する「世界の美」、「生のリアリティ」を、ベニーニは「笑いによる遊び」によって、とりわけ銃殺される直前の主人公グイドに顕現する「至高の美」が「思い出の二重構造」をとることにおいて、鑑賞者自身の「至高の美」を促すことによって呈示しようとしている。ここで私たちは、文字ではなく、「映像」というダイレクトな「表象」によって、自らの魂が浄化され、自らの真のリアリティに直接しうる好機を得る。

　プラトンは、ドストエフスキーにとっての『カラマーゾフの兄弟』と同じく、別の著作からのある種の飛躍が見られる著作『ティマイオス』で、「世界創造」を「芸術創造」と類比的に語っている。ここでプラトンが神話によって示そうとしていることは、私たちの人生そのものもまた芸術創造と等しく、不断の創造であり、それは、この世界を創造し、自らはこの世界から退いた創造主に倣いゆくことだということである。それこそが人生の真理だということである。『ティマイオス』はプラトン自身が「洞窟」から出て、太陽を見て、それから「洞窟」に戻って著した著作であると言える。だからこそ、この世界はもはや「洞窟」としては描かれていないのである。そしてまたベニーニも、いみじくも、この映画製作を「出産」に喩えている[*32]。

　芸術家が芸術作品を創造することで自らは無化され、浄化されるならば、私たちが日々自らの生を不断に創造しゆくことによって、私たちの魂は浄化され、自由な遊びの状態において自己無化に同意しうるのである。私たちが人生に美しさを見出すのは、紛れもなくこの位相においてである。私たちは、自らの「リアリティ」を、逆説的にも、自己無化によって、自らのうちに溢れ出る美の感情を通して把持するのである。

第Ⅳ部

芸術と倫理

序

不幸や罪といった悪の直中にあってこそ善が見出される。このダイナミズムが開示するものは、自らのうちに湧き起こる愛の働きによって不幸や罪が消失し、無となった場所に美の感情が溢れ出るならば、その存在は、もともと善なるものであったものよりも、いっそう高い段階にあるということである。それゆえ、「放蕩息子の譬え」〔ルカ一五・一一―三二〕において、最初から従順であった「兄」よりも、父から金をかすめ取り、町へ出かけ放蕩を繰り返した後に父のもとに戻ってくる「弟」のほうが、完全性に近いのである。つまり、兄はもともと必然性に従順である「物」であり、弟は、悪を根絶した果てに、物であることに同意する存在者であるということである。この弟のほうが兄よりも完全性に近いという逆説は、芸術において、たとえば、ギリシアの文学では、「悲劇」に最上の価値が与えられていたことに見て取れるであろう。芸術の美では、悪の直中で善が見られるという逆説は、ごく自然に、当り前に、生きられ感じられている。それゆえ二千年来、芸術は、なによりも、その「役に立たなさ」において、私たちの生に不可欠なものとされてきたのである。それは、私たちがより善く生きることに自らのうちから湧き起こる美の感情が不可欠であるからにほかならない。

第9章では、ヴェイユの数々の行動を「表現」として捉え直し、私たちが現実の「有用性」ではなく、現実の「実在性」にわれ知らず惹かれていってしまうその引力に着目し、それは、その人のうちに穿たれた「真空」と言うべき空隙と比例関係にあること、さらに、この「真空」とは、私たちの「想像力・構想力」がもっともいきいきと働く「場所」であり、そこで見られる私たちの心の「遊び」――現実から解き放たれ無の境域に投げ出されること――という逆説の生の創造を開示してみたい。

第10章では、なにより、プラトンが『ティマイオス』で、芸術創造との類比において生の創造を捉え直したことを、ヴェイユは現代にどのようにして再生しようとしたのかを提示することによって、私たちが自らの生を創造しゆくとはいかなることかを明らかにしたい。

第11章では、第5章と同様、ヴェイユの言葉に、自覚を「表現」として捉えた西田幾多郎の言葉を寄り添わせ、芸術がひらく倫理の地平を、より深い次元で立体的に捉え直してみたい。

Essaiでは、空前の大ヒットとなった映画『アメリ』（二〇〇一年）を取り上げ、主人公「アメリ」とアメリを取り巻く人々の心の変化、すなわち、それぞれの登場人物が次第に「生の創造」に与りゆくことが、映画という芸術表現において、どのように映し出されているのかを、そしてまた、真に「生の創造」をなしているならば、おのずからそれは他者と世界にひらかれる倫理の地平を開示することを明らかにしたい。

第9章　表現について

表現は、芸術においてのみならず、行為や言葉そのものにおいても見られる。それはなにより、「見えない」心の世界は、「見える」表現を通して露わになるからである。そして、表現は美の感情に貫かれていなければならず、表現の美による輝きは、作者や行為者の心のうちに愛がきざしている証となっている。それゆえ、私たちは、表現を通して自覚に至り、自らの生の創造をなすのである。

本章では、シモーヌ・ヴェイユの行為という表現のみならず、宮沢賢治、ドストエフスキー、プルーストといった文学者たちの芸術表現において、どのような自覚の過程が見られるのかを概観し、そこから、イメージの哲学者と言いうるヴェイユは、自らが表現そのものとなることによって、どのような象徴とイメージの爆発によって実在を震撼させ、覚醒させ、形而上学を開示しているのかを見てみたい。

＊

1　見えない世界の確かさ

「表現（représentation）」という言葉には、自らを自らの外に「映し出す」のみならず、自らを自らの外に「移し出す」意味作用がともなわれてくるであろう。山深い湖の表面に、小鳥が止まったかどうかを私たちは知ることができない。なぜなら、小鳥は敏感であり、人の気配を察知するとすぐさま姿を隠してしまうからである。しかし、湖に「映し出される／移し出される」水紋は、この小鳥の「あらわれ」を表現している。水紋は、小鳥がとまった一点を中心に、外へと広がってゆき、また、外から内へと押し返してゆく。

ここではまず、この「表現」の角度から、シモーヌ・ヴェイユの数々の行為を捉え直してみたい。「ヒトラー政権掌握直前のドイツ旅行」（一九三二年）、「工場生活の経験」（一九三四〜三五年）、「スペイン市民戦争参加」（一九三六年）、「ニューヨークからロンドンへの潜航」（一九四二年）、「餓死同然の最期」（一九四三年）等々、ジャンヌ・ダルク（一四一二〜三一年）にも比せられるヴェイユの行動性は、私たちを魅了してやまない。しかしながら、よくよくこの行為の内実を考察してみると、たとえば、工場でともに働く人たち、あるいは戦場でともに戦う人たちにとって、彼女の行為は役に立っていないどころか、迷惑にしかなっていない。[*1] 彼女の行為そのものは、まったくの無意味性としてしか実在しえないのである。それにもかかわらず、なぜ私たちはヴェイユの言葉のみならず、その生きざまに魅了されるのであろうか。

後世を生きる私たちの目にも「無意味」と映るヴェイユの行為は、とうのシモーヌ・ヴェイユ本人にとって、どれほどの「恥辱」であったか計り知れないであろう。しかし、この「恥辱」が、彼女の哲学や哲学一般の見方に対するゆるぎない幹を構成してゆくのである。最晩年の思索ノートである『超自然的認識』には次の記述が見られる。

「哲学本来の方法は、解決不可能な問題を、その解決不可能性において、明晰に把握し、次に、何も加えずに、じっと、絶えまなく、何年もの間、希望も抱かずに、待機のうちに、それらを観照することである。……超越への道行きは、知性、意志、人間的愛といった人間の能力が、限界に突き当たり、人間存在は、その敷居の前に立ちすくみ、それから一歩の超えることができず、向きを変えることもできず、自分が何を望んでいるのかもわからずに、待機のうちに留まるときに、果たされる。これは、極度なる恥辱の状態である。これは、恥辱を受け入れられない人には不可能なことである。天才とは、思考の領域における謙遜［恥辱を受け入れること］の超自然的な徳である」（OCVI-4 362-363）

もっとも大切にしていたもの、もっとも拠り所にしていたもの、それらすべてが崩れさる、まさしく生きるか死ぬかということが問われるというその状況において、その状況から目をそらさず、じっとそこに立ち止まるそのときに、自己において、自己を超えて「働くもの」があらわれ出る。この「働くもの」が「天才」の「表現」にほかならない。「表現」は、「芸術創造」から、行為や出産といった「生の創造」にまで至っている。そこに、その人が真に自らと世界と他者との間にかけ橋がかけられた「表現」の場所とは、その人自身がリアルに現成してくる場所にほかならない。

それゆえ、「あらわれ」としては無意味でしかないヴェイユの行為は、なによりもまず、彼女自身の生にとって確かな実在《リアリティ》として現成する。自らの力ではどうにもならない必然性との接触において、この必然性に同意しゆく「まったき従順」は、自己が自己とは他なるもののうちに「映し出されること／移し出されること」であり、そしてまた、この「映し出されること／移し出されること」を通して、「無」となり、「真空」となったヴェイユの心のうちに、世界と他者がそのままのリアリティとして現成し、世界が美として表象されるとき、彼女は自らの生が現成してくるその現場に立つのである。そしてまた、自らのうちに美が溢れ出ている人の存在は美しい。その存在の美をもって、他者の心は震わされる。そのとき、ヴェイユ自身は、「表現」そのもの、すなわち、「行為」そのものに、「言葉」そのものになっているのであり、そこには、「無」であり、「真空」であることに同意している彼女の姿があり、そしてまた、そこに至高の自由が見られるがゆえに、私たちは彼女の存在を美しいと感じるのである。犠牲や献身とは、他のためであることが自己のためであるという、あらわれとしては逆説の自覚の成立過程にほかならない。そのことが美として証されるがゆえに、シモーヌ・ヴェイユその人の魅力と言葉・行為の魅力との往還関係が見られるのである。このように、倫理が美という表象のうちに立ちあらわれることを知るならば、自己が自己から離れられない、権威・権力・名誉といった「高いもの」に縛られてしまいがちな私たちの傾向性はいつしか消え去っているであろう。存在の美が他者の心を震わせるのであれば、存在の醜悪さが他者の心を硬直させることに堪え難くなってくるであろう。われ知らず、美の直中にあって善へと向かっている——このような、垂直方向と水平方向の交差点にシモーヌ・ヴェイユの倫理の地平がひらかれる。

ヴェイユ晩年の思想においてデカルトの名が言及されることはないものの、デカルトから哲学的思索をはじめた彼女の思想において、自覚すなわち存在論がつねに揺るがぬ幹となっている。*2「自己拡大」ではなく「自己放棄」の神に倣いゆくこと、すなわち、私に代わって私の生の根幹に他者が映し出されること、犠牲や献身がなによりその行為主体にとっての自由が見出されることにおいて、「私」が確かに、リアルに「私」で「ある」のだ。

このことは、たとえば、詩人・宮沢賢治（一八九六〜一九三三年）が『春と修羅』序の一連で、「わたくしといふ現象」と「ひかり」との関係で示したものである。

「わたくしといふ現象は
仮定された有機交流電燈の
ひとつの青い照明です
（あらゆる透明な幽霊の複合体）
風景やみんなといっしょに
せはしくせはしく明滅しながら
いかにもたしかにともりつづける
因果交流電燈の

ひとつの青い照明です
(ひかりはたもちその電燈は失はれ[*3])」

「わたくし」とは、「いかにもたしかにともりつづける」「わたくしという現象」ではない。それらは「わたくし」にまとわりついた「わたくしの属性」にすぎない。これら属性がすべてはぎ取られて、何ももつべきものがなくなった、闇黒のうちに刺し込む一筋の「ひかり」、これこそが「わたくし」なのである。このことを私たちは一様に経験しているはずである。しかし、私たちの目にあらわれてくる「現象《あらわれ》」ではないために、私たちはこの一筋の「ひかり」を、「見ること」、「聴くこと」、「触れること」ないし「考えること」に置き換えようとする傾向性から逃れることができない。しかし、知覚はもちろんのこと、思惟においても、私たちはリアルに、実在的に現成しているわけではない。そしてまさしくヴェイユは、この一点において、デカルトを超え出てゆくのである。

　有限で不完全な「わたくし」が思い描くものは、有限で不完全な「わたくし」の想像力の産物であり、「わたくし」よりも低くも高くもない。「わたくし」における神のあらわれは、表現において、主体の心にあふれ出る美の感情を通して、映し出されるのだ。そして、自己とは絶対的に他なるものこそが神であり、その神が映し出されることこそが自覚だということである。宮沢賢治が詩という芸術表現であらわそうとしたことは、まさしくこのことにほかならない。そしてまた、シモーヌ・ヴェイユは、「神は至高の詩人である」(OCVI-4 101)という象徴的な言葉を残しているのみならず、詩人になれるのであれば、他の一切を捨ててもいいと考えていた[*4]。

このことはいったい何を意味しているのであろうか。詩人が詩の着想を得る時、その着想は詩人の意志や知性とは無関係に、詩人のうちに、詩人を超えたところから降りてくる。この着想をとらえた詩人が書く言葉、そのリズムは、確かに詩人の身体と魂を媒介としている。だが、あたかも出産のように、詩人の意識はこの事実を知りえない。詩人は、自らにおいて自らを超えた必然性に従って言葉を紡ぐ。こうした真の詩人の詩作とその作品は、詩人が「映し出された／移し出された」表現であると言えよう。

このことを、実のところ、私たちそれぞれは、自らの「生の創造」において経験している。私たちは時間をとらえることはできない。だが、今の瞬間が次の瞬間にどのようにつながっているのか、その「つながり」を捉えることはできる。

「人生において大切なのは、今の一瞬が次の一瞬にどのようにつながっているかということである。そして、今の一瞬から次の一瞬へとこのつながりを続けてゆくために、各人の身体と心と魂において——とりわけその人の注意の働きにおいて——、どれだけのものが費やされるかということである」（OCII-2 267/ CO 186-187,「工場日記」）

ここでヴェイユは、見えない時間のつながりが、まさしく生の直中でとらえられるならば、その人の生は充溢する、と述べている。そして、この一瞬と一瞬とのつながりの構築のために、知覚の世界に記憶が映し出され、現在から無限の距離に隔てられている過去、すなわち、現在に不在の過去であり、無である過去こそが不可欠であり、それが、私の〈今、ここ〉を震撼させ、覚醒させ、深め、未来へとつなげてゆく、このダイナミズムは、いくら強調してもしすぎることはないであろう。次のベルクソン（一八五九～一九四一年）の一節は、しばしばその呼び水とされるものである。

「私がバラの香りを嗅ぐとき、幼児の思い出が浮かんでくる。しかし、バラの香りが幼児の思い出を引き起こしたのではない。私はバラの香りのうちに幼児の思い出を嗅ぐのである[*5]」

このバラの香りと幼児の記憶との往還は、一切の概念化から解き放たれ、私たちの心が真に空無となったその場所に、芸術による表現が生き生きとした美的感情において映し出されるときにはじめて、真に生きられ感じられるものであろう。ヴェイユも『カイエ』でしばしば引用する、プルースト（一八七一～一九二二年）の『失われた時を求めて』のよく知られた一節を見てみよう。

「……そしてまもなく私は、うっとうしかった一日とあすも陰気な日であろうという見通しとにうちひしがれて、機械的に、一さじの紅茶、私がマドレーヌの一きれをやわらかく溶かしておいた紅茶を、唇にもっていった。しかし、お菓子のかけらのまじった一口の紅茶が、口蓋に触れた瞬間に、私は身震いした、私のなかに起っている異常なことに気がついて。すばらしい快感が私を襲ったのであった、孤立した、原因のわからない快感である。その快感は、たちまち私に人生の転変を無縁なものにし、人生の災厄を無害だと思わせ、人生の短さを錯覚だと感じさせたのであった、あたかも恋のはたらきと同じように、そして何か貴重な本質で私を満たしながら、というよりも、その本質は私のなかにあるのではなくて、私そのものであった。私は自分をつまらないもの、偶発的なもの、死すべきものと感じることをすでにやめていた。一体どこから私にやってくることができたのか、この力強いよろこびは？　それは紅茶とお菓子との味につながっている*6」

「紅茶に浸したマドレーヌ」という「物」が真に観照されうるのは、「紅茶に浸したマドレーヌ」を口にした途端、主人公のうちに愛の感情が湧き起こり、日々の陰鬱な「私の属性」が捨象されうるほどに、私が無化されるからである。そのときに、過去の記憶が現在の私の心のうちに映し出され、その思い出されるという働きにおいて、どれほど現在の直観が強められ、未来の期待が促されるのかが詩的に描かれている。

私たちの生を支えるのは目に見えてくる「現象《あらわれ》」ではない。そうではなく、過去と現在、現在と未来とをつなぐ「つながり」であり、このつながりが構築されるならば、私たちは、どんな醜悪な世界にあっても生の充溢を享受しうるのである。

ヴェイユが自己認識を、時間的ないし空間的に、無限に隔てられた「距離」においてとらえようとするのは*7、愛という媒介によって「生と死の一致」、「徹底した自我の捨象における他者との出会い」といった矛盾に、調和がもたらされるからである。私たちの「想像力・構想力（imagination）」は、愛によって、愛を通して、真に働く。構想力・想像力が、「現象《あらわれ》」においてではなく、その反対に、愛の働きによって「現象《あらわれ》」が捨象され、「真空」がみなぎるとき、私たちは実在に触れる。音楽は音においてあるのではなく、音と音とのつながりが醸し出す沈黙において立ちあらわれ、詩は、言葉と言葉のつながりが「言葉にならなさ」を沈黙のうちに開示するのである。芸術において私たちははっきりと私たちの生が「現象《あらわれ》」でないことを、自らのうちに溢れ出る美の感情を通して知る。真に「つながり」のなかを生きるのであれば、私たちはこのつながり以外のものがそぎ落とされ、「自己がないこと」が「自己であること」を知るのである。芸術作品に接したときの私たちの感動の涙は、なによりもこのことを端的に物語っているであろう。私の生の原理は、私ではない他者と世界であることを、この逆説を、私たちはわれ知らず、自らのうちに愛の衝動が溢れ出て、美の感情に満たされることによって感得するのである。

2　表現と倫理

ドストエフスキー（一八二一～八一年）は、新聞の三面記事を読んで小説を構想した。ドストエフスキーが新聞記事という「現象《あらわれ》」のうちに見たものは、目に見えない「心の世界」であり、「動機の世界」であり、その見抜いた「見えない世界」をふたたび「見える世界」として、作品に接した一人一人の読者の心のうちに溢れ出る美の感情を通して、もっともヴィヴィッドな実在として映し出したのである。

『罪と罰』の主人公ラスコーリニコフには、犯罪を犯したまさにその瞬間には、「悪の意識」はない。むしろ、犯罪からひとたび切り離された「真空」において、「悪の意識」がはじめてよみがえってくるのである。

「一刻の猶予もならなかった。彼は、斧をすっかり抜き出し、ほとんど自分を感じることなく両手で斧を振りあげると、ほとんど努力もせず、ほとんど機械的に、脳天めがけて斧の峰を振りおろした。まるで力が抜けたみたいな感じだった。だが、いったん斧を打ちおろすと、たちまち体のなかに力が湧いてきた」*8

そしてまた、「悪の意識」にかわって、ラスコーリニコフが陥った心的状況とは、彼自身の生のリアリティの剥奪である。悪は犯罪者のうちにあって感じられない。その代わりに、犯罪者から犯罪者の生のリアリティを奪うのである。警察署に出頭しても殺人の嫌疑をかけられず、さらに、部屋に残した盗品を街に隠して家路に就くあいだに、次のような心の変化が起こる。

「……そこで、おもわず手を動かした彼は、ふと、こぶしに二〇コペイカ銀貨を握りしめていることに気づいた。てのひらを開き、その銀貨をじっと見つめてから、大きく手を振りあげ、水中に投げすてた。そしてくるりと背中を向け、家路をたどりはじめた。この瞬間、すべての人、すべてのものから、自分をはさみで切り落としたような気分だった」*9

そして、〈今、ここ〉の実在性《リアリティ》とは、過去が現在に「思い出されること」にほかならないのであれば、犯罪という悪の過去が黒点として、けっして「思い出されること」のない生は、身体はあっても魂の抜け殻となった生である。

「……あのことは――あのことはすっかり忘れさっているのだ。そのかわり、何か忘れてはならないことを忘れてしまったという思いに、たえずさいなまれていた……」[*10]

さらに、自らの犯罪を最愛の恋人に告白したいと願うものの、恋人から軽蔑されるのではないかという危惧がラスコーリニコフの脳裏をよぎると、恋人であってさえも「殺したい」という衝動が起こる。この衝動の原動力は彼のうちにきざした「恥辱」の感情である。だが、彼のうちなるこの憎悪という悪を解消するものは、恋人の目のうちにラスコーリニコフが読み取った「愛の働き」である。そしてまた、自己に死して他者に生きるラスコーリニコフ自身の愛の働きである。

「するとふいに、何かしら奇妙で思いがけない、ソーニャに対するはげしい憎しみに似た感覚が心のなかを走りぬけた。その感覚に自分でもはっとし、怯えたようにふと顔をあげ、ソーニャの顔をじっとにらんだ。だがそのまなざしを受けとめたのは、痛々しいほどの心づかいにみちた、不安そうなまなざしだった。そこには、愛があった。憎しみは、幻のように消えさった」[*11]

そして、私たちが「自我の死」に同意し得るのは、愛によって、自己にかわって、自己の奥底に他者が生きるときにかぎられる。必然性への同意とは、愛によって、愛を通してのみなしうるのだ。

「ふたりはなにか言おうとしたが、言えなかった。ふたりの目には涙がにじんでいた。ふたりとも青白く、やせこけていた。しかしそのやつれはてた青白い顔にも、新しい未来の、新しい生活への完全な甦りの光がきらめいていた。ふたりを甦らせたのは、愛だった。おたがいの心のなかに、相手の心に命を与える、つきることのない泉が湧き出ていた。

　彼らは辛抱づよく待つことを決めた。彼らにはまだ七年が残されていた。それまでには、どれほどのたえがたい苦しみと、はかりしれない幸せがあることだろう！　しかし彼は甦ったのだ、そして、それが彼にはわかっていた、生まれかわった存在のすべてで、いっぱいにそれを感じとっていた。では、彼女は――彼女はただひたすら、彼の生だけを生きていた！[*12]」

『罪と罰』のこれらの言葉は、新聞の三面記事の概念ないし説明の言葉においては開示されえないものである。だが、芸術が読者の心のうちに映し出す美によって、さらにそれがなにより虚構であるという事実によって、現実と虚構の距離における振幅によって、読者一人一人の生のリアリティが喚起されるのである。

　それでは、イメージの哲学者シモーヌ・ヴェイユは、「善は欲望するということにおいて善い」という、善への眼差しが悪を解消し善へ至ることを、どのように表象しているのであろうか。第8章第2節で見たように、ヴェイユは私たちの意志の働きを「雑草取り」に、欲望を、この雑草取りをなし終えた後の水と太陽のほうに身を寄せる働きにたとえている（AD 190,「神への暗々裏の愛の諸形態」）。水と太陽のみが農作物を成長させるのであり、私たちがなしうることは、この水と太陽のほうに身を寄せるということのみである。しかし、この身を寄せるという働きは、自らのうちなる悪（雑草）が完全に抜き取られたあとでなければなしえないのである。「恩寵が満たす。だが、恩寵は、それを受け取る真空があるところにしか入ってくることができない。そしてまたこの真空をつくりだすのも恩寵なのである」（OCVI-2 286）ということは、このように表象されるのであり、それはまた、世界の必然性に同意して生きる姿にほかならない。

このように、必然性への同意を不断に持続させているのが神秘家の生である。彼らの行動は彼らにあって彼らを超えている。そしてまたこの必然性への同意の有り様は、「洞窟の比喩」になぞらえれば、壁に映し出された操り人形の影から向き直り、さらに、暖かい火からも遠ざかり、ひとり、孤高に、洞窟の出口に向かわせる内的エネルギーである。これが、十字架の聖ヨハネ（一五四二～九一年）が「魂の闇夜」と呼んだものにほかならず、「天才とは、おそらくこの暗い闇夜を超える力量にほかならない。この力量をもたぬ者は、闇夜の淵で、意気消沈し、私にはできない、私はこれに向かない、私には何もわからないと言うのだ」（OCVI-2 131）とヴェイユが述べる意味作用である。さらに、必然性への同意を果たしえた人の魂は、身体を通して存在の美として表象される。それゆえヴェイユは、「聖人と詐欺師とが二人一緒に通りを歩いているならば、聖人は詐欺師と同じ歩き方はしない」（OCVI-2 449）と述べるのである。

しかし、なぜヴェイユは、「十字架上のキリスト」という歴史的事実から、「ヨブ記」におけるヨブや、ギリシア神話における「プロメテウス」や「アンチゴネー」にいたるまで、「不幸」に陥った人がその「不幸」に同意しうるときに自覚があるのみならず、善に与っているとみなすのであろうか。それは、「不幸」が「不幸」としてなんら自我に回収されずにそのままに自らに現成してくるからである。「納得できないもの」が、「理解できないもの」が、そのままにそこに現成してくる、その現場に立つからである。「不幸」における「なぜだ！」という問いとその答えがないことの意味するものは、この世界におけるいっさいの因果律を断たれるということである。私たちの生は因果律によって成り立っているのではない。[*13] だがその生は因果律によってしか説明されえない。たとえば、私たちは、キリストを神の子として思い浮かべることはできても、その同じ神の子を一般の法による罪人として磔になったひとりの人間と同一視することはできない。この事態は、言葉を超えている。だが、不幸において、この「不条理」であり、「矛盾」であるものが生きられ感じられ、さらにその矛盾であり不条理であるものに同意がなされるならば、そのときにこそ、キリストの心のうちに神性がきざすのであり、人はこのようにして神とつながり、己れを知るのである。神は高みにあるのではない。すべてをはぎ取られ、社会から全的に放擲された人の心のうちに美の感情を通して映し出されるものなのだ。

こうしてデカルトから哲学的出発をなしたシモーヌ・ヴェイユにおいて、「神が私を創造するにあたって、あたかも芸術家がその作品にサインを記すように、神の観念を私のうちに刻み込んだのである」[*14] というデカルトの言葉は、「〔美の感情は〕あたかも芸術家がひそかに記したサインのようなものである」（IP 159,「ピタゴラス派の学説について」）と置き換えられることになる。

3　美的感情

私たちは太陽の方角を知ることはできても、太陽を直接見ることはできない。だが太陽の映しである月をはっきりと見ることができる。そして月はつねに美しい。プラトンが象徴とイメージによって開示したように、太陽は善の表象であり、月は美の表象である。善はそのままではけっして私たちの心に映し出されず、善はただ「善の映し」である美を通して、見る人の心に湧き起こる美の感情を通して感得されるものなのだ。

それゆえ、「義務とは、詩の定型のように、着想《インスピレーション》が一時の気まぐれと混同されないようにするものである。芸術家と聖人とは同じ価値がある。だが、芸術家には聖人ほどの道徳が必要ではない」（OCVI-2 371）というヴェイユの言葉のうちに、第一級の芸術家による作品を通して人々の心に湧き起こる美的感情にかけていた思いの深さを見ることができよう。

第一級の芸術家は、およそ美がないという現場において美を見出す。その見出された美とは、芸術家の自己が完全に無化されるほどまでの対象への愛の映しにほかならない。それゆえ、ヴェイユにあって、美的感情は、「快・不快の感情」であることに先立って、「対象を観照している証となる感情」なのである。私の目の前にリアルに現成してくる対象を「観照する・じっと見つめる」ならば、私は私の痛みから離れ、私は私の苦しみから離れ、私はその自己無化の真空の空間のうちに湧き起こる美の感情を通して私の実在性《リアリティ》に触れるのである。

「赤ん坊が母親の微笑や声の抑揚のうちに、自分に向けられた愛の徴を見出すように、私たちは、感性にあらわれる美を通して、世界の魂を知覚する」（IP 38,「『ティマイオス』註解」）

「盲目的な必然性の光景は美しい。なぜなら、そこには、表象しえない善との一致が暗示されているからである」（OCVI-2 371）

愛がなければ、芸術創造、さらに生の創造はなされえない。創造は愛によって無からなされる。生の原理が自らのうちなる愛の働きであることを知るならば、どのような不条理、どのような矛盾に接しようとも、私たちは自由でありうる。私たちの生の根拠は私たちに知られていない。その矛盾が生きられ感じられるのが唯一美の感情においてである。芸術作品が真に第一級のものであるならば、そこでは、逆説的にも、芸術家の姿、芸術家の名前は消えている。というのも、芸術が第一級であるとは、芸術家が表現そのものとなるほどまでに、自己無化されているその結果にほかならないからである。

＊

表現の角度からシモーヌ・ヴェイユの思想を見つめてゆくならば、彼女の思想と行動の一致ないし不一致等を論じることが、そもそもナンセンスであることが知られよう。「私」が確かに「私」であるならば、すなわち、「私」が「表現そのもの」となるならば、そこには解釈という名の虚構が入り込む余地はなくなり、ただただ沈黙のうちに美の感情に満たされるのである。そこに私たち自身の生の充溢がある。

全集版『カイエ』全巻がようやく刊行された現在、この膨大なノートを一篇の詩として、すなわち、言葉の現象《あらわれ》ではなく、各々の読者が、「真空の空間」において、言葉と言葉との「つながり」を構築し、「絶対的に他なるもの」のうちに自己を見出してゆくことのうちに、言葉の本質を見出してゆく時期にさしかかっているのではないだろうか。

シモーヌ・ヴェイユの言葉は、音楽として聞こえてくるものであり、絵画として映し出されるものである。そうして、それぞれの詩的言語がひとつの爆発を起こすとき、宇宙を映し出す鏡となるのである。そしてまた、哲学における反省という営みが、まさしく詩的空間においてなされることを知るならば、そもそも哲学が詩として始まったことが想起されるであろう。そしてまた、哲学が成熟に近づけば、それは詩という自己無化の究極の表現となって輝き出るのである。

第10章　芸術創造と生の創造

シモーヌ・ヴェイユの表現すなわち彼女の「生の創造」は、結局のところ、「言葉」に収斂されることになる。「言葉」のみにおいて、他者を震わせ、他者とつながる磁場を有している。それゆえ、彼女は、ソクラテスよりも、はるかにプラトンに近い。言葉をもって生の創造を開示することによって、ヴェイユは、プラトンやソフォクレスとの対話を通して、すなわち、作品という「物」の観照を通して、実在を喚起し、自らの言葉を深めてゆく。

本章では、生の創造が、芸術創造と同じく、真の表現となるためには労働が不可欠であることを、さらに、芸術表現における不幸と美の弁証法的関係が、なぜ私たちの生の創造を促進してゆくのかを開示したい。

＊

シモーヌ・ヴェイユの思想において、哲学的反省は必然的かつ普遍的な形而上学的反省としてあらわれ出されてくる。その「価値の反省」は、「無への還帰」へと収斂されてゆくのであるが、その道程はつねに「美感的（esthétique）」なものとしてある。「水と霊から生まれること」〔ヨハネ三・五〕であり、「私のうちに生きているのはもはや私ではなく、キリストが生きているのである」〔ガラテヤ二・二〇〕というパウロの叫びに呼応する「第二の誕生」は、「静的なもの」ではなく、「不断に」創造されゆく「動的なもの」でなければならない。だがその「無の実在性」を私たちは認識しえず、この「無の実在性」は、美として私たちの心のうちに映し出されてくるのである。

それゆえこのダイナミズムは、デカルトから出発し[*15]、プラトニズムへと回帰してゆく[*16]ヴェイユの軌跡において、芸術という表象を不可欠なものとしてもつに至る。この角度から彼女の思想を俯瞰するならば、その師アラン（一八六六～一九五一年）との共振が映し出されてくるであろうが、アランを持ち出すまでもなく、プラトニズムにつねに芸術が並走しているのは周知の通りである。プラトンの芸術的才能もさることながら、ソクラテスという一人物がその周囲の人々との間の対話を通して劇化されることによって浮上してくる形而上学的高みに想いを馳せるならば、さらに、ソクラテスが死を自覚したときに竪琴を習ったという逸話を思い出すならば、なぜヴェイユの思想には芸術が密接してくるのか、そしてまたその必然性によって彼女が何を現代に問おうとしているのかがおのずから見えてくるであろう。

本章では、「私」が「私」で「ある」こと、すなわち、ヴェイユにおいて「脱創造[*17]（décréation）」と言われる存在論の骨格を、芸術家・作品・鑑賞者の描く三角形のうちに問い直し、そこからどのような「生の創造」が描き出されるのかを考察してみたい。

1　生の創造における「労働と芸術」

ヴェイユはすべての哲学者のなかでプラトンに格別な位置を与えており、彼女の思想は現代におけるプラトニズムの再生だと言っても過言ではない。だが、ただ一つ彼女がプラトンを批判するのは、プラトニズムが音楽・体育・幾何学のうちにとどまり、労働（travail）の観念が入ってこないということである。ヴェイユの考えるところでは、労働の観念なくしてプラトニズムは開花しえないのである。それはなぜであろうか。

私と「自然」、そして私と「自己」との間に架けられる橋、すなわち世界との「契約関係」は、つねに非対称的であり、「暗闇のなかの飛躍」が不可欠なものとされてくる。それゆえ、私たちの「想像力・構想力」は、ここで必ずしも十全に開花するとは言いえない。というのも、「自然は人間を無限に超え出てゆく」（OCVI-1 87, スピノザ『エチカ』第四部 定理三）のであり、自然を目の前にして私たちは呆然と立ち尽くすしかないからである。だが、もし私たちが、労働を通して、瞬間瞬間、不断に生を再創造してゆくならば、私たちは自然と同じ目線に立つ。「低くなるものは、高められ」〔ルカ一四・一一〕、「私に支点を与えよ、さらば世界をもちあげてみせよう」という「アルキメデスの梃子の原理」によって、宇宙は逆説的にも持ち上げられることになる。それは、たとえば、畑仕事という労働を終えた人にとって収穫後の畑の景色が、ただそこを散歩する人とはまったく異なる色彩をもって、美として私に立ちあらわれることに端的に示されるであろう。

労働において世界は「私」を否定し、「私」を破壊する。世界は非業な必然性としてしか「私」に立ちあらわれてこない。しかし、それにもかかわらず、この世界の必然性に同意するならば、それは自己以外のものに自己の眼差しが向かうことであり、この世界を超えたところにある善への眼差しが、なにより「私」の生を胎動させてゆくのである。このとき、「私」において、「私」を超えて、私たちは自己のうちなる「愛の働き」に出会う。労働が「小さな死」にほかならないとしても、この「小さな死」への同意は、「死への同意」の前段階に位置づけられ、ここに存在論と倫理が重なる地平が見出される。

> 「死があらわれ剥き出しになる場合、死への同意は、各人が自我と呼んでいるものが、最終的に一瞬のうちに奪い去られることである。労働への同意は、これほど激しいものではない。だが、労働への同意が完全である場合、それは、人間が存在し続けるかぎり毎朝繰り返されるのである。……死への同意に次いで労働を生命の維持に欠かせないものにしている法則への同意は、人間に果たすべく与えられている、もっとも完璧な従順の行為である」（E 379-380）

ヴェイユは、芸術を「労働の象徴」（OCVI-1 85）とみなしている。芸術には何かを作り上げてゆく「創造」と、自己ではないものに自己の愛が向かう「破壊」が同一の地平において生きられ感じられている。そしてなにより芸術には「美の感情」が不可欠である。どんな放埒な人でも、どんな不幸に陥ってしまった人でも、あらゆる人が有している「美の感情」がなにより自らのうちに湧き出ることを通して、「至高の歓び」に与ることによって、活き活きとした生の躍動を自らのうちに感じる。そしてこの躍動とは、一切の「想像的なもの（imaginaire）」から解き放たれた「実在の感情」にほかならない。

「多くの偽りの模造品とどんなに雑然と混じり合っていようとも、どんな人間の思考もまったく閉ざされているかの独房のなかでも、美は感じられる。舌を切り取られた真理と正義とは、自ら以外に救いを期待することはできない。美も同様に言葉をもたない。美は語らない。美は何も言わない。だが美には呼びかけるための声がある。美は呼びかける。そして、雪のなかで動かなくなって横たわる主人の周りに人々を呼び寄せようとして吠える犬のように、沈黙している正義と真理をあらわし出すのである」（EL 37-38,「人格と聖なるもの」）

デカルトにおける「想像力」にプラトンにおける「科学と芸術の一致」が重ねられることによって、シモーヌ・ヴェイユにおける「神の完全性の証明」は、単なる知性においてではなく、「愛の息吹を吹きかけられた知性」（IP 131,「ピタゴラス派の学説について」）において果たされることになる。この愛の働きは「見えない世界」であるが、この「見えない世界」は、自らのうちに溢れ出る「美の感情」を通して、各々の心のうちに映し出されてくるのである。

ここからヴェイユの天才論が導き出されてくる。彼女にあって、天才とはアリストテレスがそうであった意味における「才能を有すること」ではない。そうではなく、自己ではない他者が自己の生の根源となる、自然的にはありえない「超自然的な愛の働きを有すること」である。だがその一方で、自らに知られずに私たちすべてがこの「超自然的な愛の働き」を欲望している。というのも、「あらゆる欲望は善と幸福への欲望である。人間には、愛の対象となるものは善のほかにはない。要するに、愛とは、人間に絶えず善を保持したいと欲するようにさせるものなのである」(IP 70, プラトン『饗宴』[205d-206a]〔シモーヌ・ヴェイユによる翻訳〕)からであり、洞窟を出て太陽を観た人は、自らが太陽を観ることのみに満足できず、そのことを他の人にも伝達したいと欲望するためにふたたび洞窟に戻るのである(プラトン『国家』[514a-521b])。「自己から向き変わる」ないし「自己が自己から離れる」という自覚の逆説的道程を欲望の視点から捉え直すのであれば、「美への欲望はある一定の強さと純粋さからは天才と同じものである」(IP 62,「『饗宴』注解」)とは、なによりもまず私たちが「私が私であること」を欲望していることにほかならず、この自覚における「自由と目覚め」のうちに私たちの生の躍動が見出されるということである。

芸術作品を創造するにしても鑑賞するにしても、芸術との対峙において、自然性のうちに生きる私たちの生の自己矛盾すなわち有限のうちに無限を探究する「欲望の転倒した体制[*18]」が崩壊する。「創造すること」がすなわち「破壊すること」であるという絶対的に矛盾する行為が果たされ、神であり人である矛盾を生きる生を再創造することが可能となる。さらに、芸術との接触の直中において湧き起こる「美の感情」は、対象を貪り食おうとする私たちの自然的な欲望を鎮め、特定の対象に向かうことなく、自己の欲望が自己以外に向かうというただそのことだけで満足する、なんら目的や対象をもたない「対象なき欲望」である愛が開花するのである。このように芸術を媒介にしてみると、ヴェイユが、なぜキリストを美しいと感じるのと同時にキリストのうちに美の感情が溢れ出る「キリストの美」において完璧な自覚の有り様を見るのかが見えてくる。

ソクラテスが聞く「ダイモーン」の声は、ソクラテスのうちにあってソクラテスを超えている。同様に芸術家や学者が抱く「着想《インスピレーション》」は、自己のうちにあって自己を超えたところからやってくる。こうして、愛の働きによって、究極的には、「十字架上のキリスト」に表象される「不幸」のうちにあって、神でありなおかつ人である存在を生きるならば、「限定と無限定」、「有限と無限」という絶対的な深淵に調和の橋が架けられるのである。

ギリシア悲劇の巨匠ソフォクレス（B.C. 496-B.C. 406）は、公正無私性における人間の姿を描き出すために、「もっともおぞましい伝説」（OCVI-1 120）を自らの作品のモチーフとしてあえて選択する。そしてソフォクレスの作品における主人公は、運命から逃れようとして運命にとらえられてしまう、あるいはそもそも出生の不純がその運命を呪う。このような自らの力ではいかんともしがたい自然の大きさすなわち必然性を目の前にした人間が、たとえ死を賭しても魂においては純粋さを保持している有り様を、ソフォクレスの天才は描き出している。『アンチゴネー』の主人公アンチゴネーはその出生においてすなわちあらわれにおいては、不義の子であり「不浄」であるが、その魂においては法を冒してまでも「敬虔」であろうとする純粋さを保つ。古来、さまざまな解釈がなされてきたかの有名なアンチゴネーの台詞「私は、憎しみを分かち合うために生まれてきたのではありません。愛を分かち合うために生まれて来たのです」（ソフォクレス『アンチゴネー』五二二行）よりも、これに続くクレオンの台詞「さあ、それならあの世に行くがよい。愛する必要があるならば、あの世の者どもを愛すればよかろう」（同上 五二五行）にヴェイユは着目する。善が自己のうちにはないこと、善への欲望とは自己以外のものに眼差しが向くことであるならば、それは自らの残酷な死を意味している。このことに対して私たちは自然的には同意しえない。しかし芸術作品に接した私たちは、この超自然的な営みが芸術の美を媒介にして、本来的には私たちが欲望している善にほかならないことを感得するのである。

「アンチゴネーは、完全に純粋で完全に無垢で完全に勇気ある者である。彼女はもう一つの世界で不幸に定められている兄を守ろうと死に赴くこともいとわない。まさに死が近づいてきた瞬間、彼女の自然性は萎え、人々からも、神々からも見捨てられたと感じている。彼女は愛のためにばかばかしく朽ち果てるのである。……多くのギリシア悲劇で、罪に由来する呪いが何世代にも亘って、それがその一切の苦しみを堪え忍ぶ完全に純粋な存在に触れるまで伝わってゆく。完全に純粋な存在に触れ呪いはやむ。……ギリシア悲劇で運命と言われているものは、はなはだ誤解されている。運命があるのではなく、呪いがあるのであり、呪いは、ひとたび犯罪によって生じると、次から次へと伝承されてゆき、神に従順な純粋な犠牲の苦しみによってのみ破壊されるのだ」（IP 19-20,「神が降りてくること」）

悪がひとりの純粋な存在において苦しみに転化するとき、苦しみは美へと弁証法的に転換してゆく。ソフォクレスは、このような美を捉える作者の想像力と読者の想像力が拮抗し合う一点に自らの芸術の開花を賭けるのである。そして、このとき溢れ出る美の感情とは、ソフォクレスの、そして読者の「実在の感情」にほかならない。ソフォクレスの眼差しは「自己」ではなく「他者」と「世界」に向けられており、「他者」と「世界」に映し出される「自己」に出会っている。それはなによりソフォクレス自身が、アンチゴネー同様に、世界の悪を自らの苦しみに転換することによってである。ここに、「苦しむこと」の自己矛盾において「思惟すること」へと転換してゆくソフォクレス自身の生の創造がある。ソフォクレスの作品は、読者の心のうちに美の感情を湧き起こすことを通して、読者の生の創造を促してゆくのである。

2　想像力の問題

悟性ではなく「想像力」を鍛えるデカルトに依拠するヴェイユは、「立方体の考察」と「盲人の杖」の二様において想像力の働きを捉えようとしている。そして、「立方体の考察」と「盲人の杖」は、いずれも労働における「身体性の原理」と密接な関わりを有している。このことを念頭におくならば、宇宙を重層的に「読む」芸術家の天才は、「着想《インスピレーション》」においてあるのではなく、「方法的な」「習慣」においてあるのであり、「方法的な」「習慣」が「着想《インスピレーション》」を生じさせるのである。

「箱の周囲を巡ると、目に見える形は無限に変化していくが、そのどの形も立方体ではない。立方体はそれらとは別のもの、それらの外、それらを超えたところにあるものなのだ。同時に、立方体はそれらを統一し、またそれらの真理をなしてさえいる。

私たちはこのことを、魂のすべてを挙げて知り抜いている。だから箱を見るたびに、実在の感情をいわば置き替えることで、立方体を直接かつ現実に見ている、と思い込む。否、この表現ではまだ弱い。自らの思惟と立方体の形をした物体とが直接かつ現実に接触していると確信するのだ。

神は私たちが身体的感覚を使うよう計らうことで、神に負っている愛の完璧なモデルを与えたのである。神は私たちの感受性のうちに、ひとつの啓示を隠し与えたのだ」（IP 169,「ピタゴラス派の学説について」）

「矛盾的存在」である私たちが、矛盾を矛盾として見つめることができるようになるのは、唯一、労働を通して身体がまったき器官となり、「盲人の杖」となることによってである。このことを芸術に移し替えて考察してみるならば、ダンスにおける「不動点・アティチュード」に明晰にあらわれており、そしてまた「不動点・アティチュード」を転換点として、「直線運動」から「円運動」へと向かうのである。対象を貪り食おうとする「直線運動」が、「目的」がないのに「目的に適った状態」である「目的なき合目的性」である美の象徴にほかならない天体運動の「円運動」へと転換されるのである。この「不動点・アティチュード」において私たちは時間・空間を感じるのであり、この時間・空間の一点とは、「受難・情念」が収斂する一点の類比にほかならない。このことは詩においては転調としてあらわれ、転調において矛盾が調和として私たちの心に映し出されてくる。さらに絵画における「無の空間」、あるいは音楽における「沈黙」に、いずれも「何もない」という「真空」のうちに実在が開示されるという逆説が見出される。それが可能となるのは、「不動点」、「無の空間」、「沈黙」において鑑賞者は「待つこと」を促され、自己から解き放たれ他へと向かう「真空への注意」が十全に働く場がひらかれるからである。

このように、ヴェイユは芸術の偉大さを「不幸」のうちに見るのであるが、「不幸」における「謙遜」とは、「自らを低めること」ではなく、「低さに同意してゆくこと」にほかならない。「何もない」「真空」において「注意」が働くことによってのみ、私たちは時間を創造するのであり、それは、部品を製造する機械の前で過ごす三時間の時間の流れを、ジョット（一二六七～一三三七年）のフレスコ画の前で過ごす三時間へと質的に転換をさせてゆくことである。

「序列化されない世界の表現（学問）と序列化された表現は、画家の偉大な作品において結び合わされている。ジョットのフランチェスコを描いた一連のフレスコ画。空間のなかで、聖フランチェスコ、父親、司祭、庭師が同等に存在している。ここに絵画における空間の意味作用がある。（ジョットが、驚嘆すべきタッチで頻繁に中心に置く）真空の空間は、それ自体として同等に存在している。しかし、別の視座から、つまり第三の視座から見るならば、よりいっそう力強く存在している。ここに（おそらくあらゆる芸術の鍵であろう）重層的な構成の必然性がある。音楽。

詩（韻律）」（OCVI-1 232）

「真空」の深さ、「沈黙」の深さにおいて、私たちは、自己が自己から離れてゆくことが実在との接触にほかならないことを、美の感情において知悉する。それはなにより芸術家自身が、自己が自己から離れてゆくさなかにおいて創造しているからにほかならない。

3　重力と恩寵

芸術における「偶然性」は哲学おける「必然性」である。プラトンと同様、自らを哲学者の位置に置きつつ芸術的才能を十全に開花させてゆくシモーヌ・ヴェイユは、ギリシア悲劇・造形美術・詩・音楽において、重力の支配を逃れられない私たちが、重力への同意を果たすことで、どのような恩寵が自らにもたらされ、自由を享受しうるかを開示している。「偶然性」を「必然性」へ、あるいは「必然性」を「偶然性」へと反転させてゆくなかで、ヴェイユは「悪の直中において見出される善」を美としてあらわし出すのである。善は「善を欲望しているさなか」においてのみ見出される。善はその方向しか知りえないのであるが、善へと眼差しが向かうとき、その人の存在は美として輝き出るのである。

ヴェイユは思索ノート『カイエ』において、『バガヴァッド・ギータ』に頻繁に言及している。そこで彼女は『ギータ』をまさしく「悪から善への転回」のダイナミズムを開示する芸術作品と捉えている。「殺人」という究極の悪のあらわれのうちにあっても、真の意味における「二人称の他者」の殺人は、「自己」の殺人にほかならないために、すなわち、自己が他者の苦しみを引き受け、自己が自己から離れることのうちにあるために、あらわれとしては究極の悪にほかならない殺人においても、善への転回が見られるのである。そして自然的には理解しえないこの事実は、芸術作品が開示する無の時間・空間において、美として輝き出るがゆえに、真理として感得されるのである。

「完全に純粋な人がやむなく悪をなすよう強いられるとき、その人はこの強制を受動的に堪え忍ぶ。その人は外からやってくる悪が通過する場所となる。このとき悪は、なおもその人を通過することにより、純粋な苦しみに変容する」（OCVI-3 208）

重力の支配が悪という様相を呈するとき、私たちはこの悪の支配を逃れることができない。善を守ろうとしても善は私たちの手から滑り落ちてしまう。しかし悪が「十字架上のキリスト」ないし『ギータ』のアルジュナに表象される「苦しみ」に変容するとき、たとえその人が死を蒙ったとしても、あるいは自己と一体化しているような愛しい人を殺害しなければならないとしても、すべての「社会的威信」を失った「無」の状態において、自らのうちに穿たれた「真空」において恩寵を受け取ることができる。

ところで、重力と恩寵の相関関係がもっともよくあらわれている芸術作品は、彫像であると言えよう。重い石からなる彫像はあらわれとしては重力の法則を免れえない。だが、彫像にまとわれている衣服はおなじく石からなるものであるが、それは「流動性をもつ石（Pierre fluide）」という矛盾が生きられ感じられる不可思議な表象をもつ。ここに、ヴェイユは、重力と恩寵の拮抗関係、さらに、恩寵に照らし出された実在を見る。そして造形芸術における均衡に着目することによって、学問・科学（science）がおのずから芸術へと転換することを、すなわち学問・科学が美として輝き出すことを見出すのである。

「彫像は流動性――石の実体が衣服の襞に添って流れ、次いで完璧な均整において固まる、そうした流動性――をもつものとしてつくられている。流動性は均整によって不動となるので、流動性と均整は類似している。その一方で、固体は一貫して不動性を保っている。こうして、流動的なものは完璧な均衡を保つ」（IP 52,「『饗宴』註解」）

芸術は美と「不幸」の弁証法のうちにそのあらわれをもつ。とりわけ「不幸」の実在性《リアリティ》が平面化・単純化されてしまうことを回避する私たちの深い欲求そのものが、演劇や建築となってあらわれ出るのである。芸術が偉大であるとは、それが、孤独で、名前をもたず、照応するものがないということにほかならない。人間の魂は、「不幸」において世界の重みを受け取るのであり、それを表象するのが芸術である。

＊

シモーヌ・ヴェイユについて論じられる場合、必ずと言っていいほど、その劇的な人生が語られることに多くが費やされる。このことは、芸術家の劇的人生と作品とが切り離せなくなってくることと共通する事柄であろう。だが、ここに停滞してしまう「鑑賞者・読者」は作品を、真に「受け取った」人であるとは言えない。作品の背景ないし地下水脈として、作者その人の生の流れを感じとるのは当然のことであるが、真に作品を「受け取る」のであれば、そのとき、「鑑賞者・読者」は、作者の「名前がない」という不思議さの直中にいるはずである。そしてこのことは、形而上学と芸術に共通する「形式・形相」の力動性という神秘にほかならない。

ナチス政権成立直前におこなったドイツ旅行（一九三二年）、組合運動参加による数回の転任（一九三一～三四年）、工場生活の経験（一九三四～三五年）、スペイン市民戦争参加（一九三六年）等々、驚異的ないし奇異な感を抱かずにはいられないヴェイユの数々の行動を、自覚へと反転してゆく芸術創造との類比として捉え、彼女の生が私たちの心に美として映し出されてくることに着目するならば、そうでなければならなかった彼女の「生の創造」の必然性を読み取ることができよう。

ヴェイユの数々の行動は、「苦しみ」の直中に身を置くことによって、「なぜだ！」と問うその問いに対する答えのない「矛盾的存在」である自らの自覚において、自己が自己から離れることのうちに溢れ出る「美の感情」を通して、「思惟すること」の場が開かれるということである。「無であること」

と「私が私であること」という、あらわれとしては絶対的に矛盾するこの両者は、芸術における美の閃光のうちにその一致点を見出す。芸術において、私たちは自己を中心として世界を見る「遠近法の錯覚」を逃れ、「われを忘れて」すなわち「自我を捨象して」、美的感情の直中において、「目的なき合目的性」であり、「対象なき欲望」である境域を生きるのである。

> 「真の目標は、あらゆるもののうちに神を見ることではなく、神が私たちを通して私たちが見ているものを見ることだからである。光の観想から離れて、私たちが神の降下の運動に倣ってこの世界に向き直るときにはいつでも、神は客体の側ではなく主体の側にいるのである」（OCVI-2 483）

芸術と哲学が交差するヴェイユの静謐なテクストに沈潜してゆくとき、読者のうちに溢れ出る「美の感情」を通して、目に直接的にはあらわれてこない「愛の働き」が映し出されるのであり、その美に映る愛の働きのうちで、自己が自己以外のものに向き直ることが自覚にほかならない経験の直中にあって、経験が形而上学から乖離してゆく波打ち際に私たちはいる。

第11章　芸術という技、労働という技——シモーヌ・ヴェイユと西田幾多郎

シモーヌ・ヴェイユの美しい言葉の数々は、プラトンがその作品で開示した言葉の美に匹敵する力動性を有している。彼女の言葉の強さとその美は、「工場生活の経験」をはじめとした、世界の悪を自らの身体と魂において苦しみとして捉え直すことによって、強制である必然性が同時に従順であることを、美として表象する力をもちえたその証にほかならない。労働において私たちの身体は幾何学となる。もっとも具体的なものが、もっとも抽象的なものとして表現される。その往還において、苦しみから美への転回がなされるのである。

本章では、花が花の本性に従って開花する姿に自覚の有り様を重ね合わせ、さらにその自覚の徹底が倫理へとひらかれる西田幾多郎の思想の原点である『善の研究』における言葉を併走させることによって、さらに、ヴェイユと西田が、ともに暗い時代にあって積極的に芸術について語り出すことに着目することによって、「労働という技」から「芸術という技」への転回が美的感情を通してなされるがゆえに芸術が自覚と倫理を開示するという、芸術倫理学の積極性を打ち出してみたい。

＊

シモーヌ・ヴェイユと西田幾多郎の言葉は、直接的な影響関係がないにもかかわらず、時代を透徹した、深い実在への眼差しのその先端で、互いに触れ合う。そのことは、両者の思想の構造に深い類似性があることを意味している。だが、その構造の共通性を浮き彫りにすることは、構造の力動性を賦与するとしても、私たち自身の反省作用にとっては、さして意味はないであろう。

ヴェイユは、わずか三四歳（一九四三年）でその生涯を閉じており、著作はすべて、そこに自分自身を映し出したアルベール・カミュ（一九一三～一九六〇年）の編纂によって、没後出版されている。広範な問題関心が刻まれた著作から、形而上学そのものを捉え直そうとするならば、私たちは、膨大な思索ノート[*19]と対峙しなければならない。ノートという特性上、因果律があらかじめ断ち切られている思索の痕跡は、いまだ詩と哲学のあわいのうちにある。私たちがなすべきことは、このあわいに沈潜し、自らの反省作用を介して、言葉と言葉のあいだに「つながり」を見出し、形而上学の立体像を創造しゆくことである。他方で、西田幾多郎が処女作『善の研究』を発表したのは、四〇歳（一九一一年）のときである。周知のように、私たちは、この書を出発点として、西田の思想全体を体系的に捉えることができる。

ここで着目してみたいのは、一九三〇年代後半から一九四〇年代前半にかけての、真にものを考えようとする誰しもが、否応なく、深い苦しみを余儀なくされた「暗い時代」にあって、凝縮した一瞬のきらめきであれ、長い待機をバネとして誕生した思考空間であれ、この二人の哲学者が、それぞれに、芸術について積極的に語り出すということである。それ以前においても、両者とも、しばしば芸術へ立ち返っているが、それは、読者の心のうちにある一定のイメージを喚起し、反省作用を促すためであった。

現実の苛酷さが両者を芸術へと向かわせるのは、彼らが「魂の闇夜」から目を背けているからではない。「魂の闇夜」のうちに留まり、「身体」を介して「魂の闇夜」を観照することを通して、善へと向き変わる可能性、すなわち、美へと向き変わる可能性を、芸術のうちに見出したのである。このことは、両者が、一貫して思索の核に据えてきた「自覚と倫理との一致」を、よりいっそう深い段階で捉え直すことに寄与しているであろう。

ヴェイユにおいて、思索ノート全体から、この輪郭を浮き彫りにすることは至難の技である。だが、西田において、「行為的直観」（一九三七年）、「ポイエーシスとプラクティス」（一九四〇年）、「歴史的形成作用としての芸術創作」（一九四一年）は、「場所的論理と宗教的世界観」（一九四六年）の重要な跳板の役割を果たしているのみならず、「場所的論理と宗教的世界観」と『善の研究』との間に流れる地下水脈をも露わにする役割を担っている。

以上を踏まえて、本章では、これまで宗教の側面から語られることの多かったヴェイユと西田の思想を、芸術の側面から捉え直すことによって、異質な思考空間を有するように思われる両者を対話させることのうちに、両者の「沈黙」の行間のうちに、私たち自身による「関係」の構築によって、徹底的に個的であることが普遍へとひらかれてゆく、その哲学のダイナミズムが、おのずから倫理へとひらかれてゆく両者の思索の有り様を、少しく浮き彫りにしてみたい。

1　表現と形式

「昔ローマ法皇ベネディクト十一世がジョットに画家として腕を示すべき作を見せよといってやったら、ジョットはただ一円形を描いて与えたという話がある。我々は道徳上においてこのジョットの一円形を得ねばならぬ」(N-1 134)

『善の研究』が収斂されてゆく一点をイメージとして映し出しているこの一節は、ジョットという特異な宗教画家の芸術的態度というべきものが、私たち一人一人の生に妥当する普遍性を有していることを、さらに、その普遍性は必然的に倫理へのひらけを孕むことを、象徴的に示している。

私たちが真に何かを経験しているときには、そこには経験している個はなく、その個がないことが真の個である。また、真に何かを知覚しているときには、知覚が捉える現象を超えた、本質であり世界そのものが、〈今、ここ〉で経験されている。

このことは、西田が、『善の研究』において、「純粋経験」として自身の思索の出発点に置いたことである。そしてまた、「逆対応」に至るまで、自らの思索の通奏低音として、けっして手放さなかったものである。

ヴェイユにおいても、このことは、同様に思索の通奏低音になっている。だが、ヴェイユの場合、西田にはけっしてあらわれてくることのない「労働」の観念が、知覚の成立に不可欠なものとされている。すなわち、労働しているさなかにしか、私たちは、真に知覚することはない、とヴェイユは考えるのである。ヴェイユにおける「脱創造」という独自の観念は、「逆対応」と類似の構造を有している。[*20] ヴェイユと西田は、神と無限の「距離」に隔てられてはじめて私たちが神の実在性に触れることを、「創造されたもの」を「創造以前のもの」に返してゆく力動性のうちにつかもうとするのである。しかし、ヴェイユの場合、「脱創造」と初期作品とのあいだには、その象徴的言語が類比的に物語っているように、ほとんど時間差がないものである。このことは、西田にはなかったヴェイユにおける「労働」という身体的経験の深さと無関係ではなかろう。ヴェイユは、「脱創造」に芸術の側面から光を当てて、ジョットの絵画について、次のように語っている。

「絵画における空間と孤独。空間は孤独であり、あらゆる事物に対して無関心である。出来事は、どちらかがどちらかよりも多くの意味を担っているということはない。だから、キリストの十字架も、松の一針が落ちゆく以上の意味をもたない。神は、すべての事物が平等に存在するように望んでいる。時間・空間は、この平等性を感じさせる。キリストの身体は、松の木より以上の空間を占めないし、別の空間も占めないし、時間の流れに従って消え去るということもない。芸術は、その質料として時間・空間をもち、その表現の対象としてこの無関心性をもつ」(OCVI-3 84)

神の愛とは、神自身に対する、そして、神の作品である被造物に対する「無関心性」にほかならない。ヴェイユが偉大な芸術家のひとりとみなしているジョットの作品は、必然的に「聖なるもの」に近しいので、時間・空間において、このことを「表現」として提示している。芸術作品の無関心性は、芸術家の自らに対する無関心性の「表現」にほかならない。

このことをすでにヴェイユは、一九二六年（一七歳）に、アランに提出した小論文「美と善」のなかで看破している。ある美しい神殿を目の前にしたときに、なぜ私は自分の足をとめ、そこに佇み、神殿と距離をとろうとするのか、という考察から、美の「目的なき合目的性」、「関心なき適意」を導き出し、さらに、美における倫理のひらけを、次のように述べている。[*21]

「私は神殿ではない、と認識することによって、私は神殿を美しいと認識する。最初に射込む神殿の調和的な美感は、眠りである。神殿は私ではないと言明することは、神殿が、私なしで完璧であるということである。美しいものは私を自由にする。美しいものは私を峻拒し、私が美しいものを峻拒するよう仕向ける。私たちが、美しいものを美しいと感じるのは、それから解き放たれることによってのみなのである」（OCI 72,「美と善」）

私たちは、己れから完全に解き放たれた「自由と目覚め」の状態のうちにあって、己れの本来性を確立するのであり、それを保証するのが、対象を美しいと感じている「私の心情」である。このとき、偉大であって、栄光なるものと思いなされていた「キリストの十字架」は、己れから引き離されるために、「ほとんど無」である「松の一針」と同等の眼差しが注がれるのであり、このとき私たちは、悪人にも善人にも、平等に雨と光を降り注ぐ神の視座にある。

このように、ヴェイユにおける美的観照の有り様は、西田が、対象に已れが映し出されるのと同時に、対象に已れが移し出されることを「表現」として捉えたことにほかならない。そしてまた、西田とヴェイユが芸術に注視するのは、作品がいわば媒介となることで、鑑賞者にとっての表現を可能にするための、「純粋経験」であり、「自由と目覚め」の好機となるからである。

「禁錮と終身隔離の刑に処せられた人間の独房に置くことができ、しかもそれが残酷な振る舞いとはならず、その逆であるような絵画。芸術と持続。作品を後継する者は、持続をあらわしていたのである」(OCVI-2 66)

芸術家の表現は、このような鑑賞者との相互共同性の直中において、生きられ感じられる。ヴェイユの思想において重要なファクターである「労働」という技から「芸術」という技へと転回しゆく、その思索の根柢にあるものは、いっさいの「想像的なもの(imaginaire)」から解き放たれた、「想像力・構想力(imagination)」が十全に開花しうる位相の提示である。

私たちは、いったい何処で、一枚の絵に、一曲の音楽に、一篇の詩に、真に出会っていると言いうるであろうか。一枚の絵、一曲の音楽、一篇の詩、というその赤裸々な現象においてではない。否むしろ、それらの赤裸々な現象が完全に捨象された無の境域において、それらの実在は、立ちあらわれるのである。「何もない」真空の空間において、一枚の絵の実在性に触れうるのであり、「何もない」音と音との間の沈黙の瞬間において、音楽の実在性に触れうるのであり、「何もない」言葉とイメージがつくる沈黙の時間において、詩の実在性に触れうるのである。

このとき、鑑賞者の心のうちに「絶対無」の場所が生み出されている、あるいはまた、鑑賞者は「純粋意識」そのものとなっていると言いうるであろう。時間・空間の形式は、このようにして、生きられ感じられるのであり、ジョットの天才は、画才に先立ってこの認識にあることを、西田とヴェイユは看破している。

ところで、西田にはけっして見られない「労働」というファクターにヴェイユが注視するのは、行為の直中における反省作用、すなわち、「もっとも具体的な経験」において「純粋な経験」があるという局面に至るためには、己れが形相そのものとなっていなければならず、それは、労働という外的必然性との接触なしにはありえない、と考えるからである。このように、労働の観点から芸術を振り返るとき、芸術家の苦の表象を通して対象が美へと転換される力動性を見ることができる。徹底的に必然性に釘付けになっているからこそ無限のひらけがあり、ピタゴラス的調和があるという、「脱創造」と「逆対応」の核が浮き彫りになってくる。内在的超越の位相は、このようにして、芸術創造を通して明らかになるのである。

2　ポイエーシスとプラクティス

「脱創造」ないし「逆対応」は、自然的ではなく超自然的な営みであり、それが可能となるのは、狂気でありかつ道化である技によってのみである。「物となって見、物となって働く」とは、本来的には、そうでしかありえない。

このことは、プラトン『ティマイオス』(28a-b)において、芸術創造から世界創造が導き出され、さらに、私たち一人一人の生の創造の何たるかが暗示されている。ヴェイユは、いわば、『ティマイオス』を逆照射させるかたちで、芸術創造から鑑賞者である私たちの生の創造を導き出している。

「『ティマイオス』の核となる考えは、この宇宙の基体であり、実体は、愛であるということである。……『ティマイオス』の第二の考えは、神自身である愛の鏡であるこの世界は、私たちが倣うべきモデルであるということである」(IP 37-39,「『ティマイオス』注解」)

私たちが真に自らの生を創造する際に働く「デモーニッシュなもの」は、芸術家の、自らの作品に対する「超自然的な愛」と捉え直すことができる。そのとき、芸術家のうちに降りてくる着想《インスピレーション》が超越的であるだけではなく、芸術家がなす創造そのものが、道具となった芸術家の身体を通してなされる、人格的であってなおかつ非人格的な働きである。

ところで、人間と人間をとりまく環境との間には、自然的には平等性は成立しえない。人間は、自然的には、環境に隷属しているのであり、主体と環境との相互共同性はありえない。行為的であることが同時に直観的であり、働くことが同時に見ることであることを、身体において捉える西田の哲学思想にヴェイユの労働の観念を重ね合わせ、さらに、労働から芸術への転回を振り返るとき、芸術において、自然的には必然性の餌食になるしかない人間が、環境との平等性の場に立つ可能性がひらかれる。芸術作品に対峙する芸術家であれ、鑑賞者であれ、「物であること」、つまり、「無であること」に同意した彼らのうちに、美の感情が溢れることにおいて、彼ら自身の自由が証される。それゆえ、美の感情は、「己れを強め、再生産する」[*22]。芸術家は創作しているさなかに、鑑賞者は鑑賞を心に焼き付けそれを真空の境域で思い出すことにおいて、自らの生の創造をなすのである。

3　重力の倫理学

必然性の働きを「重力」という言葉によって表現しようとしたのは、シモーヌ・ヴェイユの哲学思想の特徴である。この重力の働きが、もっとも明瞭にあらわれている芸術作品として彫像が挙げられるであろう。ヴェイユがしばしば考察するギリシアの彫像は、重力に完璧に従っている。それにもかかわらず、鑑賞者の心情において、作品に刻み込まれた重力への従順は、「流動的なもの」として、美の感情を通して映し出される。あるいはまた、『イーリアス』において、登場人物それぞれが、勝者であれ、敗者であれ、ひとしく重力の働きから逃れられない[*23]。それにもかかわらず、この詩篇を口承させてゆきたいと思わせる「躍動」が、美の感情を通して、読者の心情のうちに溢れ出てくる。この「逆説」、この「矛盾」は、なぜ生じるのであろうか。それは、芸術家が、無から、愛によって創造した、世界創造の神に倣い、その芸術家の愛が、作品を媒介として、鑑賞者の心に映し出されるからである。このようにして、芸術は倫理へとひらかれる。

ところで、ギリシアの彫像が「重力」に従っていることと、醜悪さや恥辱、あるいは犯罪が「重力」に従っていることとの差異は、いったい何であろうか。それは、芸術家ないし行為主体と、作品ないし行為を観照する人々の心のうちに美の感情が溢れ出るか否かである。善が美として表象されることを通して、ギリシアの彫像は、プラトン『国家』(360e-367e)における「正義の人」が重力に従っていることへと敷衍される。同様に、詩の定型は、もしも作者と読者の心のうちに美の感情が溢れ出ないのであれば、言葉の束縛でしかないであろう。だがこの鎖につながれた言葉が、もしも、美の感情を介して、沈黙とイメージを開示するのならば、それらは読者の心のうちに、普遍妥当的な人間の自然性を喚起する。こうして私たちは、倫理学において肉感するのがきわめて難しい、義務を直観として、芸術創造において、捉え直すことができるのである。

*

「内在的超越」の有り様を「表現」として捉えたのは、西田の哲学思想の大きな特徴である。この「表現」を、労働をその背後にもつ芸術として捉えたヴェイユの思想を重ね合わせると、「表現」

を、私たち自身の生の創造として、いっそうヴィヴィッドに捉え直すことができよう。

ヴェイユの『カイエ』第一巻所収の一九三五年以前の思索ノートや西田の『善の研究』で語られていることは、今や、文字の上では、あまりに自明なこと、あまりに当たり前のこととして扱われている。だが、いざそれが、生きられ感じられているかと問うならば、大きな疑問が残るであろう。自分自身と、世界との「つながり」を失ってしまう有り様は、一九三〇年代後半〜一九四〇年代前半よりも、むしろ現代のほうがいっそう深刻な問題であると言えよう。というのも、現代思想において「様々なる哲学」が跋扈しているが、「様々なる哲学」は存在しないからである。「芸術は永し、人生は短し」のみならず、「哲学は永し、人生は短し」であるならば、その有り様は、「魂を向きかえること」による存在の位相転換でしかありえない。

ヴェイユと西田が、社会的実践ないし宗教的実践のみならず、それぞれ、身体と不可分である「苦しみ」と「悲哀」の直中において、詩歌の創作へと傾倒してゆく有り様は、内在と超越が「表現」として湧出することの証左になろう。そして、この「表現」が彼らの哲学に伴走することによって、彼らの哲学における「批判」の有り様は、よりいっそう先鋭化されていったのである。

Essai

童話的世界がひらく倫理の地平——映画『アメリ』をめぐって

シモーヌ・ヴェイユは多くの童話や民話のうちに、実在《リアリティ》の探究をおこなっている。それは、童話や民話の描き出す「架空の世界」は、大げさすぎるようでもあり、子どもじみているようでもあるものの、そこに確かな真理があるからである。映画『アメリ』の登場人物たちは、誇張によって、まさしくヴェイユが述べる「不幸な人」ないし「不幸な人を疎外する人」として描かれている。どちらも自らのリアリティから隔絶しているために自由ではない。

『アメリ』の登場人物たちは、どのようにして自らのリアリティを取り戻し、自由を獲得してゆくのであろうか。この映画を考察することを通して、シモーヌ・ヴェイユの不幸論における「言葉にならなさ」や「リアリティの欠如」からの脱却の過程が、私たちの心に美として映し出されることになろう。この映画は、芸術の美もって、「不幸な人」が「世界の美」に触れうる契機を指し示していると言えよう。

＊

ジャン＝ピエール・ジュネ（一九五三年〜）監督映画『アメリ（*Le Fabuleux Destin d'Amélie Poulain*［アメリ・プーランの不思議な運命］）』（二〇〇一年）は、その内容は何かと問われても答えに窮する作品である。二時間の時間の流れのなかで、何か特別な出来事があるわけではない。ただ、主人公アメリとその生を取り巻くたった一ヶ月間の日常生活の人間模様が、ごくささやかに描かれているだけである。それにもかかわらず、この映画が私たちの心を揺さぶってやまないのは、「見えない世界」が「見える世界」である美しい映像と音響を媒介として、鑑賞者一人一人の心のうちに映し出されてくるからである。すなわち、この映画が、そのあらわれとは裏腹に、きわめて高い形式性——鑑賞者一人一人がその生の内実を投入することができる器を提示しているからである。「具体的なもの」と「詩的なもの」とが結び合わされ、ある種の「童話的世界」を産出しているからである。その世界は、童話に特徴的な数々の「誇張」を縦糸にして、そして鑑賞者を否応なく作品の世界に引きずり込まずにはおかない推理小説の手法を横糸にして、細部に至るまで綿密に織りなすことによって描き出されている。

『アメリ』における「誇張」は、大きく分けて二様のあらわれを呈している。その一つは、細部にわたって徹底された赤と緑の色彩のコントラスト——これをゴッホはもっともエロチックと称した——と、チルセンの物悲しくも麗しい音楽との共振である。もう一つは、主人公アメリをはじめ、主要な登場人物すべてが苦しみよりもはるかに推し進められた「不幸」と言いうる深い心の傷を抱えているということである。

後者の深刻な誇張は前者の誇張をバックグラウンドとして、いわゆる「アメリの魔法」を媒介にして、次第に解消されてゆく。私たちは自分の身に起こる天災や病気や家族問題に対して何ひとつなしえない。このあらわれは揺るがぬ悪としてそこにある。だがこの悪に、私たちの魂がとらわれてしまうかどうかはその人次第である。ただそれは理論的にはわかっていても自分ひとりではなかなか実践できず、私たちはいとも容易に悪のうちに落ちてしまう。「アメリの魔法」とは、親鳥が卵の殻をつつくことでひな鳥がおそるおそる卵の外の世界へと出てゆくときの、この親鳥の役割を果たすのである。悪にひとたび落ちてしまったとき不幸な人がもう一度善の方に向き変わるその魂の転回に、アメリはささやかなきっかけを与えるのである。そうして登場人物のそれぞれの魂が次第に自己へのとらわれから離れ、世界と他者へと向かう有り様を時間の流れにしたがって鑑賞者が追体験する直中で、鑑賞者の心も自由になってゆくのである。

そしてこの映画ではその過程がカットの連続による共時性の描写によって、『聖書』の一つ一つの逸話——それぞれは陳腐でつまらない逸話が、互いに震え合うことを通して、私たちの心のうちに「神の世界」を映し出すように、登場人物一人一人の実存が相互に連鎖し共振することによってリアリティの爆発を提示し、目には見えない生のリアリティが、鑑賞者一人一人の心に映し出されてゆく。

さらにこの「童話的世界」は、現実との緊張をつねに保っている。この映画では公開四年前に起こった「ダイアナ妃の事故死」(一九九七年)という、周知のショッキングな歴史的事実が物語の導きの糸となっている。ここで生ではなく死が挿入されているのは着目すべきであろう。目まぐるしく移り変わる場面のなかで「ダイアナ妃の死」だけは、この世におけるこの世ならぬものとして存在しつづけることになる。こうして、有限な私たちのうちに無限が呼び覚まされることになるのである。

本章では、以上を踏まえ、映画『アメリ』がどのようにして私たち鑑賞者の自覚を促し、さらに、その自覚がどのようにして私たちの倫理の地平をひらくのかを考察してみたい。

1　記憶と自覚

先述のように、『アメリ』の登場人物は、それぞれに大きな心の傷を抱えている。物語の出発点では、幼いアメリに次々に降りかかる苛酷な出来事が、彼女の内向的な性格を決定づけていることが示されている。成人して家を出て、職場のカフェで出会う人々、街で出会う人々、同じアパートの人々も、それぞれに大きな心の傷を抱えている。しかも、この心の傷の深さは、病や身体障害や辛い過去といった自らに襲いかかる外的必然性に必ずしも比例していない。とりわけ、外的必然性としてはさほどのものとも思われないにもかかわらず症状が深刻なのは、アメリの父親とアパートの大家ヴォワラスである。アメリの父親は、突然の事故死で失った亡き妻の面影に固執している。ヴォワラスは、浮気相手と駆け落ち先で死去した亡き夫の面影に固執している。彼らの問題は、身体は現在にあるものの魂は現在ではなく過去のほうにとらわれており、現在に活き活きと思い出されるべき過去がなく、現在のリアリティが欠如しているということである。[*24] それゆえ、大家は家人のアメリを目の前にして一方的に自分の話をし、父親は帰省した娘を目の前にしても、「最近変わったことは？」（父親）、「ちょっとした変化が。二回心臓発作を起こして、一回人工中絶をしただけよ。ほかは元気よ」（アメリ）、「それはよかった」（父親）というように、自分の過去の象徴である人形ドワーフがいなくなったことで頭がいっぱいになり、そこには自分の過去しか現前せず、目の前にいる娘のリアリティすらも剥奪されているのである。

一方、この物語の第一タームは、アメリの自宅で「ダイアナ妃の事故死」のニュースが流れた一九九七年八月三〇日の夜、驚いたアメリが思わず手放したローションの蓋が転がり、その先で、偶然四〇年ほど前の古びた箱だが幼い子どもがおそらく大切にしていたであろう宝箱を見出し、もしもその持ち主を捜し出すことができ、そしてもしその持ち主が喜んでくれたら、アメリは自分の殻を飛び出ようと決意するのであった。この持ち主を見出すことができたアメリは、持ち主が通りかかるであろう電話ボックスにそっとその箱を置いておく。初老の男性ブルドトーはこの箱を開けた途端、思わず涙が溢れ出るのを抑えることができない。なぜなら、この古ぼけた小さな箱のなかに、すっかり忘れていたブルドトーの思い出が詰まっていたからである。他人にとっては取るに足らない「物」のうちに、ブルドトーにとってはかけがえのない過去が観照されるのである［映像1］。ここで着目すべきなのは、もっとも強烈に美しく思い出されるのが、幼い少年にとってはもっとも辛く苦しかった記憶であるということである。そしてこのもっとも辛く苦しい記憶がもっとも美しく現在において思い出されるとき、感慨冷めやらぬまま入ったカフェでブルドトーはアメリに話かけ、「わたしにはあなたと同じくらいの娘がいる。だが孫に一度も会いにいっ

映像1

ていない。孫に会いにいってやろう」と述べ、ブルドトーは未来への「期待」をもつのである。かくして、アメリのささやかな魔法はひとりの人間の現在を覚醒させ強める。すなわち、ひとりの人間に生のリアリティを取り戻させ、その生の創造を促すのである。

　ブルドトーをアメリの父親と大家ヴォワラスに対比させると、自己が自己以外のものに向かったときにその人の自由があらわれることをはっきりと見て取ることができる。そして、当のアメリは、見知らぬ他人のブルドトーが喜んだので、「世界と調和がとれたように」感じ、愛の衝動が溢れ、盲人の道案内を活き活きとする。このことは、アメリが自分の殻を出る、すなわち、アメリの生の根拠が、自分ではない他者となる瞬間である。このときアメリは今までに感じたことがないような自由を得る［映像2］。

映像2

　さて、アメリが父親の殻をつつくそのやり方とは、亡き妻の象徴であるドワーフをスチュワーデスの友人に託し、世界中に旅させ、その写真を父親に送り、父親の魂が外へ向かうことを促すことである。一方、大家に対しては、彼女の夫が彼女を愛していた事実を知らせる架空の手紙を送り、現在に活き活きと思い出すことを阻んでいた過去を蘇らせるのである。これら一つ一つの描写は、一見したところ、子どもじみているとも思われかねない。だが、カットの連続により、それぞれの人間の心が少しずつ外へと向かう有り様に接するとき、鑑賞者一人一人の生の創造が促されるのである。

2　対話における象徴の役割

　この映画にもっとも大きな躍動を与えているのが、いたるところにちりばめられている「象徴」である。当のアメリその人の殻をつつく役割を果たすのは、同じアパートの住人である老人「ガラス男」である。ガラス男は先天性の病で手を握っても骨が砕けるので、二〇年間ひたすらルノワール《舟遊びの昼食》（一八八一年）の複製画を描き続

映像 3

けている。若い女性アメリと年配の男性ガラス男との間の対話は、つねに《舟遊びの昼食》のなかの一人物「コップの水を飲む少女」をめぐって交わされる［映像3］。二人は「コップの水を飲む少女」について語るのであるが、実は、アメリについて語っている。この象徴が媒介されることで、年齢にも性別にも開きがあるガラス男の言葉はアメリの心に深く突き刺さるのである。このようなリアリティの喚起には、「コップの水を飲む少女」が架空の人物であること、すなわち、この世ならぬ人物であることが重要な役割を果たしている。揺るがぬ「物」であるからこそ、〈今、ここ〉のアメリの実在が活き活きと映し出されるのである。「コップの水を飲む少女」にアメリが自分を映し出すとき、アメリは距離をとって自らを眺めることができる。そしてガラス男の言葉はあくまで「コップの水を飲む少女」に対して発語されたものであり、その言葉にアメリに対する強制力はない。その言葉に同意するのもしないのもアメリの自由である。

映像 4

一方、この映画では、アメリは週末、父のいる実家に帰ることになっている。アメリと父親がテーブルを挟んで向かい合う同じ場面が繰り返し出てくる。しかし、この繰り返しのなかで、少しずつ父親の心が変化してゆく様が二人の対話から見てとれる。このように、同じシチュエーションという揺るがぬものすなわち「習慣」が、目に見えない心の変化を映し出すのである［映像4］。

ところで、ガラス男の度重なる「殻のつつき」がないとアメリは自分の殻を飛び出すことができない。それは、自らに襲ってくる外的必然性が自分の自由を奪うという思い込みから、私たちは、逃れられないからである。先述のように、いっとき「世界と調和がとれたように」感じたアメリもアパートに戻り、眼下の孤独に絵を描き続けるガラス男の姿を目の当たりにすると、ガラス男の言葉を思い出しつつも、ふたたび自分の殻に閉じこもってしまう。そこで彼女が口にする言葉は、「彼女〔コップの水を飲む少女〕は小さいときからずっとひとりだったから他者と関係を築くことができない」である。外的必然性が私たちを縛る力はあまりに強く、外的必然性によって屈曲してしまった心をもう一度立て直すのは難しい。他者が自己の底に映し出され、その映し出された他者がなにより自己自身を支えるという相互共同性こそがこの困難を打ち破りうることを、この映画は示している。

さらに、「ダイアナ妃は若くて美人なのに可愛そうね」（売店員）、「ブスで年老いていたら死んでもいいの？」（アメリ）という売店員とアメリの対話や、「知らない子だ」（ニノ）、「いや知っているよ」（写真のなかの男）、「いつから」（ニノ）、「ずっと前から、夢のなかで」（写真の男）というように、ニノの自己意識の映しである写真のなかの男と見知らぬ女性アメリに恋心を抱かれているのを不思議に思うニノとの禅問答的対話は、私たちがふと日常的な自我から解き放たれる瞬間を示している。

3　有限のうちなる無限

「詩的なもの」とは「架空のもの」であり、「具体的なもの」とは「現実的なもの」である。本来相容れない両者が結び合わされるとき、私たちの無意識であり、私たちのうちなる「無限なるもの」が呼び覚まされる。詩的な世界に挿入される事実のうちでもっとも具体的なものは、「ダイアナ妃の事故死」であるが、この事実がこの詩的な世界においてつねに、生きられ感じられている。亡くなった人は二度と戻らない。あらわれとしては二度と立ちあらわれてはこない。しかし亡くなった人はその人を想う心の深さにおいてすなわち愛において生きられ感じられる。そして、このことを通して、私たちは逆説的にも、有限な生において「無限なるもの」に出会うのである。だがこの事実がひとたび目に見える世界にあらわれ出たときには、陳腐で滑稽なものに堕してしまう。すなわち「目に見えないもの」となってしまう。「童話的経験」はいかなる反省をも超え出ている事柄であるが、だからといってそれを私たちは経験していないわけではない。[*25] たとえば、食料品店の使用人で片手のない青年「ルシアン」は、亡きダイアナ妃に思慕を寄せ続けている。そしてそのことが、店主「コリニヨン」による格好のいじめの材料となっている。また、ガラス男と一緒に絵を描いている際、「ダイアナ妃も星になるのかな?」とルシアンがガラス男に問うと、ガラス男は「絵に集中できない」と立腹してしまう。その少し前のカットでは、アメリの職場カフェ・ドゥ・ムーランの常連ジョゼフが、自転車でドイツの国境近くまで行った少年が保護された際、その理由を尋ねると「ただ星を見たかったから」と答えたという新聞記事のエピソードを話すと、カフェの人々それぞれが深く感じ入り、いつも病気だと騒いでいるタバコ売り場のジョルジェットは、「人生はそれでもやはり美しいわね」と発語する。私たちの生における「か弱いもの」、「無邪気なもの」、「無私なるもの」は、その脆弱性にもかかわらず、確かな実在性と真実性を有しており、それが美として各々の心のうちに映し出されるとき、なによりその人の生のリアリティを喚起するのである。

この映画に見られる「か弱いもの」、「無邪気なもの」、「無私なるもの」への眼差しは、映画冒頭で、人間の紹介のみならず猫の紹介もされていたり、アメリが駅のプラットホームで物乞いの男性に小銭を渡そうとすると、この男性が「ありがとう、お嬢さん、でも日曜日は働かないことにしているんだ」という言葉を発語することにあらわれている。この弱さの直中における純粋さの誇張は、弱さが醜悪さに染まらずその純粋性を保っていることを「見える世界」として提示していると言えよう。

他方で、この映画では、詩的な世界に、突如、生々し過ぎるとも言える生物学的・必然的事実が挿入される。映画冒頭のアメリが誕生した瞬間の映像は、産衣にくるまれた赤ん坊の姿ではなく、まさしく医者が赤ん坊を取り上げるその生々しい瞬間の映像であり、その同じ瞬間に年配の男性が友人の葬式から帰宅し、友人の名前を名簿から消す場面が映し出されている。別の場面では、アメリの夢想癖のあらわれとして、同一の瞬間に一五組の男女がオルガスムに達している描写がなされている。これら生物学的・必然的事実は、私たちの生きる「自然」であり、この「自然」のうちに私たちの心は投影されている。だがそれは通常意識されていない。この無意識の世界すなわち「見えない世界」が、グロテスクとも言えるかたちで詩的な世界に投入されているために、逆説的にも、この世界に秩序と均衡を与え、「童話的世界」を確たるものにしている。そして、この映画におけるもっとも美しい場面のひとつである、アメリのささやかな趣味のひとつ、サンマルタン運河での水切りは、言うまでもなく、アメリが「自然」に映し出された自分自身に出会うための行為である。ガラス男との対話の後、アパートの部屋に戻り自省する様子は、見ているテレビにアメリ自身のことが映し出され、アメリの自己意識との対話として描かれている。そして、物語が進むにつれて、「自然」に代わって「他者」にアメリの自己自身が映し出されてゆくのであり、それまで「コップの水を飲む少女」を媒介にしてアメリと対話していたガラス男は、物語の最終場面では、自らアメリに話しかけたビデオテープをアメリに贈るのであり、アメリははじめてガラス男という生身の他者に映し出される自己を通して、自らの自覚を促され、生身の人間であるニノ本人と真に向き合うことができるようになり、そうして自己自身と向き合うことができるようになるのである。

4　「三人称の世界」から「二人称の世界」へ

アメリの幼少期のように、あらわれとしては父と母という「二人称の他者」に囲まれていながら、リアリティとしては「三人称の他者」に囲まれた見知らぬ世界に放り出されている場合が、私たちの人生には多々あるであろう。あるいは、それぞれの登場人物のように、病や身体障害や辛い過去といった何らかの外的必然性との接触を契機に、他者と世界との「つながり」を失ってしまうことも多々あるであろう。だが、成人したアメリがそうであるように、それぞれの登場人物がそうであるように、私たちはなにより自分が自分の殻を突き破ることによって、「三人称の世界」を「二人称の世界」へ転換してゆくことができるのである。そしてこの「二人称の関係」の構築こそが私たちの生の創造にほかならず、その創造の直中において、私たちは世界の美に触れるのである。

ところで、登場人物それぞれが深い心の傷を有しているなかで、食料品店主コリニヨンは異色の存在であるように思われる。コリニヨンは使用人のルシアンをつねにいじめる存在であるが、アメリがこのコリニヨンに制裁を加える意味は、いったいどこにあるのであろうか。アメリの制裁の意味は、自分のやっていることがわからずにいるコリニヨンに、距離をとって自分の行為を客観視させることにあると言えるだろう。コリニヨンの場合、自己のうちに他者が映し出されていないので、結局、自らの自覚に到達することができない。このように、いじめられている人だけではなく、いじめている人自身が、リアリティを喪失しており不自由になっている事実が忘れられてはならない。他方で、いじめられている側の使用人ルシアンは、「片手がない」という身体障害をもつにもかかわらず、そして、日々店主からいじめられているにもかかわらず、一見すると、その心の傷は深くないように思われる。だが、力をもつ主人にはなから抵抗しようとしない有り様は、結局主人との関係を構築していないに等しく、自己を見失ってしまっている。それゆえ、ガラス男は、ルシアンが宅配にやってきた際に、「コリニヨン様からのおごりです」とつい発語してしまうルシアンに対して、「コリニヨンのバカ」というような他愛もない軽い悪口を言わせることによって、ルシアン自身に主人と真に向き合う契機を与えようとするのである。

　ところで、この映画のクライマックスであるアメリがニノに出会う場面は、それ以前の過程のように、すぐさま逆行してしまう可能性にさらされているはずである。それにもかかわらず、ここで、アメリが自由の方向性を見失わないことを鑑賞者に確信させるのは、アメリを取り巻く人々が、それぞれ、自己の殻を出る場面が同時に映し出されるからである。しかもその契機を与えたのは、ほかならぬアメリ自身であるから、彼らが自己の殻を出ることにアメリ自身が参与しているのであり、「世界に住まうこと」がすなわち「世界をさすらうこと」であるのみならず、「他者と共に家を建てること」でもあることが指示されることになる。[*26]

　推理小説の手法で追ってきた「なぞの男」は、見知らぬ他者の心中を察してのことであって、単なる修理工にすぎない事実を知って、アメリもニノも誇張されたかたちで喜ぶ有り様は、彼らの心のうちに見知らぬ他者が映し出されている証である。

そもそもアメリがニノに恋心を寄せるのは、ニノが、見知らぬ他者が捨てていった写真を、家族写真のように丁寧にアルバムに貼って大切にしているからであった。このように、二人称の関係の構築が、きわめてささやかな次元から不断に創造されている有り様に接するとき、私たちのうちなる愛の働きもまた柔軟性を帯びてくるのであり、私たちは、それと知らずに相互共同性のダイナミズムの直中に誘われているのである。

*

『アメリ』は、カンヌ映画祭に出展しなかった事実にあらわれているように、ジュネ監督自身、期せずして大ヒット作となった映画作品である。ジュネは、『デリカテッセン』（一九九二年）、『ロスト・チルドレン』（一九九五年）、『エイリアン4』（一九九八年）といった、「あちら側」の世界を描ききる才能を遺憾なく発揮してきた監督である。その同一の監督が、ひとりの若い女性のささやかな日常生活を描こうとした際、「こちら側」の世界が無限に「あちら側」の世界に開かれていることを、別の言い方をするならば、「こちら側」でも「あちら側」でもない「第三の道程」こそが、実のところ、私たちが〈今、ここ〉で歩んでいる道程にほかならないことを、それと知らずに示しえたと言えよう。

そしてその「第三の道程」は、「見える世界」と「見えない世界」の交差点に位置し、この映画は、映像と音響を巧みに駆使して、この交差点をはっきりと浮き彫りにしている。さらに、その交差点が、あらゆる鑑賞者にとって普遍妥当的なものでありうるために、鑑賞者に通常の時間意識から離れた時間の枠組みを与え、さらに、鑑賞者自らの「想像力・構想力の働き」を十全に働かせることを促し、わけても、映画の時間軸のなかの記憶のみならず、鑑賞者誰しもが有する記憶が思い出されるという働きに焦点を当て、時間において、時間を超えて、永遠を肉感させている。さらに、数々の「誇張」がちりばめられたこの映画では、各々の誇張の瞬間は次の瞬間には死しているにもかかわらず、瞬間と瞬間の「つながり」が相互共同性の連続的な描写を介して、鑑賞者の心のうちに映し出されてゆく。鑑賞者は、この世界に住まう家は、けっしてひとりでは建てられず、他者と共にでなければ建てられないことを、また、これから先も建て続けるであろうことを、自らの心に映し出された「事実」として感得する。このように、鑑賞者各々の〈今、ここ〉の自覚の深化という「垂直の方向性」が、他者と手と手を取り合う「水平の方向性」すなわち倫理へと転換されてゆくのである。

第V部

詩をもつこと

序

シモーヌ・ヴェイユをはじめて日本に紹介したのは、文芸評論家の加藤周一（一九一九〜二〇〇八年）であり、仏教学者の鈴木大拙（一八七〇〜一九六六年）がそれに続いている。世界を舞台に活躍したこの二人の優れた思想家が、それぞれ別様に、ヴェイユの言葉に着目しているのは興味深い。大拙は、世界に禅仏教を知らしめた人物であり、なによりもまず、大拙の言葉がひらく「遊びの空間」が世界の人々の心を魅了したのであった。そして、「『詩』の世界を見るべし」と題するエッセイでヴェイユを紹介しており、ヴェイユの思想の核に詩を捉える大拙の慧眼が光っている。

もっとも抽象的なものは、もっとも具体的なものにぶつかったときに一挙に花開く。そしてもっとも具体的なものとは、「戦争」という世界が悪一色で染め上げられた現場であると言えよう。このことは、たとえば、もしも戦争がなかったとしたら、サン＝テグジュペリ（一九〇〇〜四四年）の童話『星の王子さま』が書かれえなかったであろうことを思い起こせば足りるであろう。

「洞窟の比喩」において、洞窟の壁に映し出された影は、影としてそこに現前するのではない。リアルな、真実らしいものとして、そこに現前するのである。キリストを見捨てた一二人の弟子たちは、愚かな人々であったのではない。きわめて優れた人々であった彼らにも、キリストのことを知らないと言わしめたその力とは社会という「巨大な動物」であり、この「巨大な動物」に対する私たちの恐怖と不安は、私たちを内側から縛り上げるのである。しかし、ただひとつ「詩」だけは、この力をかぎりなく超え出てゆくのである。

第12章では、大拙によるヴェイユについての言及を皮切りとして、この二人の優れた思想家の心の震えと緊張に着目することを通して、詩をもって生きることの意味を探究してみたい。

第13章では、「自衛隊イラク派兵」（二〇〇四年）という「具体的なもの」にヴェイユの言葉を照らし合わせることによって、どのようにして「沈黙の言葉」が「詩」としてあらわし出され、私たちの〈今、ここ〉を震撼させ覚醒させうるのかを考察してみたい。

第14章では、力の支配が席巻している有り様を「重力」と捉えるならば、ヴェイユが述べる「詩」はどのようにしてこの重力の支配をのがれてゆくのか、さらに、戦争という悪の直中にあって、ヴェイユはどのような詩的空間を構築してゆこうとしていたのか、ヴェイユの思想を基底にして『アンチゴネー』を読み解くことをも含めて、考察してみたい。

Essaiでは、本書における唯一のドキュメンタリー映画、班忠義監督『ガイサンシー（蓋山西）とその姉妹たち』を取り上げ、ヴェイユが述べる「不幸」に陥ったとき、私たちはどのようにして苛酷な必然性へ同意しゆくことができるのか、またそこにどのような自由がひらかれうるのかを考察してみたい。

第12章　詩をもつこと――シモーヌ・ヴェイユと鈴木大拙

鈴木大拙は、シモーヌ・ヴェイユが、労働者にはパンもバターでもなく、詩が必要だと述べていることに着目している。この世界には不在であり、この世界を超えたところにある「善」は、「善を欲望すること」という主体の眼差しにおいてあらわれ出る。それは、「南無阿弥陀仏を唱えること」というただその働きだけで神に至る、すなわち救いに与る「浄土〔純粋な土地（la terre pure）〕」の深さにつらなっている。私たちはその存在においては「有限」であるが、その欲望においては「無限」である。すなわち、私たちは、この世界を超えたところにある善へと自らの眼差しを向けることができるのである。欲望の働きにおいて、私たちは、有限性のうちにあって無限に触れうるのであり、苛酷な必然性との接触の直中にあって自由でありうる。

＊

シモーヌ・ヴェイユは、宗教哲学的な草稿と政治・社会的な草稿とを、ほぼ同時に、平行して著す稀有な思想家である。そして、両者は重層してからみ合い、彼女の宗教哲学は現実の歴史認識を源泉として湧出している。それは、彼女自身の身体をもってした政治・社会への一貫した深い関わりと無縁ではない。

ヴェイユが、自らのユダヤ性という属性をまったく捨象して思考していること、実存主義に対して批判的であることなどは、現在のマイノリティ研究の視座から俯瞰するのであれば、受けつけがたいものがあるだろう。[*1] だが、私たちが着目したいと思うのは、「彼女が何を経験したか」ではなく、「彼女が何を経験から救い上げたのか」ということである。

実際、ヴェイユが弱い身体をもって臨んだ苛酷な労働実践である「工場生活の経験[*2]」（一九三四〜三五年）を源泉とする彼女の「不幸の形而上学」と、ホロコーストの生存者である文学者たちの洞察は驚くほど軌を一にしている。両者がともにおよそ経験しえない経験から掴んだ重要な洞察は、第一に、身体の死より前に魂の死が訪れるということ、つまり、生きているのに死んでいる感覚をもつということであり、第二に、悪は罪人の魂においてではなく、罪のない無辜な人の魂において感じられるということ、つまり、加害者が罪として感じるべき悪が、実際は、被害者が「恥辱（humiliation）」として自らの悪（醜悪）を感じるということである。さらに、社会的威信の剥奪が理性的存在者である私たちを極限の苦しみへと陥れるため、これらの表徴が、いみじくもヴェイユが「奴隷の刻印」（AD 42,「精神的自叙伝」）と述べた持続性を有し、そのことによって、極限に面した経験をもつ者は、たとえ生還したとしても、生と死の境界を歩むことを余儀なくされるのである。

本章で考察したいと思うのは、このような境涯における「詩」の湧出の可能性である。とりわけ、アウシュヴィッツで果たした詩人の役割や「詩」を生きることについてはしばしば語られるところであるが、こうした「詩」を、シモーヌ・ヴェイユの述べる「根づき（enracinement）」、鈴木大拙の述べる「霊性」と重ね合わせ、シモーヌ・ヴェイユにおける「東洋的なるもの」のコンテクストにおいて考察してみたい。

1　シモーヌ・ヴェイユにおける「東洋的なるもの」

鈴木大拙は「『詩』の世界を見るべし」（一九五九年）という短いエッセイでヴェイユに触れ、「その人の言葉の中に、純粋なキリスト教とは見られず、純粋にユダヤ宗の人とも思われぬ、何か東洋のものがはいってきてやしないかという気がするのです」と述べ、さらに、「この人がいっているのに、労働者に必要なのは、詩だと、こういうんですね。……わたしはこれがシモーヌ・ヴェイユというような人でなければいえないかと思う」と述べている。*3 このシモーヌ・ヴェイユにおける「東洋的なるもの」、そして、シモーヌ・ヴェイユというような人でなければ言えない労働者〔より根源的に私たち人間〕に必要な「詩」とは、いったいどのようなものだろうか。

大拙は「東洋的なるもの」を西洋的二元論、対象論理を超えた、主客未分のもの、さらには汎神論的なものと捉え、そして、その根底に「知行合一」を置いている。しかし、ヴェイユの現実の政治・社会における「行」は、大拙の述べる「宗教的行」とは位相が異なる。私たちが、行為において、「意志」によっては乗り越えることが不可能な極限に面するとき、「知」と「行」は絶対的に合一しえない、かぎりなく隔たれたものとしてあらわれる。状況が自己が無であるとの認識を迫るとき、「私たちは自分を忘れることはできても、自分を無であるとみなすことはできない」(OCVI-2 403)からである。このように「宗教的行」と「政治・社会における行動」との差異は、大拙とヴェイユの思考空間の差異を明示することとなる。*4

大拙は『日本的霊性』において、大地性を霊性の萌え出る否定即肯定の直接性と捉えている。一方、キリスト教については、キリスト教における「受難」は即「復活」でなければならないとしており、宗教を、死即生の媒介を経ないものとして捉えている。それに対して、認識を不可能にさせ、超越への道程をいっさい阻むものとしての極限に面した経験をもつヴェイユは、「不幸の認識はキリスト教の鍵である」(PS 113,「神への愛と不幸［後から発見された部分］」)とみなし、キリスト教の極点にキリストの「受難」を置いている。そして、矛盾を矛盾として注視することを阻み、知性において弁証法を果たしてしまう、つまり、自力から他力への移行を阻んでしまうネガティブなものとして「復活」を捉えている。このように、両者の辿り着いた宗教的境涯が重なり合うとしても、その位相は同一ではない、ということをまず捉えておかねばならない。西洋人であり、西洋哲学に親しんできたヴェイユにとって、当初「神の到来」は、「道徳律がかぎりなく神に漸近してゆく」という形態においてであり、それは、まさしく大拙が「東洋的なるもの」と対置させたものであった。そして、ひとたび経験・霊性をもって「神の不在」を感得した後の境涯が、大拙が述べる、ヴェイユのうちなる「東洋的なるもの」なのである。大拙は、つねに、西洋二元論と対置する「善きもの」として、東洋的な「曖昧さ」を捉えている。しかし、ひとたび現実の世界を振り返るのであれば、この東洋的「曖昧さ」が、東洋人の克服すべきネガティブな側面を有することは否めない。そうであるならば、両者の共通点を強調するのではなく、大拙には生じえなかった「ニヒリズムの問題」に直面した西洋人であるヴェイユのうちにあって、いまだ言語化されえなかったものが、大拙の『禅仏教論集』第二巻（英文）を偶然手にすることによって「東洋的なるもの」と共鳴し、言葉となりえたということに光が当てられねばならないであろう。*5

2　「純粋なるもの」との接触

ヴェイユは最晩年の政治・社会的著作である『根をもつこと（Enracinement）』（一九四三年）を、大拙は『浄土系思想論』（一九四二年）、『日本的霊性』（一九四四年）を、ほぼ同時期に書き残している。『根をもつこと』における「根こぎ（déracinement）」の考察で着目されるべきなのは、「根こぎにされたものは、他者をも根こぎにする。根をもつものは、他者を根こぎにすることはない」（E 67）という洞察である。この言説には二つのパースペクティブが含まれる。第一に、悪をなされた無辜の人は、その悪を自己の周りに振りまいてしまう。すると、悪は倍加されて自己に跳ね返ってくる。こうして「不幸な人」は、ニヒリズムの深淵に落ち込んでしまうのである。第二に、悪をなされた人だけでなく、悪をなす人もまた、根こぎにされているという事実である。

ここでは「根こぎ」の状態をより詳しく見ることにしたい。強制収容所に入れられた人々の労働をあえて平面化して考察するならば、ただ殺されないために、AからBへ、BからAへと永遠に石を運び続けなければならない有り様である。ここにはいかなる合目的性も介入しえず、現実存在の維持のみが目的であるという状況は、死に至る恐怖を引き起こす。こうした状態において、私たちの心のうちに「真空」と言いうる空隙が生じる。この「真空」は、パラドクシカルに大拙の「空」へと連なる超越への契機となりうるのであるが、ここにおいて、否定即肯定の弁証法は生じえない。この「神の不在」、この「神の沈黙」において、私たち主体の側のプラス・アルファーが必要なのである。それはいったい何なのであろうか。

この問いに応えるために、私たちはヴェイユの渇望の観念[*6]を考察せねばならない。渇望は、たとえ自我によって曇らされたものであっても、本来「善への渇望」である（IP 70,「『饗宴』注解」）、とヴェイユはプラトンとともに言う。ただ、私たちにとって難しいのは、プラトンの「洞窟の比喩」に則すれば、善である太陽に眼差しを向けることである。なぜなら、自らのうちに善はないこと、善は神（太陽）のうちにしかないことを知ることは、死に直面することだからである。先述の悪を課された人々にとって悪の解消の契機は、「純粋なるもの」を渇望することであるとヴェイユは言う（PS 15,「神の愛についての雑感」）。「純粋なるもの」は悪を投げ返してこない。そして、「純粋なるもの」を渇望すること自体が「純粋なるもの」を所有することとなり、悪を解消するのである。これが、アウシュヴィッツで詩人の果たした役割であり、極限に面して詩を生きる可能性である。「美が善の映しであるように、純粋さとは謙遜の映しである」(OCVI-2 384)。ここにおいて詩人と聖人とが重なり合う。

ここで、私たちを「純粋なるもの」の渇望から阻むものを見定めるために、ヴェイユによる「ヨブ記」の考察を見てみたい。ヨブが絶望的な叫びで神に自らの無辜の「証言」を求めるのは、ヨブの魂がすでに自らの無辜を信じられなくなっているからである(PS 90,「神への愛と不幸」)。まさしく、悪が、罪のない無辜な人において感じられるからである。だが、神は、ヨブに「私がこの世をつくったとき、お前はどこにいたのか」〔ヨブ三八・四〕と問う。この自らの関心とは別の位相の問いに、ヨブは自らの無を自覚し、慰められることになる。だがこの位相に到るためには、ヨブは「神への愛」を傾け続けなければならない。悪の直中にあって、それでも神を愛し続けることが「純粋なるもの」との接触を可能とし、ヨブは「世界の美」に触れるのである。

一方、私たちの肉体そのものが、超自然的働きをなす場合がある。「対象を真に観照するひとりの聖人の涙は、超自然的なものである」(LR 60)とヴェイユは述べている。私たちは、その苦しみを抱え切れないとき、無意識に涙が溢れ出る。そして、無声慟哭といった有り様において、己れを離れ、「純粋なるもの」と接触している。[*7] こうして、「涙」において、私たちは、苦しみにつなぎ止められながら、自己回復を果たすのである。そして、聖人の涙は、「隣人への愛」による涙であることを忘れてはならない。

このように、ヴェイユにおける超越の契機である「純粋なるものとの接触」は、悪を断ち切って善へ向かう二元論的構造をとっていない。悪の直中にありながら、悪を破壊することなく善を渇望すること、このことが、私たちを救うのである。そしてこれは、煩悩を断ぜずして涅槃を得る「横超」〔阿弥陀仏の本願によって迷いの世界を跳び越えて、浄土に往生すること〕に連なるものであり、「存在の彼方の善」を「悪の奥底の善」として捉えるヴェイユのプラトニズムは、「横超」として受け取り直されるのであった。真の自由は、自己が置かれた状況の外に出ることではなく、自己が否応なく巻き込まれる状況を受け入れることである。ヴェイユの述べる「詩」が萌え出るのは、このような境涯においてである。

3 「詩」と詩的言語の可能性

ヴェイユが「東洋的なるもの」の境涯に辿り着いたのは、なにより、苛酷な「労働」という身体活動を通してであった。ヴェイユの労働に関する初期の記述には、労働に先立って「体育」についての言及が見られる。「体育」において、身体は道具へ、さらに、情動は記号へと移り行くとヴェイユは述べている（OCI 147,「時間について」)。この状態において、私たちは身体につなぎとめられながら、自己を超えた「生命の力」に出会う。ここに、「純粋なるもの」との接触に欠かせない「ゼロが私たちの最大である」（OCVI-4 384）という認識の源泉を見ることができる。

ヴェイユが希求する「詩」は言葉のなかに閉じ込められた贅沢な詩ではなく、「日常生活の実体であるような詩」（CO 424,「奴隷的でない労働の第一条件」）である。そうであるならば、このような「詩」は身体において出会われるものでなければならない。「妙」と「詩」が重なり合うところに、もっとも「東洋的なもの」があるとみなしている大拙[*8]は、ヴェイユが述べる身体において出会われる「詩」を次のように敷衍している。「それを、労働者が手を動かし、足を動かすというところに関連づけて、そこにポエジィを見ることができたら、まあ、労働者は助かるですね。……俳句をやる人はそこに詩情を見て、十七文字にまとめることができるだろうと思うですね。そうすると、大工さんがコンコンやっておる、鉋でけずる、というところに十七文字の詩情がわけば、……いうにいわれぬ詩情、今のポエジィを感じるとすると、……交換条件をなにも入れないでですね、ただ、こうやっておることだけに妙を感じて、十七文字で表現することのできるものを、手足を動かす人が感じられたら、その労働の世界というものは、まったく変わってしまうだろうと思うです[*9]」。このような詩情が湧出する境涯は、ヴェイユにおける苛酷な労働のそれとは異なる。第2節で見たように、ヴェイユでは「真空妙有《しんくうみょうゆう》」ではありえない。だが、「俳句」という詩であり「うた」であるものを身体において捉えることへの大拙の着目は、ヴェイユが、必然性につながれ、無限に隔てられた神との距離の調和を図るものとして考察した「音楽」に連なるものであろうと思われる。そして、この「音楽」は、「偶像崇拝」から「神」の「象徴」へと私たちの眼差しの移行を図るものとヴェイユはみなしている。

さて、私たちが「名号《みょうごう》」〔「主の名を唱えること」〕を聞き取ることができるのは、自らのうちに「純粋なるもの」、「如来」への渇望があるからである。そして、「純粋なるもの」の「渇望」が「純粋なるもの」の「所有」と等しくなるのは、そこに「約束・約定（convention）」があるからである。ヴェイユは名号について次のように述べている。

「仏陀は、浄土（le Pays de la Pureté）で仏陀によって救われたいとの渇望をもって仏陀の名を唱えるすべての人々を、仏陀のところまで引き上げたいとの祈願をたてたのであろうと言われている。そして、この祈願によって主の名を唱えること［名号］には、本当に魂を変革する力があるのだ」

（AD 176,「神への暗々裏の愛の諸形態」）

私たちは、パスカル（一六二三～六二年）の賭（『パンセ』二三三）のように、自ら神を探し求めることはできない。「意志」によって、つまり「自力」によって探し求めた神は、自分より高くも低くもないからである。実際に私たちが引き上げられるのならば、それは「他力」によって引き上げられるのであり、引き上げられたその「事実」が神の存在を証する。キリスト教における聖体拝領や賛美歌も、この名号と同じ効果を有している。だが、ここで注意しなければならないことは、「聖体拝領を受ける」、「賛美歌を歌う」という「習慣」によって、道徳律から神に漸近するように、神へと徐々に近づくことはできない、ということである。これらの媒介を通して「魂の変革」がなされなければならないのである。

労働者には「詩」をもつ条件、つまり、「純粋なるもの」を渇望する条件が備わっている、とヴェイユはみなしている。彼女は、「詩」を「清貧」ないし「恥辱」と密接したものとして捉え、詩人と聖人とを、さらに、詩人と世界における周縁化された人々を重ね合わせている。*10 聖フランチェスコの詩は完璧な詩であっただけではなく、彼の全生涯そのものが詩であったのだと彼女は述べている（AD 149,「ペラン神父への手紙」）。それゆえ、「神は至高の詩人である」（OCVI-4 101）のだ。このような詩の把握は、ヴェイユの詩そのものの洞察にも連なるものである。彼女が詩と認めるものは、そこに、なんら作者の技法や意図が見出されないものである（IP 40,「『ティマイオス』註解」）。すなわち、そこに、作者の人格性がいっさい見出されず、非人格的なるものである。まさしく、大拙が、妙好人才市《みょうこうじんさいいち》の歌には、なんら彫琢、なんら技巧がなく、才市の全存在が南無阿弥陀仏になっている[*11]というように、己れが詩とひとつになっている有り様である。そして『根をもつこと』でヴェイユが希求している霊性は、「心情に感じられるような言葉を通じて」（E 91）、労働者に真理を伝達可能にするものであった。

　このような境涯における詩と詩的言語は、おのずからして、ハイデッガー（一八八九～一九七六年）の述べる「存在の住処」であるわけではない。「純粋なるもの」への渇望があるときに、「約束・約定」のうちに「純粋なるもの」の所有があり、そこで、「不在の神」に、「神の沈黙」に聴き従うとき、はじめてそれは「存在の住処」となるのである。「私たちは、詩人としてこの世に住まう」というヘルダーリン（一七七〇～一八四三年）の言葉は、ヴェイユにあってはこのような意味をもつ。「復讐心」が、無気力である「服従」ではなく、「同意」である「従順」へと転換するためには、「自らが無である」という私たちの自然性においては不可能な認識が必要である。この超自然的認識の有り様を、ヴェイユは『禅仏教論集』に述べられている「公案」のうちに見出したのであった。自らの自律が完全に破壊された後で、なんら慰めが見出されない状態において、「神への愛」によって、沈黙のうちに神の声に聴従するまさにこのときに、服従でも復讐でもない、必然性への同意の地平が生じるのであった。

＊

本章では、シモーヌ・ヴェイユにおける「東洋的なるもの」を見定め、極限に面しての「詩」をもつことの可能性を探究してきた。二〇世紀はまた、言語のホロコーストの時代でもあった。ヴェイユも「根こぎ」の中枢に植民地支配による「言語の根こぎ」があることを挙げている（E 138）。植民地支配は物理的に醜悪な「根こぎ」をおこなうものである。だが、魂にもっとも深い傷を与えるのは、暴力という形態をとらない暴力であろう。「むしろもっとも心情的なごく日常的次元のやさしい気持ちのなかで、そうなってはならない人がそうなってしまう[*12]」のであろう。おそらく、自ら偶像崇拝をしていると意識して、偶像崇拝している人は稀であろう。私たちのほとんどが、真理であり、象徴であるものに眼差しを向けているのだと意識しながら、実は、なんらかのイデオロギーに取り込まれてしまっているのである。[*13] 純粋言語、翻訳の可能性を、ヴェイユの霊性、詩的言語を手がかりに考察することは豊穣な今日的意義を有しているであろう。

第13章　暴力と詩

――「人格と聖なるもの」、「『イーリアス』あるいは力の詩篇」を手がかりに

シモーヌ・ヴェイユの言葉は、現実の問題に衝突したときに、どれほどの力動性をもちうるのであろうか。二〇〇四年三月のイラクへの自衛隊派兵の問題点を、魂のレベルにおいて考察するならば、それは、他人から悪をなされたときに「なぜだ！」という問いを発する魂の部分であるのと同時に、他人は悪ではなく善をなしてくれるに違いないと期待する私たちの魂の「善を希求する部分」が疎外されてしまっているという点にある。「力をもつ者」も「力をもたない者」もともに疎外されている有り様を開示したところに、ヴェイユの慧眼がある。

＊

「もっとも真実なものは詩的です。もっとも真実なるものはあるがままの人生です[*14]」

「戦争と革命の世紀」も、それに続く「証言の時代」も、九・一一以前、以後を問わず、絶えまない暴力の連鎖から逃れ得なかった。暴力は、具体的次元だけでなく、「言葉」という抽象的次元にまで及んでいる。そして、言葉による暴力は、物理的な暴力以上に悪魔的である。なぜなら、言葉は多かれ少なかれ「記号」という性質を免れることができない。そして、言葉が記号である以上、主体が認識可能だと判断する範囲内の安易な想像力のうちに回収され、「紋切り型」の思考のうちに練り直され、まったく別の意味作用へと改変されてしまう危険性を免れえないからである。さらに厄介であるのは、この主体の意識の行程が、まったくの善の意識のもとになされうるということである。

なぜこのようなことが起こってしまうのであろうか？　まず第一に、私たちの意識は、本来、他者の極限の苦しみを直視しえないということが挙げられる。「感傷性」という陥穽に陥らず、他者の極限の苦しみを直視するとは、私たち自身が他者の極限の苦しみの場にわが身を置くことにほかならない。そしてそれは、私たち自身が、言葉の上ではなく身体をもって虚無に直面することを意味する。したがって、私たちの意識は、この虚無に直面することを、多かれ少なかれ避けようとするのである。

それゆえ、命がけでなした自らの「証言の言葉」が、その言葉本来がもつ意味作用のままに聞き取られることがけっしてないのだという現実に直面した証言の時代の証言者たちは、具体的暴力を堪え忍び生還したにもかかわらず、さらに苛酷な抽象的暴力を受ける「二重の疎外」に直面し、自ら命を断つという苦しみの深淵へと陥れられてしまったことは周知の通りである。彼ら・彼女らを殺したのは「戦争と革命の世紀」の「ガス室」ではない。そうではなく、証言の時代に生きる私たち一人一人である。このことは忘れられてはなるまい。

一方、「法の言葉」の場合はどうであろうか。法の言葉は、証言の言葉のように、個別の特殊な人格から発せられるものではない。したがって、法の言葉は、その無機性ゆえに、本来、ある一定の普遍的地平を提示しうるはずである。だが、力をもつ人が、虚無への直面を避けようとする場合、あるいは、より一層の力を獲得しようとする場合、事態は容易に転倒してしまう。絶対的な力の行使は、一切の矛盾、一切の規範を乗り越えるのを可能にさせてきたことは、歴史が示すところである。そして、法もまたこの例外ではないことも事実である。

　この事実を、今日、再確認せざるをえない深刻さを、私たちは、日々肌で感じざるをえない。しかし、多くの日本人にとって、この深刻さが本当には感じられてはいない。言うなれば、感じられているのに感じられていないのである。この自己矛盾の奇妙さは、さしずめ「感じられる無関心」とでも言えようか。この「感じられる無関心」の魂ほど恐ろしいものはない。なぜなら、「感じられる無関心」の魂は、深層意識では虚無や不安を抱えているので、力を行使する者が、自らの虚無や不安の払拭、あるいは、自らの安全や幸福の保証を提示する場合、やすやすとこの力の餌食になってしまうからである。つまり、「感じられる無関心」は、つねに、「力の偶像崇拝」と表裏一体なのである。こうして、「感じられる無関心」は、満面の微笑をたたえつつ、「われわれ」という個が摩滅した集団を形成し、なんら痛みを感ずることなく、また、あたかも自分自身の力が増大したかのごとくの錯覚に陥り、暴力を振るうことを正当化してしまうのである。私たちは、どうしたら、「あまりに、あまりに安易な」この暴力の行使への移行を阻止できるのであろうか。

　本章では、二〇〇四年の自衛隊イラク派兵の問題点を、「戦争と革命の世紀」を生き抜いたシモーヌ・ヴェイユの思想に照らし合わせることによって明らかにし、この絶望的とも言える問いに対する光の在り処を模索したい。

1　「権利」の彼方の「正義」

子どもが足し算をしていて間違いをすると、「ああ、ここで間違えたんだね」というように、その子の「人格」がそこに記されてしまう。だが、子どもが正しい計算をした場合には、その計算の過程のどこにもその子の人格は記されない。そこにあるのは、正しい計算の結果という「真理」だけである（EL 17,「人格と聖なるもの」）。このように、真理は、本来、真理であるがために、「人格」も含め、いかなる属性も孕まない。しかし、この単純な事実を私たちはなかなか認識することができない。「私」という人格が明示されないことは、虚無や不安の到来を余儀なくさせるからである。さらに、「感じられる無関心」の魂は、すでに虚無や不安を抱えているために、孤独の恐怖から逃れようと必死になる。それゆえ、力をもつ人が、「国家のために」、「国民のために」という、集団の目的を提示した場合、この集団の目的の傘下に入り、安堵したいという欲求を押さえることができなくなってしまうのである。そして、あらゆる集団の目的が、他を殺して自己が生きる「自己拡大」を意味していることに気づくことができなくなってしまうのである。

他方、力をもつ人が、「テロリストに屈するな！」といった権力意志を含意する言葉を提示した場合、

「感じられる無関心」の魂にとっても、おそらく、この言葉が戦闘的であることは気づかれるであろう。だが、「感じられる無関心」の魂にとって、第一の目的は自らの虚無と不安の払拭にあるので、自らの魂に一層無関心であることを自らに強制する。そして、無関心の極致に辿り着いた魂は、ついに思考することを停止する。しかしながら、形骸となった魂と身体は、集団を強固にする人間の「量」をやすやすと形成することができる。こうして、ついに「感じられない無関心」にまで徹底された魂は、「力」にとって、さらなる「力」の自己拡大のための恰好の餌食となるのである。

　力の暴力的行使によって、「汝～するなかれ」という法が打ち捨てられる危険性に私たちはつねに直面している。この「法外な」状態において、「感じられる無関心」の魂が、その陥穽から脱却できる可能性は、果たして残されているのだろうか？　ここでは、「権利」という言葉がもつ陥穽を明らかにすることによって、ゼロ地点からの可能性を模索したい。

　誰かの身体を傷つけることが「法」によって保証され、かつ、その「権利」が「私」に与えられ、さらに、その行為がきわめて興味深いものであると仮定した場合、私にその人の身体を傷つけようとする手を控えさせるものはいったい何であろうか（EL 12, 同上）？　私が自分の手を控えるのは、その人の「人格」が尊いからではない。なぜなら、もし身体を傷つけても、人格の尊さは依然として無傷のままであるからである。したがって、「私」が自分の手を控えるのは、その人が善人であるからでも、高貴であるからでも、重職にあるからでもない。それでは、「私」はなぜ自分の手を控えるのであろうか？　それは、「私」が、もしその人の身体を傷つけたとしたら、その人が「他者」から悪を蒙ったという意識のために、その人の魂が引き裂かれんばかりの叫びをあげることを、私が知っているから、な、の、で、あ、る（EL 12-13, 同上）。私のうちなるこの「他者の知」こそが、私に自分の手を控えさせるのである。では、なぜ私はこのことを知っているのであろうか？　それは、たとえどのようなひどい経験をさせられようとも、たとえどのような不可能性に直面しようとも、他者は私に「悪」ではなく「善」をなしてくれるに違いないと期待する「なにものか」が、私たち万人の魂のうちにあるからである。人間のうちにあって尊いのは、否応なく善を期待してしまう、だからこそ「不正義」に接すれば「なぜだ！」と問わざるをえない、私たち万人の魂のうちなるこの「なにものか」なのである。

「証言の時代」の証言者たちは、なぜ、できれば目を閉じてしまいたい、忘れてしまいたい、魂が沈黙を迫る、自らの地獄の経験を証言しようと決意したのであろうか？　それは、前述のように、もし同じ不正義に接すれば、必ず、「なぜ、他者は私に悪をなすのか？」、「なぜ、私は不正義を蒙らなければならないのか？」という問いを他者に向けて発せざるをえないからである。万人がもつであろう、この究極の「共通感覚」に訴えかけようと、証言者たちは命がけで証言するのである。それにもかかわらず、彼ら・彼女らを「二重の疎外」に直面させた私たちの責任は、単に私たちが自らの安易な想像力のうちに彼ら・彼女らの証言の言葉を回収したということに留まらない。私たちの責任の最たるものは、「金銭」による保証という彼ら・彼女らの「権利」を前面に押し出すことで、この権利という「騒音」によって、彼ら・彼女らの魂の奥底のもっとも尊い部分から発せられる叫び声をかき消そうと意図したことである。このことは、旧日本軍従軍慰安婦問題において、今現在も持続する不正義であると言えよう。

他方で、二〇〇四年の自衛隊のイラク派兵の場合はどうであろうか。派兵にあたって、自衛隊員一人一人に、どのような精神的・物質的圧力がかかっていたのかを私たちは詳細に知ることができない。だが、たとえ、「熱望する・希望する・すすんで希望しない」の「選択の自由」が彼ら・彼女らに与えられているように思われても、この選択の自由が、金銭と昇進の保証という「社会的威信の拡大」という「自己拡大」の「権利」を背景にもつものであるならば、彼ら・彼女らは真に自由ではない。権利の保証が前面に押し出された場合、彼ら・彼女らが、この派兵を「正義」ではなく「不正義」だと認識していたとしても、「なぜだ！」という叫び声を発したいと欲することも、実際に発することもできないのである。金銭と昇進の保証という「権利」の「騒音」が、彼ら・彼女らの叫び声が発せられる通路を意図的に遮断し、彼ら・彼女らの叫び声を不在のものとしてしまったのである。そして、さらにいっそう悪いことに、金銭と昇進の保証という「社会的威信の拡大」という「自己拡大」を意味する「権利」は、正義のために「すすんで希望しない」とした人たちに、物理的・精神的条件から、「熱望する・希望する」とした人々が手にする「特権」に対する羨望の感情を生じさせるのはごく自然のことである。そしてこの場合、正義のために「すすんで希望しない」としていた人たちがかすかに有していた「不正義に接した叫び声」を、自分のうちなるこの「羨望」という意識は、自己破壊的に消滅させてしまうのである。そして、そもそもこの権利を提示した、「力」を有する人たち自身は、特権をもつ人たちにほかならない。そして、この人たちは、この特権を「把持するもの／把持しないもの」の分断という「不平等」をけっして卑しいものと考えてはいない。否むしろ、「聖なるもの」であると錯覚しているのである（EL 27, 同上）。それゆえ、この人たちは、人間の心のうちにあってもっとも尊い部分である、「人はなぜ私に悪をなすのか？　という叫び声を発する部分」、「人は悪でなく善をなしてくれるに違いないと期待するなにものか」が、自分の魂のうちにあることも、他者の魂のうちにあることも理解することができないのである。

イラクに出兵している・出兵する自衛隊員たちは、今現在、「正義」のために出兵している・出兵するのか、それとも、自分の「自己拡大」を意味する「権利」の保証のために出兵している・出兵するのか、自分の心情を正確に掴めないままに行動が先行する事態に直面していると言える。それゆえ、彼ら・彼女らは、行動の責任をその動機に帰することができないのである。

「市場でぶしつけな買い手から、卵を買い叩かれた百姓は、こう答えてやることができるだろう。『いい値で買ってくれないなら、卵を売らない権利だって私にはあるのだ』と。しかし、力づくで売春宿に入れられそうになっている娘は、自分の権利を語りはしないだろう。こうした場合、権利という語は意味がなく、滑稽なものに思える」(EL 26-27, 同上)

2　殺人と「想像力」

「人を殺す」という行為は「想像上の」行為である。なぜなら、もし実在する人間を目の前にしているのであれば、「悪」をその人になそうとしている・なしている加害者は、「なぜ他者は私に悪をなすのか?」という被害者の「魂の奥底からの引き裂かれるような叫び」に直面せざるをえず、この叫びを聞き取るならば、人を殺すことはできないからである。殺人は、あらゆる不可能、あらゆる不条理をやすやすと乗り越えさせてしまう。こうして、殺人は、あたかも夢の中の出来事のように、思うがままになされてしまうのである。しかし、このとき、加害者は、夢の中と同様に、どういうわけか自分の手足が麻痺していると感じるのである。[*15]

しかし、加害者は、なぜ、殺人が犯罪であるにもかかわらず、平常心を保っていられるのであろうか？　それは、加害者が「非現実」という「現実」を生きているからである。そして、この非現実性がまた加害者の魂を酔わせもするのである。加害者は、殺人という行為を通して、自分のなかの悪を他者に転化することで、自らの悪から脱却できると考える。しかし、この悪の転化は「想像上のもの」にすぎない。この現象は復讐の行為に端的にあらわれると言えよう。復讐によって、自らが蒙った悪が減少するわけではない。だが、相手に同様の悪を与えることで、あたかも自らが蒙った悪が減少するかのような錯覚をもつ。こうして、時間・空間を自由に扱えると錯覚する自らの想像力において、加害者は、力を自在に駆使し、他者の生命があたかも子どものおもちゃのように扱われてしまうのである。

二〇〇三年一一月三〇日、イラクの日本大使館の二人の外交官が殺害され、彼らの殺害されたことのみが取り上げられ、ともに殺されたイラク人の報道がなされていないというマスコミの操作が指摘されている。マスコミの操作は、確かに私たちの心情を左右してしまう。だが、それ以前に、私たち自身の心情の「遠近法の錯覚」があることを銘記しておかねばなるまい。先述のように、人が尊いのは、その人が同族であるからでも、高貴であるからでも、重職にあるからでもない。しかし、力をもつ人は、その特権の矛盾と陳腐さに気づくことなく、むしろ特権を重視するので、力をもつ人が言葉にした、殺された外交官二人の死の「痛み」とは、彼らが「日本人」であり、有能な「善人」であり、「重職」にあったという彼らの失われた「特権」に向けられたものであった。誰ひとりとして、ともに殺されたイラク人に対してはもちろんのこと、外交官二人に対してさえも、「不正義に接したという苦痛の叫び」に耳を傾けようとした者は居なかったのである。そのことが、けっして共苦することがなく、たった三ヵ月で見事に事件が風化されてしまう所以であろう。そして、力をもつ人がなした「不正義」は、「日本人」という私たちの同族意識の「遠近法の錯覚」に働きかけ、彼らの死を自衛隊派兵の鼓舞に利用したことに留まらない。死者はどんなに悔やんでも、どんなに憤っても、けっして戻ってはこない。しかし、私たちは、親しい者が殺されれば、その加害者をも殺してやりたいと思う。それは、「想像上で」、加害者の死をもって、自らに親しき者の生を取り戻そうとするからである。しかし、取り戻された自らに親しき者の生は「想像上のもの」にすぎない。本来、加害者に必要とされているのは、たとえ死をもってしても、被害者と同様の「なぜ、他者は私に悪をなすのか？」という魂の叫び声をあげることによって、自分の叫び声を通して被害者の魂の叫び声を聞きとることによって、加害者の魂が失ってしまった善の意識を取り戻させることなのである。しかし、こうした本来もつべき「刑罰」の意味合いが完全に風化してしまっている今日、「遠近法の錯覚」が力をもつ人の「自己拡大」のみならず、殺人の鼓舞に利用されているという不正義がある。

「中国で十万人の大虐殺が起こっても、自分が知覚している世界の秩序は何の変化もこうむらない。だが一方、隣で仕事をしている人の給料がほんの少し上がり、自分の給料が変わらなかったら、世界の秩序は一変してしまうであろう」（IP 73,「『国家』註解」）

3 「詩」が「力」を超えるとき

道で誰かとすれ違うとき、私たちは貼り紙の傍らを通りすぎるのとは違った歩き方をする。部屋のなかに客がいるとき、ひとりで部屋にいるときとは違った立ち居振る舞いになる（OCII-3 230/ SG 15,「『イーリアス』あるいは力の詩篇」）。このように、「人がそこに存在するということ」が私たちに与える影響力は定義するのは難しい。だが、「物がそこに存在するということ」とはまったく別様の影響力があることは確信できるであろう。ところが、「善／悪」、「われわれ／彼ら」の二元論をとり、自分を「善であるわれわれ」の側に暴力的に位置づけるとき、その人たちの想像力は、彼ら・彼女らである他者を、「人」ではなく「物」の位置に押し留めるのを可能にさせてしまうのである。つまり、貼紙の傍らを通り過ぎるように、置き物のある部屋に居るように、その人たちの行為は、「人がそこに存在するということ」によって変容を蒙らないのである。

なぜこのようなことが可能となってしまうのであろうか？　力をもち、力を行使する人たちにとって、先述の心情の「遠近法の錯覚」は、実際の物理的次元だけでなく、道徳的次元にまで拡大されている。それゆえ、この人たちがもつ「特権」が、あたかも善を行使する権利であるかのごとくの錯覚から逃れることができないのである。この人たちは、自分もまた、自分が行使するまさにその力によって捉えられてしまっていることに気づくことができない。自分が力を行使すればするほど、自分だけは、特権的に、力の支配から自由になる、と錯覚し続けるのである。

こうした人たちは、どうして、「なぜ他者は私に悪をなすのか?」という他者の苦痛に満ちた叫び声に耳を傾けることができないのであろうか? それは、この人たち自身が、自らが実在しているという生の充溢の感情を、すでにもてなくなっているからである。そして、力の拡大こそが生の充溢を保証するとの錯覚のもとに、けっして得られないこの充溢を永遠に追い求める空転を繰り返すのである。このように、力は、力を振るう人の魂も、振るわれる人の魂も、ともに根こそぎにし、「物」にしてしまう。だが通常、私たちはこのことに気づくことができない。

ところで、他者が実在しているという感情を、私たちはどのようにしてもつのであろうか? 対象に対して「無関心」ではなく、対象に対して「関心」をもちながら、しかも、自らの所有とすることを欲することのないものが、この世界にただひとつだけある。それは美である。私たちは、美に接したときだけは、この美を所有することなく、この美と距離をとることによって満足をうる。[*16] そうであるから、他者が実在しているという感情は、美の感情として、私たちの魂のうちに立ちあらわれるのである。これこそが、この世界に生きる私たちにとっての「詩」である。

しかし、力を行使する人たちは、他者の認識に不可欠であるこの美の感情による「距離」を保つことができない。そして、「帝国」の支配者たちは、自分こそが他国を支配するために選ばれたものであるという特権の自明性の信念のもとに生きている。そして、力を行使する人たちが平和を口にするとき、その平和とは、自らが思うがままに力を振るい、他者を物の位置に押しとどめる平和にほかならない（EHP 18,「ヒトラー主義に関する若干の考察」）。そうであるから、帝国の支配者たちが口にする平和が、つねに、必然的に、どんな情け容赦もない残忍さに貫かれざるをえないのである。

どうしたら、帝国の支配者たちに、他者が存在するという実在の感情を取り戻させることができるのであろうか？　それは、この人たち自身が、恐怖や敗北や愛する近親者の死といった、不正義に接して、魂が引き裂かれるような叫び声を挙げるということ以外にはありえない。この叫び声を自ら発するとき、はじめて、この人たちは、他者の生命が自分の生命と同じく、子どものおもちゃではないことを知るのである。そして、不幸なことに、この通路を通してしか、この人たちに「他者が存在する」という実在の感情を取り戻させる方法はないということを、帝国の歴史は雄弁に物語っている。そして、すぐれたギリシア悲劇は、この唯一性を主題にしてきたのであった。

他方、戦争における兵士たちの場合はどうであろうか？　兵士たちは、職業として、未来に自分の死を想定することを避けえない。彼ら・彼女らが、自らの未来を想い描くとき、自らの死の表象を通過せずには未来への期待をもつことができない。このとき、自らの死の表象は、おそろしいばかりの暴力性をもって自らにのしかかってくる。そして、この恐怖をほんの一時でいいから払拭したいと欲せざるをえなくなるのである。そうであるから、他者の生命を奪うことで、自らの未来に想定された死を他者に転化しようと、殺戮を繰り返すことになる（OCII-3 242/ SG 28-29,「『イーリアス』あるいは力の詩篇」）。このような心的メカニズムによって、戦時の暴力の連鎖は相乗的に繰り広げられることになってしまうのである。

二〇〇四年三月に派兵された自衛隊員たちの意識の行程が、この兵士たちの意識の行程と無縁の位置にあると言い切れる人が果たして存在するであろうか。

「人間において、人格とは、苦悶し、寒さに震え、避難場所と暖かさを求めて駆け回るなにものかである。このことは、人格が――たとえ待機中であるにせよ――社会的配慮に暖かくつつまれている人々にはわからない」（EL 21,「人格と聖なるもの」）

＊

私たちの魂は、自らが生きるか死ぬかという極限に直面すれば、十中八九、相手を殺して自分が生きようとするであろう。[*17] だがここに、他者の「不正義に接した際の心の奥底からほとばしる叫び声」を聞きとるとき、自らの死と引き換えにしても他者の生を、意志的選択ではなく、おのずから召喚されるというかたちにおいて選択する可能性が、私たちにひらかれている。なぜなら、自分の魂の奥底に自分ではない世界と他者が映し出されることが、なによりもその人にとっての自由であるからである。

他方で、不正義の本質は、その蒙った不正義を説明することができないというところにあるのだから、「不正義に接した際の心の奥底からほとばしる叫び声」は、実のところ、必然的に「沈黙の叫び声」とならざるをえない。私たちは、どのようにして、この「沈黙の叫び声」に耳を傾けることができるのであろうか?

自らの生の実在の感情が漲っているとき、自らの生命を愛おしく美しいと感じるのと同様に、他者の生命も愛おしく美しく感じられるならば、私たちは「沈黙の叫び声」を聴く。なぜなら、シモーヌ・ヴェイユが述べているように、「美には語る言葉はない。けれども、美には呼びかける声がある」(EL 38, 同上) からである。

とはいえ、「感じられる無関心」の魂に陥らざるをえない今日、「国際社会への貢献」といった口当たりがよく、かつ、力の自己拡大を意味する言葉は、「特権」の不平等性や他者の息遣いを意図的に隠蔽し、跳びつきたくなるようなおいしそうな魂の糧に思えてしまうかもしれない。けれども、この世界に「私」があり、「他者」があるという必然性を美として享受できない魂が歩む生は、もはや生ではなく生きながらの死であろう。この魂は、力の行使が、あたかも「死すべき運命」にある人間の死をも特権的に免れさせるがごとくの錯覚に陥り、虚構の生を暴力的に享受し続けるのであろう。だが、自分自身が自分の力によって根こぎにされている有り様ほど、滑稽でまた悲しいものはない。他者の息遣いを美として感じ、その美を持続させたいと欲すること、このことこそが、私たちがとるべき「非暴力」という抵抗の位相なのではないであろうか。

第14章　重力と詩

シモーヌ・ヴェイユが生き抜いた「暗い時代」は、宇宙の必然性の重みを自らの意志によってはいかんともしがたい時代であった。犯罪が正当化される戦争という状況にあって、私たちはどのようにして自由でありうるのであろうか。そして、他者と世界とつながってゆくことができるのであろうか。

本章では、ヴェイユが「暗い時代」に提示した論考「人格と聖なるもの」、「第一線看護部隊編成案」において、彼女が何を私たちの心に映し出そうとしていたのかを見極めたい。そして、この時代、ヴェイユは、古来さまざまな解釈がなされてきており、また現在もなされている、ソフォクレスの悲劇『アンチゴネー』をどのように読み解き、実在を喚起しようとしたのかを見てみたい。

＊

1　状況のなかの詩

時代が暗くなるにつれて、私たちの意識はどのような変容をこうむっているのであろうか。第13章序で見たように、私たちが「無関心」という有り様を呈していた場合、それは、おのずから深層意識に虚無や不安を抱える「感じられる無関心」とならざるをえない。そして、「自由意志」によって「権力体制」を支える人々のみならず、「感じられる無関心」の魂を抱く人々が、ある一定の「量」をなしたとき、「権力体制」は、「暴力」を振るうことをやすやすと正当化してしまう。前者は明らかに「力」という魔物に魅了されている。そして、後者は、「思考停止」によって、それと知られずに「力」に取り込まれてしまっている。

この構図は、言うまでもなく、ヒトラーがその天才を如何なく発揮し、権力意志を表立って崇拝する、自分を補佐する人々を上部構造とし、「感じられる無関心」の魂を抱く大衆を下部構造とし、さらに、この上部構造、下部構造内部における人間の絶妙な心理の動きを適確に掴み、犯罪を正当化する暴力の巨大組織を構成していった、まさしくその構図にほかならない。

シモーヌ・ヴェイユは、ナチスの暴力が席巻する「戦争と革命の世紀」を生き抜いた。彼女はこの暴力に直面して何を認識しえたのであろうか。この巨大な暴力組織に抵抗できるものなどこの世界に存在しない。そもそも、もし抵抗しうるものを考案しようと試みるならば、その姿勢そのものが、善悪二元論の構図をとり、自らを善の側に位置づけるという暴力に魂を売り渡してしまっていることを意味する。

そうした局面にあって、ヴェイユは、この絶望的な状況のなかで、現実の直中にあって、あえて言葉を紡いでいくことを意志していた。残された著作は公けにされているものであっても、未完結であるとの感を読者に与え、その詩的言語の美しさと明晰さにもかかわらず、その思想の本質を掴むのは難しい。そもそも本当の認識というものは言語化しえないものである。しかし彼女は、自分の掴んだ認識を、言葉を駆使する人間の義務として公けに著してゆく責任を果たそうとした。こうした彼女の思想は、概念化というもの一切を拒み、肉迫した実在の本質が詩的言語をもって綴られることを中核に捉えることになる。だが、彼女の詩的言語が放つ美とは、自己が無になるほどまで彼女が実在に密接したそのあらわれであることを忘れてしまうのであれば、私たちは彼女の言葉をけっして認識することはできないであろう。

ところで、「感じられる無関心」の魂は、なぜ、やすやすと「力」に取り込まれてしまうのであろうか。それは、「感じられる無関心」がつねに自らの不安や虚無を払拭してくれると確信できる「偶像崇拝」の対象を欲望しているからである。「偶像」に身を委ねることで、恐ろしい現実を自ら思考することを停止し、不安や虚無を払拭してくれる「他の思考」に則りたいと願っているからである。こうして、「感じられる無関心」の魂は、知覚しているかのように生きる、認識しているかのように生きる、「偶像に手を触れてはいけない。金箔がはげる」[*18]という偶像崇拝の掟を忠実に守る生を歩むことになる。

「最大の危険は、集団の側に人格を抑圧しようとする傾向性があることではなく、人格の側に、集団のなかに突進し、そのなかに紛れ込みたいという傾向性があるということである」(EL 20,「人格と聖なるもの」)

さらにヴェイユは、「偶像崇拝」の誘惑が、どこまでも私たちの意識に浸透してくる有り様を次のように表象している。

「殉教者たちは神と離れているとは感じなかったが、彼らが念頭においたのは別の神であった。それにおそらく殉教者にならなかったほうがよかったのである。責め苦や死のなかに見出した彼らの神は、ローマ帝国が公式に採用し、そして、皆殺しという手段によって押しつけた神となんら変わらない」(OCVI-1 298)

たとえ、その人の行為が、暴力に抵抗する「非暴力」の様相を呈していたとしても、そして、その行為に自らの生命が賭けられていたとしても、その行為が、神や教祖という宗教的「偶像」によるにせよ、党派、主義、あるいは非主義という政治的「偶像」によるにせよ、その人が、自らが想定した自らよりも強い「力」の存在ゆえに行動するのであれば、それは「暴力」にほかならない。自分が想定したものは自分よりもけっして高くも低くもないのである。しかし、私たちの認識能力の最大の敵は、けっして認識しえないものを認識したいと望み、そして、認識不可能性に直面したとき、認識しているかのような架空の実在を想像力によって構築してしまうことにある。そしてまた、「非暴力」であるかのような行為は、「なにわ節」に比せられる「感傷性」という陥穽を有し、ヒューマニズムのナルシズム的有り様を構築する根源となりうるのである。[*19]

さらに、言葉の上において「偶像」はどのような働きをなすのであろうか。「スローガンを与えよ。この獣は、さながら、自分でその思想を考えつめたかのごとく、そのスローガンをかついで歩いていく」[*20]。まさしく、言葉における「偶像」とはこの「スローガン」にほかならない。そして、ヴェイユは、自分の知性を褒めそやす人々を前にして、自らの言葉が容易に「スローガン」となりうる危険性を重々承知していた（EL 256,「両親への手紙」）。だから、彼女の言葉は、受け取った側が自ら思考せざるをえない、一切の概念化を拒むものとして提示されるのである。他方、彼女自身が、実際に、批判の対象となるスローガン化した言葉として挙げるのは、「民主主義」、「人格」、「権利」の三つである。この三つの言葉が、本質的には「正義」を提示していることは言うまでもない。だが、これらがスローガンとして掲げられたとき、私たちが思いもよらない「不正義」を振りまくことを彼女は見逃さなかった。スローガンは、「他の思考」に則り、自らも思考しているかのように生きることを可能にさせてしまうのである。

マルクスは、思考しているかのような哲学研究者を批判したのであり、ヴェイユは、「民主主義」、「人格主義」、「権利」の可能性を提示しているかのような知識人を非難したのである。「民主主義」、「人格主義」、「権利」をかかげる知識人たちは、自らの「人格」や「権利」が脅かされることがけっしてない「特権」をもつ人ばかりであることを彼女は指摘する。自らの人格や権利が剥奪される畏れがない位置にある彼らには、人間のうちの何がもっとも暴力に曝されうる可能性を有しており、何がもっとも守られなければならないのかが理解できないのである。

「人間のうちにあって、人格とは、寒さに震え、避難する場所と暖かさを求めて駆け回っている、貧窮のうちにあるものなのだ。人格が、待機の状態にあるとしても、社会的配慮に暖かく包まれた人々にはそのことがわからない」(EL 21,「人格と聖なるもの」)。

このように、人格が「寒さに震え、避難する場所と暖かさを求めて駆け回っている、貧窮のうちにあるもの」であることがわからないのであれば、「ごく自然の優しい気持ちのなかで、そうなってはならないひとがそうなってしまうのですね[*21]」というように、当初の平時ではない現実に直面した際の「驚き」や「戦慄」が、いつの間にか自然的なものへと移行し、暴力が、当たり前の顔をして、日常を跋扈することになってしまうのである。そして、「民主主義」、「人格主義」、「権利」が前面に押し出されたとき、人間のうちにあって「もっとも聖なるもの」、「もっとも守られるべきもの」、「もっとも脆いもの」が容易に踏みつぶされてしまうその危険性を、ヴェイユは危惧したのであった。

暴力に抵抗するのではなく、暴力を減少させうるもの、それは、どのようにも解釈されうる「愛」という言葉この一語のみである。そして、ヴェイユが述べる「愛」とは、スローガン化の危険性と隣り合わせにある「愛の狂気」にほかならない。ヴェイユの思想において、「狂気」は「狂愚」という訳語に近いものであるが、目に見えるものとしては、「ばかばかしさ」であり、「不条理」でしかない、この「愛」という「媒介」の働きのみが、暴力に潜入し、暴力の内部に、暴力が完全に死滅させてしまっていた「善への欲望」を新たに再生させる可能性を有する、と彼女は考える。そして、この「愛の狂気」の働く場が、「詩」である。ここでいう「詩」は、「言葉のなかに閉じ込められた詩ではない」(CO 424,「奴隷的でない労働の第一条件」)。人生そのものが、つまり、「現実存在」そのものが詩であるような有り様である。この詩性——「愛の狂気」の働きうる詩性を、ヒトラーの暴力の渦巻く直中で再生しようと意志し、それを言葉によって表現しようと、彼女は最期まで努力したのである。

ヴェイユが、ヒトラーの暴力の席巻する当時のヨーロッパで得た認識は、「強者と弱者が存在するとき、可能なことは強者によって成し遂げられ、弱者がそれを受け入れる」[22]という、情け容赦のない苛酷な必然性の認識であった。そして、彼女の現実の世界における実践とは、「不可能性」に身体をもって体当たりすることの連続でしかなかったように思われる。だが、この「不可能性」への激突という実践こそが、もし、私たちの魂が想像力へと身を委ねることがなければ、理論を構築するのである。私たちの認識欲は、生存するかぎり尽きることがない。そして、この認識欲を突き詰めていけば、多かれ少なかれ「認識不可能性」に到達せざるをえない。だが、この認識欲は、当然のことながら、「偶像に手を触れてはならない。金箔がはげる」[23]という偶像崇拝の掟を破りたいと願うものであり、そして、この掟を破ったとき、魂は、この掟が、「偶像に手を触れてはならない。死に直面する」ということを認めざるをえない。[24]真理は死であること、そして、死は生のなかに点在していること、さらに、死は生に対置されるものではなく、生を包み込むものであることを認識せざるをえない。[25]「肉体が死を厭うように、魂が認識することを厭う」(AD 92,「神への愛と不幸」)、「不幸を認識すること」の不可能性が、私たちの存在において可能となるのである。自明となっている明証性一切を本当に括弧にいれてしまうとき、魂は死に直面する。だが、それにもかかわらず、魂の死と引き換えにしても、私たちの純粋意識は真理に直面することを欲する、とヴェイユはみなしている。彼女の普遍性とはこのような有り様において提示される。そして、暴力の権力体制に潜入し、隠蔽されているこの純粋意識の欲望を呼び覚ます使命を、万人の魂の奥底に宿っている「愛の狂気」に担わせるのである。

その有り様は、実際にヴェイユが「自由フランス」に提出した、「第一線看護部隊編成計画」(EL 187-195, 一九四〇年)の草案に端的に示されている。この草案は、明らかに実現不可能に思われるし、一見すると、現在のフェミニズムの視点から俯瞰した場合、さまざまな問題を孕むものであるように思われる。だが、その本質は、現代のフェミニズムをはるかに先取りしているものである。

この草案は、前線で負傷した兵士を手当てするごく少数の女性だけの看護部隊を編成することを目論んだものである。彼女たちの、自分の生命を危険に曝すことも厭わない勇気ある稀少な存在そのものが、外見の脆さとは裏腹に、驚くべき効果を挙げるとヴェイユは考える。実際の手当ての内実よりも、生と死の間を彷徨うことを余儀なくされている兵士たちに、彼女たちが言葉を投げかけることによって彼らの魂が失ってしまった暖かさを取り戻すことが、どれほど彼らの魂を救うことになるか、とヴェイユは述べる。さらに、それだけではなく、自分の生命をも差し出すことを厭わない彼女たちの存在が、生命を差し出すその行為が、「権力欲」という力の「偶像崇拝」によるものではなく、「愛」によるものであることを、その自己犠牲の本当の意味を、彼女たちが「そこにいる」という存在が提示しうるのならば、獣的本能をヒトラーに巧みに操られている、狂信的なＳＳ (Schutzstaffel ＝ナチス親衛隊）であってさえも、彼らを非現実から現実の世界に連れ戻し、彼らの魂のうちに彼らが失ってしまっていた「他者への愛」、すなわち「善への欲望」を呼び覚ますことができる、とヴェイユは考えるのである。彼女はこのように、内部から自己崩壊的に暴力体制を打ち砕くことを意図したのであった。*26

2　善を欲望する魂の部分

ところで、偶像崇拝的ヒューマニズムではない「非暴力」の有り様は、実際の私たちの生において、どのような様相を呈しうるのであろうか。

必然性の認識を徹底させるヴェイユは、「奴隷は、振りあげられた鞭を目の当たりにして、同意することも拒むこともなく、震えるばかりである」（IP 147,「ピタゴラス派の学説について」）と述べている。それと同様に、生死の境に位置する極限に面して、殺人が正当化された場合、人間は、なんら罪の意識もなく、なんら良心の呵責もなく、殺人をおこなうことができるのである。*27

文学作品における「想像力」の危険性を認識していた彼女が評価する数少ない文学作品のひとつにホメーロスの『イーリアス』が挙げられる。彼女がホメーロスを評価する所以は、ホメーロスが苦しみに満ちた直視不可能な現実をあますところなく描写し、そこに美を見出したことにある。その『イーリアス』における彼女の洞察は、人が、暴力を振るうことによって、暴力を振るう側も、振るわれる側もひとしく「物」になるということである。暴力を振るう者は、自らの魂が根こぎにされているからこそ、他者の認識ができず、他者をも根こぎにしようとするのである。『イーリアス』において象徴的なのは、自らに死が迫るとき、力を振るうその人が、自らの権威が何の役にもたたないことを熟知しているということである。ただ、一瞬のあいだ自らの命を引きのばすためだけに、相手を殺すのである。弱者は強者よりも早く死が訪れるというだけであり、登場人物すべてが、必然性の鎖から逃れられないことを認識している。命乞いをするリュカオンにアキレスは次のように言う。

「さあ友よ、君も死ぬのだ。なぜそれほど嘆くのだ。彼も死んだ、パトクロスも。彼は君よりはるかに優れていたのに。それに君には見えないのか、この私がどんなに優美で偉大かが。私は貴い生まれで、女神を母としている。それでも私にも死と惨い運命がのしかかるのだ。夜明け前か、夜中か、昼のさなかに。私の命も武器によってもぎ取られるであろう」（OCII-3 244/ SG 31,「『イーリアス』あるいは力の詩篇［ホメーロス『イーリアス』XXI.106-114, ヴェイユによる翻訳］」）

ここでは、戦時の暴力の相乗的連鎖が端的に示されている。兵士は、職業としての自らの死を未来に想定することなくして、自らの未来を思い描くことができない。だが、この死に対してけっして同意することはできず震えるばかりである。そしてこの震えを押さえるために、自分の死を他者に転化することによって、つまり、他者の生命を奪うことによって、いっとき想定された自らの死を宙づりの状態に保つことができる。さらに、自らが思うがままに「力」を振るえるという「非現実」が、恐ろしい「現実」をいっとき隠蔽する作用を果たし、それがまた人間の魂を酔わせもするのである。ヴェイユは、他者が現実に存在しているということが私たちの意識にどのような作用をもたらすのかを、次のように表象している。

「私たちが道で人とすれ違うとき、そこに貼り紙があるのとは違った歩き方をする。部屋のなかに客がいるとき、ひとりでいるときとは違った振る舞いになる。このように、〈人がそこに存在する〉ということが私たちに与える影響力は、定義するのが難しい」(OCII-3 230/ SG 15,「『イーリアス』あるいは力の詩篇」)

貼り紙の傍を通るのとは別様の仕方で、部屋にひとりでいるのとは別様の仕方で、「他者が現実に存在しているということ」は私たちの存在を震撼させ、覚醒させる。このことこそが、他者の認識に不可欠な、対象との距離を私たちに保証するのである。*28

3 『アンチゴネー』と現代

ところで、ごく当たり前の認識——自分が苦しむことは他者も苦しむのだという認識を、なぜ「帝国」の支配者はもつことができないのであろうか。それは、帝国の支配者のもとに人々が集まるのは、ただただ、その人の「力」という「偶像」のためだけであり、「愛」によってではないことを、なによりその人自身が知っているからである。[*29] それゆえ、帝国の支配者は、ひとし並みに、権力を手中に収め、自らが思うがままに権力を行使することができる「平和」を、この形容詞句を抜いたかたちで標榜するのである。このことは、通常、政治の原理であり、政治の原理はヒューマニズムとは区別されるべきであるとされるのがつねである。だが、ヴェイユは、この政治の原理をけっして自明なものとせず、こうした制度は今まであったことはない、と大胆に但し書きをしたうえで、他者の存在と距離を取らせ、その存在を美しいと感得し、共苦の愛の働く制度としての場を政治の世界にも構築する必要を説くのである（EL 14-15,「人格と聖なるもの」）。「政党の廃止」を求める彼女は、政治においても、個が摩滅する集団の思考、「他の思考」によって思考することはけっして許されないとする。民主主義を声高に、暴力に対置させるかたちで提起するのであれば、それは新たな暴力の提示にほかならない。ルソーが述べる、個別意志に対する一般意志の優位[*30]は、一般意志が個別な欲望を中和し、相殺する場合に限られる。

「帝国」の支配者が帝国の支配者であるかぎり、恐怖や敗北や愛する近親者の死といった、「不正義」に接して、魂が引き裂かれるような叫び声をあげるということ以外に、彼らが暴力の行使を停止することはありえない。このことを、「帝国」の歴史は雄弁に語っている。そして、すぐれたギリシア悲劇は、この唯一性を主題にしてきたのである。そうであるならば、ここで、ヴェイユが短命ゆえにその理論を展開することができなかった、彼女が賭けていたものを安易な推測に押しとどめることを避けるために、優れて政治の舞台でもあったソフォクレス『アンチゴネー』を、ヴェイユの思想を念頭に置きつつ考察してみることは、私たちになんらかの示唆を与えてくれるのではないかと思われる。そして、近代的自我というものが、捨て去るべき障壁にほかならないと確信していたヴェイユ自身は、正義を体現する唯一の場をギリシア悲劇が展開する世界のうちに見ている。*31

ソフォクレス『アンチゴネー』は、古来、さまざまな角度から論じられてきた。この悲劇が私たちを惹きつけてやまないのは、なぜであろうか。それは、この作品が、単に、登場人物の状況が普遍妥当性を有するという理由に留まらないであろう。「悲劇」という逃れられない運命の苛酷さの直中にありながら、人がその運命の苛酷さに敢然として立ち向かうとき、現象としては「絶望」以外のなにものでもなかったとしても、そこに「垂直の方向性」、つまり、「死すべき人間」という有限性を超える光ともいえる「なにものか」がきざしてくるのを感得せざるをえないからである。そしてまた、この「なにものか」は、私たちの「意識」を遥かに超えたものでありながら、私たちの「意識」は、この「なにものか」を把持したいという欲求を押さえることができない。それゆえ、私たちは、この作品に向き合うとき、己れに知られざる己れに出会うために、隠された真理に出会うために、この作品の世界を解釈せざるをえなくなってくるのである。

さて、『アンチゴネー』という作品が全体として、現代に生きる私たちに提示するものはいったい何であろうか。それは、デカルト以来の「考えるわれ」の「意志」が、己れの「自由」において発動される「決意」が、けっして自由ではないということであろう。すなわち、「愛を分かち合う」という「正義」に則るかのように思われるアンチゴネーの「決意」も、自らの一切の傾向性を廃し、国家の「法」に従うという「正義」に則るかのように思われるクレオンの「決意」も、その「決意」

による行為の「結果」を目の前にしたときには、けっしてその行為の結果に「同意」することができない。このことはいったい何を意味するのであろうか。

まず、アンチゴネーの場合を見ておこう。亡くなった二人の兄弟をともに等しく弔うために、二人の兄弟とともに等しく愛を分かち合う（すべての人々と愛を分かち合う）ために、アンチゴネーは、国家、法、王という「力」に抵抗して、自らの生命を賭して兄のポリュネイケースの遺体を弔うことを決意する。だが、この行為の結果である自己の死を目前にしたとき、アンチゴネーは、「十字架上のキリスト」と同様に、「なぜだ！」、「なぜこのような目に合わなければいけないのか？」と、「不正義」に接してほとばしり出る嘆きの叫びを挙げざるをえない。このことは、私たちが「無」へと、「死」へと、己れを投げかけることは不可能であることを示している。だがそれだけに留まらない。この究極の場面において、国家、法、王という「権力」を目の前にしたときに、アンチゴネーの行為が「正義」だとわかっていても、それを言明することも、それに対してなんら働きかけることもできない民衆という人間の「量」にアンチゴネーが直面したときに、「決意」の時点ではけっして揺るがなかった彼女の「正義」の確信が揺らいでしまうということである。このことは、彼女の「意識」のうちのどこかが「正義」ではなく、「正義と認められること」を希求していたことを意味する。それゆえアンチゴネーは、数々の嘆きの言葉を発語し、自分の行為が「正しいでしょう？」と沈黙する民衆に向かって問わざるをえないのである。したがって、アンチゴネーが自らの情念《パトス》に捉えられてしまうのは、兄ポリュネイケースの遺体を弔うのを決意したときではなく、多勢を前にして、たったひとりで自分の正義を信じるということができなくなってしまうときである。

他方、クレオンは、姪のアンチゴネーの死だけでなく、息子のハイモンの死さえも、自らが「正義」と思いなす国家の法への従順のためには従容として受け入れるかのように思われる。だが、ここに自己欺瞞がある。私たちは、正義のために、自らに親しい人々の死をも甘んじて受け入れなければならない状況に立たされる場合があるであろう。だがそうした場合、死に追いやられる親しい人々以上に、親しい人々に手をかけるその人自身が究極の苦しみを余儀なくされるはずである。しかし、預言者テイレシアスの言葉を聴くまで、クレオンには少しも痛みを感じるところがない。『オイディプス王』と『アンチゴネー』を続けて読むと、『オイディプス王』でクレオンは、オイディプスに濡れ衣を着せられても従容としていたことがわかる。それはなぜであろうか。それは、クレオンがオイディプスを愛しているからではなく、オイディプスに権力があるから権力に跪いたのである。そして、力をもつ者につねに従順であったクレオンが一国の覇者となり、力を自らの手中にするとき、その力への固執がクレオンの見えている目を盲目にし、聞こえている耳を聞こえなくするのである。こうして、クレオンは、「神々の掟に倣うのは正しいこと」というアンチゴネーの正義の言葉にも、ハイモンの親を想う愛の言葉にも、耳を傾けることができなくなるのである。おそらく、彼らがどんなに「善いこと」、どんなに「美しいこと」を語ったとしても、クレオンにとってそれらは「沈黙の言葉」でしかない。なぜなら、このとき、クレオンは、自らを権力である「力」の側に位置づけ、アンチゴネーとハイモンはクレオンの目には、この「力」の前に佇む「物」でしかないからである。「物」が何かをしゃべったとしても、それは「沈黙の言葉」でしかない。他方、先のテイレシアスの言葉にだけクレオンが耳を傾けるのは、自らの「力」の不動性が揺るがされる、という理由にほかならない。このように、クレオンは、自らの力への信頼ゆえに、その力に捉えられ、情念《パトス》から逃れることができなくなる自己矛盾に陥るのである。そもそも、クレオンが従順であったのは、国家の法ではなく、自らの情念《パトス》であったのである。そして、クレオンがアンチゴネーとハイモンを、「物」ではなく「人間」であると、つまり、彼らが実在しているという感情を取り戻すのは、彼らと妻エウリュディケーの死に直面してからである。彼らと妻の「不在」に接して、つまり、「己れに親しき者の死」に接して、クレオンは、自らの行為が「正義」に則ったものではなく、「不正義」に則ったものであることを知悉する。そして、彼の「決意」を可能にさせていた国家の秩序、王の威信の把持という唯一の「動機」は、結果に直面してはじめて不在であったことを知る。だが、なされてしまった行為の結果は厳然として目の前にある。クレオンの魂は、その行為をまだなしていない過去へと還帰するのであるが、妻と息子は戻ってはこない。このように、行為の結果まで見通したはずの「決意」は、実は、自らの「想像力」が耐えうる範囲での結果の責任しか負っていなかったのである。そもそも、クレオンの場合、この「決意」そのものが存在していなかったのである。

　このように、アンチゴネーにおいても、クレオンにおいても、「決意」は自由を保証しない。だが、それにもかかわらず、クレオンとは対照的に、アンチゴネーの絶望のうちに、その絶望を超えた「なにものか」を私たちは感得せざるをえない。先述の「憎しみではなく愛を分かち合うために生まれてきたのです」（『アンチゴネー』五二三行）というアンチゴネーの愛の分有は、ハイモンとエウリュディケーがクレオンを呪うのとは対照的に、「彼らに自分のような不幸が訪れないように」（同上九二九行）と、彼女に手をかける人々にまで徹底されている。この狂気ともいえる全き無私性は、実のところ、おそらく万人の魂の奥底に眠らされているものであろう。そして、さらに、夫や子であればそうしなかった「兄弟の弔い」をアンチゴネーに決意させたのは、この兄弟の唯一無二性だと彼女が主張していることにこそ「愛の狂気」の意味が見出せるであろう。夫なら別の夫、子なら別の子を得ることができるが、父母なき後の兄弟は他にはありえないという、人間という実在への愛の「質」が、その「量」によって変容を蒙るはずはない。そうではなく、ここでは、本能的に愛すべき人ではなく、死者であり、自分の魂を引き換えにしてまで本来愛することができない人に愛を傾けることにこそ意味があるのである。

私たちが、アンチゴネーのうちに、己れを超えた「なにものか」を感得せざるをえないのは、「正義」の行為が、その徹底性ゆえの美をともなうからにほかならない。妹のイスメーネーは、アンチゴネーの気性の激しさ（愛の激しさ）とは対照的に、どこにでもいる優しい、内気な気質をもつ娘である。しかし、この優しい、内気な気質は、実のところ、「自己愛」を保持するものにほかならないことをアンチゴネーは鋭く看破している。イスメーネーは、ポリュネイケースの遺体を弔うというアンチゴネーの狂気の決意に接したとき、その行為がたとえ「正義」であったとしても、「力」の前では「力」という「不正義」に従うしかないのだとアンチゴネーを説得する。他方、アンチゴネーが捕らえられた後には、イスメーネーはアンチゴネーとともに死ぬことを望む。このことは、一見したところ、イスメーネーが正義の行為をなしているかに思われる。だが、実は、「力」（法という「力」とアンチゴネー亡き後ひとりでは生きていけないという他律的状況の「力」）に従順であるにすぎない。両者とも、たとえ自らの死を賭するものであったとしても、「正義」の行為とは無関係である。つまり、イスメーネーは自らのうちなる「善」に突き動かされて行為しているのではなく、社会という「巨大な動物」（プラトン『国家』492e-493a）の意見に従って行為しているのである。それゆえ、弔いの中止の説得に対して、アンチゴネーは彼女の行為を隠蔽する必要などなく「公けにするがいい」と息巻くことにより、イスメーネーの「不正義」を強調し、アンチゴネーとともに死ぬ希望に対しては、イスメーネーには、死んだ兄弟たち、父母たちと愛を分かち合う資格がない、と断罪するがゆえに、「生を選択しなさい」と述べるのである。

アンチゴネーのこの「正義」の徹底、そしてこの徹底にもかかわらず、最期の瞬間にはこの「正義」の確信が揺らぐという人間の脆さが、ともに、悪の直中の善の微少性とその脆弱さ、しかしそれにもかかわらず、確かにこの善が存在しているという確実性を示しているがゆえに、私たちはこの作品に魅せられつつ己れの生を歩むのである。というのも、アンチゴネーの「愛の狂気」を、実のところ、私たちの純粋意識は欲望しているからである。

4　重力に抵抗する詩

ところで、「他者」が実在しているという感情を、私たちは、どのようにして把持するのであろうか。第13章で見たように、「対象」に対して「無関心」ではなく、「対象」に対して「関心」をもちながら、しかも、自らの「所有」とすることを欲することのないものが、この世界にたったひとつだけある。それは美である。私たちは、美に接したときだけは、この美を所有することなく、この美と距離をとることによって「適意」をうる。そうであるからこそ、「他者」が実在しているのだという感情は、美の感情として、私たちの魂のうちに立ちあらわれるのである。これこそが、この世界に生きる私たちにとっての「詩」であると言えよう。しかし、美は善の象徴だとする古来の形而上学とシモーヌ・ヴェイユとの差異は、ヴェイユが、美を、つまり善であり正義であるものを、「不幸」と「儚さ」の二極においてのみ見出しているということである[*32]。そして、すべての力を剥奪され、「不正義」を蒙った、極限に面した経験をもつ人々の魂は、いかなる権力意志からも解き放たれているがゆえに美しいのである。だが、この人たちの言葉は、畑でにんじんを盗んだホームレスの人が、「軽犯罪の裁判所で雄弁に語る裁判官を前にしてもごもご口籠るように」（EL 14,「人格と聖なるもの」）、「沈黙の言葉」としてしかあらわれえない。

「他者」に出会うとは、「他者」の言葉を理解することに還元されうる。だが、この言葉の理解とは、その意味がわかるということではない。「不幸は唖である」（CO 251,「工場生活の経験」）、「サバルタンは語れない[*33]」状況が一歩前進して、正確に、簡潔に言語化しえたとしても、実のところ、「だれだって、自分の欲望や考えや苦しみをちゃんと正確に表現できるものでもないし、それに人間の言葉はひび割れた鍋みたいなもので、これをたたいて星を感動させようと思っても、熊を踊らすメロディーしか出せないのである[*34]」。私たちが誰かと共苦しようと欲するのは、その人の言葉を認識するためではない。そうではなく、その人の存在が脆くかつ美しく、その存在を守りたいと思うからである。そうしなければならないという義務に突き動かされて行動するのではない。そうではなく、そうしたいという、歓びをともなう美への欲望に突き動かされて行為するのである。この感得ができず、共苦の可能性を断ち切る「権利」を前面に押し出す人々は、実のところ、この人たちの魂が、自らが振るう力によって根こぎにされているのである。だが、この人たちは、まさしく根こぎにされているがゆえに、この事実に気づくことができない。儚く脆い、あらゆる権力意志を剥ぎ取られた「沈黙の言葉」が美として自らの心に映し出されるならば、そこに声を聞くことができる。なぜなら、美には語る言葉はない。けれども、美には呼びかけるための声があるからである（EL 38, 同上）。

正義は脆さの衣を纏っており、またこの正義は、脆いからこそ美しく輝き出る。この美が輝き出る通路が構築されるために、「民主主義」、「権利」、「人格主義」が語の真の意味において実現されるために、「愛の狂気」が働く場である「詩」という媒介が絶対的に不可欠なのである。この媒介なくしてこれらの言葉が標榜されるとき、人間のうちにあって、「もっとも聖なるもの」、「もっとも儚いもの」、「もっとも守るべきもの」が死滅してしまい、「民主主義」、「人格」、「権利」に至る通路が遮断されてしまうのである。そして、安易にこれらを標榜する人々は、自らが根こぎにされている有り様、権力意志なしでは生きていけない悲惨さを見つめ直し、特権の自明性が少しでも軽減されるよう、「他の思考」によってではなく、「自らの思考」によって言葉を紡いでいかねばならないであろう。

Essai

美しさという境涯——映画『ガイサンシー（蓋山西）とその姉妹たち』をめぐって

シモーヌ・ヴェイユが述べる「不幸」の経験が、「奴隷の刻印」と言われる持続性を有するものであるならば、ひとたび「不幸」に陥ってしまった人は、どのようにして自らの過去と現在とに向き合うことができるのであろうか。外国人の立場から日本軍従軍慰安婦の問題に取り組んだ班忠義監督映画『ガイサンシー（蓋山西）とその姉妹たち』を通して、現象の醜悪さに取り込まれない魂の美はどのような位相にあるのかを考察してみたい。美と詩がどのようにしてその人の生のリアリティと密接しているのか、また、暴力が詩の欠如と密接していることがどのようにして表象されうるのかを、本書で取り上げる唯一のドキュメンタリー映画を通して開示してみたい。

＊

『ガイサンシー（蓋山西）とその姉妹たち』（二〇〇七年）は、すでにこの世を去った不在の主人公、「山西省一の美人」を意味するガイサンシー（蓋山西）こと侯冬娥《コウトウガ》さん（一九三一〜九四年）を頂点として、彼女同様、第二次世界大戦中、旧日本軍から性暴力を受けた現地人被害者女性の証言、当時を知る村の人々の証言、元日本兵の証言を三辺とした三角錐を構築してゆくドキュメンタリー映画作品である。

この映画の特徴は、ドキュメンタリーがドキュメンタリーであることをかぎりなく超え出てゆくことを示し得た点にあると言えよう。撮影が開始された一九九六年の二年前に亡くなられた侯冬娥さんは、八〇分の映画の流れのなかで、彼女の造形的な美しさを超えた魂の美しさとして映し出され、さらにそれは、鑑賞者一人一人のうちに眠っている魂の美しさを覚醒させるものとして指示されるてくる。

班忠義《バンチュウイ》監督は、取材当時、日本に留学中の中国人学生であり、取材には一〇年の年月が費やされている。その年月は、取材が膨大であるからではなく、学生である班監督の外的・内的な諸事情によるものであり、それらの障害を突破して、何としても実態を解き明かしたいという班監督の熱意と使命感が、彼の流暢な日本語のナレーションを背景として、一〇年間の「沈黙」や「真空」をも、この映画を照らし出す光源となって、作品をより一層美しいものにしている。

世界の直中で、私たちの心にダイレクトに触れてくるものは、目に見えてくる現象、耳に聞こえてくる現象そのものではない。そうではなく、私たちは、「沈黙」のうちに何かを見るのであり、「真空」のうちに何かを聞くのである。そこに、私たち自身のリアリティの成立根拠がある。

1 「見えない世界」と美しさ

この映画の「質」を決定づけているのは、映画の冒頭部分と終盤部分である。この二つの場面が車の両輪となることで、この映画は、八〇分間という時間の流れを超えて、鑑賞者の心を揺さぶり続けることになる。

その冒頭部分とは、取材開始以前の一九九二年に、性暴力被害をはじめて証言したとされる万愛花《マエカ》さんとともに、日本へ出発する直前に撮られた侯冬娥さんの生き生きした姿である［映像1］。このとき、侯冬娥さんは、重い病で寝たきりであるにもかかわらず、瞳は山深い湖が太陽で照らされるようにきらきらと輝き、車椅子に意欲的に乗ろうとする姿が映し出される。結局は、旅の途中で容態が悪化し、日本行きを断念せざるをえなくなってしまい、ふたたび絶望の底に突き落とされた彼女は、自殺というかたちで人生の幕を閉じる。だが、それにもかかわらず、否それゆえにこそ、この場面は、桜の花びらが散るように儚くそして美しい閃光を放っている。

また、その終盤部分とは、「ガイサンシーの姉妹」のひとりである陳林桃《チンリントウ》さんが侯冬娥さんのお墓を訪れ、映し出されたお墓の映像に、さまざまな証言者たちの証言の映像が交互に重ね合わされる場面である。侯冬娥さんのお墓は、大地に溶け込んでしまうのではないかと思われるほど小さく、みすぼらしく、家族をも含めてあらゆる人に見捨てられ、最期は自殺するしかなかった侯冬娥さんの生涯を象徴しているかのようである。しかし、それにもかかわらず、この場面が美しいのは、一緒に拉致された、年下の女性の身代わりになって自分が強姦されにゆくような、自己の奥底につねに他者が映し出されてくるような彼女の全き無私性が、桜の花びらの儚さのように美しいものとして、このお墓に象徴されているからである。それゆえ、陳林桃さんは、お墓の前で号泣し、つねに彼女の心には、侯冬娥さんの実像が去来している。さらに、このお墓の映像に、性暴力被害の実態に目を向けない人々をも交互に映し出されるのは、彼女の魂が、彼らをも許し、包み込み、それから、彼らのリアリティを揺さぶるからである。

映像1

映像2

さらに、身代わりになってくれた侯冬娥さんのことを語る姉妹たちの心に映し出される侯冬娥さんは、「真空」であり、「沈黙」であり「無」である。だが、それだからこそ、いっそうヴィヴィッドに彼女たちの心に映し出され、彼女たちの今日の生を基礎づけるのである。

2　リアリティと自由

ガイサンシーの姉妹たちと元日本軍の兵士たちは、事実上は、被害者と加害者という対立する構図のうちにある。だが、この映画において、両者は、互いに互いを映し出す合わせ鏡となり、互いに浸透し合い、相互共同的に実像を映し出している。

映画冒頭で、侯冬娥さんの瞳の輝きに出会った私たちは、その輝きの意味を絶えず自問しつつ鑑賞を続けることになる。もし、侯冬娥さんが、日本で証言することができたとしても、侯冬娥さんが受けた身体的・精神的傷跡が消えるわけではないであろう。辛い経験をしたうえに、さらに、人々から見捨てられ、蔑まされてきた人生が、一変するわけではないであろう。あるいはまた、万愛花さんのように、「自分は従軍慰安婦ではない、強制的に連行されたのだ」と声高に主張せざるをえなくなり、ふたたび絶望の底に突き落とされたかもしれないであろう。だが、それにもかかわらず、侯冬娥さんの、あの瞳の輝きには、過去を変えることができるという希望が宿っている。私たちは、どんなにあがいても、「過去の現象」を変えることはできない。だが、「過去のリアリティ」を変えることはできるのである。言い換えるならば、ひとたび失ってしまった過去のリアリティを、辛い過去であるならば辛い過去そのままのリアリティとして、取り戻すことはできるのである。

　このことは、この作品に登場してくる四人のガイサンシーの姉妹たち、李秀梅さん、陳林桃さん、侯巧蓮さん、郭喜翠さん、それぞれが、それぞれの仕方で、本来ならば、語りたくないであろう辛い経験を、何か代償を求めているのではなく、だが取材協力ということを遥かに超えて、ただただ「語る」ということに、意欲的な姿勢を示してくることに見て取れる。とりわけ、辛い経験をした場所を訪れた侯巧蓮さんが、当時の彼女のことを覚えている人々に出会い、「私の証人は大勢居ますね」、と少女のように微笑む姿は、印象的である［映像2］。

　他方で、元日本軍兵士の人々はどうであろうか。この映画では、三人の元日本兵士が出てくる。そして、二番目の山本泉さんと、三番目の近藤一さんの証言は対照的なものであり、興味深い。山本さんは、「ひとりの中国人女性の拉致・監禁はあったが、その女性を手厚く扱った」と繰り返す。戦後五〇年経っても山本氏のなかに「悪の意識」はない。しかし、「ところで、先生の部隊には、何人くらいの兵士が居たのですか?」との班監督の問いに対して、「これだけですよ」と指差す画面一杯に映し出されるセピア色の写真には、ざっと四〇人の兵士たちが映し出されている。その沈黙の静止画に、山本氏が語っていないすべてが語られていることを私たちは見てとることができる。他方で、第三番目の証言者、近藤一氏は、「当時は、上司からの命令で仕方なく強姦に参与してしまったが、戦後五〇年を経て、自分が子どもをもち、孫をもってはじめて、なんてひどいことをしたんだという〈悪の意識〉が蘇ってきた」と語っている。五〇年という年月を経ても過去と向き合えない山本氏と、自分自身に置き換えて思考することが可能となった近藤氏の、今現在の自由を考えるならば、悪の意識を取り戻した近藤氏は、その悪の過去のリアリティゆえに、悪の行為と向き合えているがゆえに自由であり、山本氏は、いまだリアリティが欠如した夢、すべてが自由でありながら肝心のところで身動きができない夢の中のような不自由を生きていると言えるであろう。

3　暴力と詩

ここで考察しておかなければならないことは、単なる性欲の解消手段として、現地人女性を辱めたことだけでなく、兵士たちの、彼女たちに対する異常な暴力性である。ガイサンシーこと侯冬娥さんは、すでに述べたように、造形的に美しいだけではなく、共産党員でもあり、他の女性の身代わりになる正義感の持ち主であり、魂が美しい。すると、兵隊のなかで思うままに権力を握っている上部の人たちが、彼女の身体と魂の美しさを徹底的に死滅させようとするのである。このことは、侯冬娥さんが、半死状態で村に戻ってきたときに、「子宮から洗面器いっぱいの汚物を出さなければならなかった」という、村人たちの異常な証言から明らかである。さらに、ガイサンシーの姉妹たちは、失明したり、片足が不自由であったりといった異常な傷跡をそれぞれ有している。この人間性の倒錯はいったい何を意味するのであろうか。

兵隊のなかで上部に上り詰めた兵士は、隊のなかでは、権力を思うままに行使することができるが、自らが死と隣り合わせの境遇にあることを払拭することはできない。だが、この根源的な恐怖を、他者に暴力を振るうことで一時忘れることができる。こうして人は、周囲に悪をばらまくことで、自らを保とうとするのであるが、実のところ、これは、自らのリアリティが遠のくばかりで、意識のうえでは、彼らは、夢遊病者のように生きることになる。そのことが、先述の山本氏の場合、戦後五〇年を経ても続いていると言うことができるであろう。私たちは美しい対象に対して距離をとる。夜空に輝く星を、誰も自分のものにしようとは思わない。ただ遠くで輝いていることで満足する。そうであるから、美しいものに手を延ばし、さらには、それを穢す営みは、この自分自身のリアリティの欠如と密接する事柄なのである。

翻って、他者の身代わりになる侯冬娥さんの生きざまはどうであろうか。彼女は、最初の夫に捨てられ、共産党員であった二番目の夫を射殺されている。彼女は、この極限状況において、「妹は気絶しました。妹の代わりに私を苦しめなさい」と述べているように、生命を賭しても、自らの正義を貫くことが、自らのリアリティを保持する唯一の手段であったのではないであろうか。ここに、暴力によってけっして粉砕されえないものが私たちのうちにある証があり、それが、彼女の死後も彼女に助けられた女性たちの心のうちに息づいているのである。そしてまた、この映画を鑑賞した一人一人の心のうちにこの魂の美が映し出され、息づき、こうして、魂の美しさは、永遠の精神のリレーをおこなってゆくのである。

*

本来、どの人でも有している美の感情は、戦争という極限状態では、加害者も、被害者も、いとも容易く失われてしまう。同じ人間を物として扱う心性は、自らが自らと距離を保てず、それゆえ、自らのリアリティを把持できないことから生じてくる現象である。この有り様にあまりに脆く私たちは陥ってしまう。

こうした目にはあらわれてこない「見えない世界」を「見える世界」である映画として提示することによって、その「息吹」、「沈黙」、「真空」を伝達しようとしたところにこそ、この映画の存在意義が見出されねばならないであろう。

私たちが自らの生を自ら支えるのは、今現在直面している現象ではない。そうではなく、その経験が苛酷なものであれ、甘美なものであれ、過去の記憶が、現在においていきいきと思い出されるということが大切なのである。そうして、過去の記憶が現在において十全に花開くのであれば、それは未来への希望へと連なってゆく。こうした心の世界は、現代社会では、あまりにもなおざりにされている。見えない世界が確実に根づくことで見える世界が豊かになるということを、このドキュメンタリー映画は、私たち一人一人に問いかけていると言えるであろう。

終　章——ほとんど無、あるいは美

シモーヌ・ヴェイユは、自己とは絶対的に他なるものであり、なおかつ、自らの「愛《エロース》」を傾けることができる対象に出会ったとき、実在から離れず、もっとも美しい言葉をつむぎ出す作家である。それは、父母や兄といった家族や、ペラン神父、ジョー・ブスケといった霊的兄弟とも言える親しい知人に向けられた手紙の言葉のみならず、プラトンやソフォクレスのような過去の人物に向かった場合も同様である。彼女が向かうのは、プラトンやソフォクレスの作品であるが、作品という「現象《あらわれ》」を通して、プラトンやソフォクレスの魂そのものに触れようとしている。本書で中心的にとりあげた著作『前キリスト教的直観』では、対象への愛によって、ヴェイユの言葉が対象の言葉と往還するのであり、その「ずれ」、「亀裂」、「閃光」において、読者一人一人の〈今、ここ〉の実在を喚起する。そしてまた、この著作は、シモーヌ・ヴェイユの思想が、愛によって美としてあらわれ出ることを、もっとも強烈に映し出しているように思われる。だが、このような思想は、端的に明晰・判明といった様相を呈してはいない。ヴェイユにおける明晰さとは、彼女が用いる象徴とイメージの爆発が読者の心に美を喚起することによって、すなわち、各人がそれぞれの現場で、実在を感受することによって得られるものなのである。

＊

1　自覚から倫理へ

プラトニズムの現代への再生といっても過言ではないシモーヌ・ヴェイユの思想には、プラトンにおける二つの神話「洞窟の比喩」（『国家』514a-521b）と「二頭立ての馬車の比喩」（『パイドロス』254d-e）の両者が不可欠である。まず「洞窟の比喩」から見てみよう。生まれたときから真実だと思い込んでいたものが影にすぎないのだと知ることは、人を底なしの虚無に陥れる。だが、それにもかかわらず、その影から向き直り、洞窟のなかの炎のところまでやってくるのみならず、真っ暗闇のなかを出口までたどり着き、さらに太陽のほうに向き直ろうとする、そうしたいという私たちのうちなる欲望がある。だが、とりわけ、炎から出口までの道は真っ暗闇であり、それは、ヴェイユが好んで引用する十字架の聖ヨハネ（一五四二〜九一年）が「魂の闇夜」と呼んだものにほかならない。そこでは、自己が死ぬか生きるかが問われるということ、すなわち、自我が外側から打ち砕かれるということが不可欠である。だがこの絶体絶命の状況にあって、私たちのうちにはこの状況に対して同意しゆく一点がある。その一点は美のないところにあって美を見出す「美の感情」となって私たちのうちに溢れ出てくるのであり、この美の感情こそが、洞窟の出口へと私たちを突き動かすのである。さらに、洞窟を出た後、太陽のほうに向き変わることに先立って、ヴェイユは、月を観ることを強調する。太陽が善であると確信させるのは、太陽の映しである月が美しいからである。美しい月を眺めているとき、その眺めているということだけで私たちは満足する。そして、「月が美しい」と感じられないのであれば、善である太陽のほうに眼差しを注ぐ内的エネルギーは湧き起こらないのである。というのも、見えるものでも触れうるものでもない善は、善へと向かうその眼差しのうちにしかないのであり、人は、美的感情によって善へと向かい、そして善への眼差しが向かう直中にあって美的感情を享受するのである。そしてこのような善の直中にある人の存在と行為は、それを見つめる人の心のうちに美の感情をひき起こし、その人の存在を覚醒させるのである。

そのことは、もう一つの神話「二頭立ての馬車の比喩」に移し替えて考察することによって、よりいっそう確かなものとなる。私たちの魂にほかならない「二頭立ての馬車」が「美の本体」を目の当たりにするとき、この「美の本体」にとびかかろうとする「悪い馬」と、立ち止まろうとする「馭者」と「善い馬」との間に引き裂かれて、「どうしようもない痛み」が魂を貫く。しかしこの「どうしようもない痛み」がともなうにもかかわらず、自ら立ち止まりたいという欲望を私たちすべての人間が本来有しているのである。というのも、「どうしようもない痛み」に代わって、自らの実在《リアリティ》の感情にほかならない美の感情が否応なく溢れ出てくるからである。そのとき「どうしようもない痛み」のその極点において痛みは痛くないのである。美的体験にあって、人は、美しい対象と距離をとり、対象をじっと見つめるのみならず、自己が自己から離れ、自己と自己とが距離をとり、自己をじっと見つめる。[*1] 言い換えるならば、「自己が無になる」ことによって「自己となる」のである。このようにして、私たちは自覚に至るのであり、ここにこそ「生の創造」がある。

このようなシモーヌ・ヴェイユの思想は、私たちを美学《エステティック》と詩学《ポエティック》の原義に立ち戻らせる。すなわち、「じっと見つめること（アイステーシス）」がそのまま「創造すること（ポイエーシス）」になるということである。そして、このような「創造すること（ポイエーシス）」にほかならない詩学は、内側から溢れ出る「美の感情」をもって、そしてその「存在の美」をもって、他者のうちに「美の感情」をひき起こし、それが強烈な「実在の感情」となるがゆえに、おのずから倫理へとひらかれてゆくのである。

2 シモーヌ・ヴェイユ詩学の三源泉

本書で、カントとプラトンのみならず、デカルトがシモーヌ・ヴェイユの思想の地下水脈であることを示した意義は次の点にある。すなわち、世界の必然性を克服しようとする「決意」がその必然性を前にして打ち砕かれ「恥辱」の経験を余儀なくされるとき、人は矛盾のうちに立たざるをえなくなる。神であるキリストが同時に一般法による罪人として磔になったひとりの人間イエスであることを把握せざるをえなくなってくる。このときに、はじめて私たちは自己が自己から離れ、「必然性への同意」にほかならない「神への愛」をもって、自己の奥底に世界と他者が映し出され、「世界の美」に触れるのである。そして「美の感情」が「至高の歓び」であるがゆえに、それは、自らが自らの「実在《リアリティ》」をもっとも強烈に感得している証であり、こうして私たちは至高の自由へとひらかれるのである。

私たちは、「権威」、「権力」、「名誉」といった「高いもの」を志向するのがつねである。「そうではない」と思っている人も、「そうではない」と思っている自らの誇りを志向しているにほかならず、それは、前者よりいっそうたちが悪い。それゆえヴェイユは、「神と離れているとは感じず、喜んで死刑場に赴く殉教者」(OCVI-1 298)や「軽罪裁判所でもごもごと口ごもる被告人を目の前にして、朗々と流暢な言葉を披露する裁判官」(EL 14,「人格と聖なるもの」)といった人々を例に挙げ、このような人間の有り様を「もっともおぞましいもの」としている。とりわけ、後者の「強者の論理」は、いつの時代にあっても、なによりもまず弱者の「言葉」を剥奪してゆく。すなわち、ヴェイユが「不幸には言葉がない」(CO 341,「工場生活の経験」)と述べるように、「沈黙を強いる」という暴力が、何の罪の意識もないどころか、むしろ「優しい笑顔」で善の様相のもとになされるのである。このことは、現代では、上司と部下、教師と学生、いじめる子といじめられる子といったあらゆる上下関係において見られ、さらに深刻なのは、DNA鑑定による犯罪捜査がひき起こす冤罪といった科学的な権威すなわち「権威のある物」が、完璧な善の様相のもとに、ひとりの無辜な人間を殺害するという射程にまで及んでいる。

このように、「弱者」が「絶対的な弱者」に貶《おとし》められるのであれば、私たちにとってどこにも救いは見出せないであろう。そして大切なのは、まさしくこの位相において、ヴェイユが、「労働者［より根源的には私たち自身］にとって不可欠なのは美と詩である」と述べているということである。この言葉に、「貧困には何にも代えがたい詩がある」(EL 180,「断章と覚え書」)というヴェイユの言葉を重ね合わせてみよう。[*2] すると、もつべきものが何もない貧困において、いっさいの「権威」、「権力」、「名誉」から解き放たれているがゆえに、まさしく宮沢賢治が『春と修羅』で述べているように、「わたくし」が「チカチカいっている電燈」ではなく「ひかり」となっているがゆえに、この「ひかり」は「世界の美」を感受するのみならず、「ひかり」そのものが美しいということが明らかになるのである。[*3] このような「存在の美」とは、その人がしっかりと自己の実在《リアリティ》に根づいている証にほかならず、その「存在の美」が他者の心を震わせ、他者の生の「創造」をもうながすのである。

このことは、本書で取り上げた五つの映画作品すべてに言えるが、とりわけ、もっとも虚構性の高い「アニメーション」である『千と千尋の神隠し』（第Ⅰ部 Essai）において、主人公「千尋」の身体に映し出された魂の美に、もっともよくあらわされている。「千尋」のキャラクター・デザインは、映画の最初から最後まで変わらず、一貫して「不細工でひょろひょろとした女の子」として描かれている。だが鑑賞者は、この同じ「不細工でひょろひょろとした女の子」の存在を、二時間の時間の流れのなかで、次第に「美しい」と感じ始めるのである。これは、美とは、「あらわれ」ではなく、あくまでその対象を「真に見つめる」すなわち「観照する」主体の感情であり、しかもその感情が自らのうちに溢れ出ているとき、主体の心は、何ものにもとらわれない、もっとも生き生きとした「遊びの状態」にあるということである。この感情を指してヴェイユは自由のあらわれを意味する「至高の歓び」と称するのであった。だが、美の感情は特殊で個別な感情であるにもかかわらず、なぜ普遍妥当的に、それぞれの心に美しいと感じられるのであろうか。それは、一〇歳の女の子「千尋」の両親がある日突然豚になってしまい、「いやだ」とか「帰りたい」といった一切のわがままを言うことが許されず、「自分のしたいこと」ではなく「自分のしたくないこと」をする「労働」において、「千尋」が「千尋」になってゆくことを、すなわち、「千尋」が自覚に至ることを、すべての人がはっきりと感じるからである。[*4] そのことは、「千尋」の歩みを、実のところ、私たちすべての人間が欲望しているということである。この逆説的な自覚の過程は、通常私たちの意識にのぼらないが、芸術の美を通して、私たちの心に映し出されてくるのである。『千と千尋の神隠し』は、自己の存在という垂直方向の強度が極まることによって、世界と他者とつながってゆく水平方向の倫理がひらかれるというシモーヌ・ヴェイユ詩学のダイナミズムを、もっともよく映し出しているであろう。

そしてまた、自らが死ぬか生きるかということよりもはるかに大切なものがあるのだという把握は、「善への欲望」としてあらわれる。そしてこの「善への欲望」は「神への愛」に収斂されてゆく。そしてこの神とは、「まったき真空」であり、「まったき沈黙」である「無」にほかならない。『千と千尋の神隠し』では、「名のある河の神」は、そのままに「名のある河の神」としてではなく、鼻が曲がりそうに臭い「腐れ神」として千尋の前にあらわれる。あらゆる人から忌み嫌われるこの「腐れ神」の世話を千尋が必死にやりとげたとき、「名のある河の神」ははじめてその姿をあらわすのである。千尋がこの労働をがむしゃらにする過程とは、その行為の意味も目的もわからぬまま、「なぜだ！」という問いに対する答えが見出せない境域に立つことである。そしてそれは、そもそも私たちは「なぜ生まれてきたのか?」、「なぜ生きているのか?」そして「なぜ死んでゆくのか?」といった問いに対する答えをもちえないという「存在の神秘」に立ち返ることでもある。だからこそ、自己に回収されない「なぜだ！」の直中に立つこと、すなわち、自己自身が問われる境域に立たされることが、私たちが真に自らの実在《リアリティ》に接触している証なのである。このことは、とりわけ、映画『女と男のいる舗道』（第Ⅱ部 Essai）の「ジャンヌ・ダルクと修道士の対話」において、もっとも強烈に映し出されている。[*5]死の宣告を受けたジャンヌの表情が次第に歓びに満ち溢れ、ジャンヌに同情しつつも強圧的に死の宣告をしにくる修道士のほうがわなわなと震え出す姿に接するとき、もつべきものを何ももたないジャンヌの「存在の美」と、その美が修道士の存在を震撼させ覚醒させ「生の創造」を逆説的に促す有り様を、私たちは否応なく感得することになる。

3　シモーヌ・ヴェイユと日本思想

本書の第二の特徴である、シモーヌ・ヴェイユの思想と日本思想という直接的な影響関係にはない両者の比較は、従来の比較思想研究の枠組みを超え出るものであろう。だが、思想が真実を孕むものであるならば、それは否応なく「他なるもの」とぶつかったときに、自らの輝きをあらわすものであろう。思想が完璧に近づけば近づくほど、言葉が美しくダイレクトに読者の心にしみ込むものであるならば、それは、「作者の名前がなくなる」、すなわち「無」としての「あらわれ」が「美」として映し出されるからにほかならない。

本書で取り上げた、二人の思想家、西田幾多郎と鈴木大拙は、近代日本における西洋思想の受容に大きな役割を果たしている。だが彼らは、東洋を捨象して西洋に目が向いていたわけではない。徹底的に個を、東洋を掘り下げていったときに、西洋が自己の奥底に映し出されてきたのである。そして、思想の受容、言葉の受容が真になされるのは、このような個と普遍のダイナミズムにおいてのみであろう。本書であらわしえたものが、すでにして、シモーヌ・ヴェイユのものでも、西田幾多郎のものでも、鈴木大拙のものでもなく、ただただ読者の〈今、ここ〉を震撼させ、覚醒させ、「生の創造」を促す「無」にほかならない「美」としてあるならば、それは、彼らの思想と言葉が、真実である証にほかならない。

4　映像倫理学の可能性

本書でとりあげた五つの映画作品すべてにおいて、そのあらわれは異なるものの、主人公の自覚と倫理との相関関係が映し出されている。とりわけ、一見したところ倫理性とは無関係のように思われる映画『アメリ』（第Ⅳ部 Essai）において、主人公アメリが見知らぬ他者の心を自由にすることによって、自らが自由になろうとすることを思い出そう。さらに、その見知らぬ他者ブルドトーが「生の創造」をしゆくのは、もっとも辛かった記憶がもっとも美しく思い出され、彼の〈今、ここ〉が強度をもつことによってであった。*6 ここに、シモーヌ・ヴェイユの「不幸と美の弁証法」がもっとも強烈に生きられ感じられているであろう。そして、この弁証法は他者からの働きかけなしにはなされえないことに、この映画の美は極まっている。

また、本書で扱った唯一のドキュメンタリー映画『ガイサンシー（蓋山西）とその姉妹たち』（第V部 Essai）で美がもっとも強烈に感じられるのは、主人公侯冬娥《コウトウガ》さんがなによりもまず自らの生のために、すなわち「正義と認められること」ではなく「正義であること」を欲望するために、「生命を賭して幼い少女たちを守る」という義務を果たしてゆく姿においてである。なぜ侯冬娥さんは、このような自殺的行為に身をゆだねてまで義務を果たしてゆこうとしたのであろうか。それは、彼女が彼女でありうる、すなわち、醜悪さ一色で染め上げられた世界の直中にあって、義務を果たすというその行為の直中において、善へと向かう眼差しをもちうるからである。その善への眼差しは、彼女のいかなる属性からも切り離されているがゆえに、彼女の存在は美として輝き出るのである。弱い立場に置かれた人々に、「見えない世界」に押しやられてしまった人々に、見える権利が回復されねばならないのは言うまでもないことである。だが、義務を果たす姿とは対照的に、権利要求の姿はけっして美としては映し出されない。それはなぜであろうか。それは、権利要求の姿にはその人の属性が否応なく張り付いているからである。それゆえ、その姿は鑑賞者に美の感情を呼び起こしはしないのである。このように、ドキュメンタリーを含めたあらゆる芸術作品は、権利ではなく義務を果たす姿において、その存在の美において、もっとも強烈に輝き出す。このように、芸術作品に接したときの鑑賞者の心に溢れ出る美の感情を通して、私たちの生には、権利に先立って、義務を生き生きと果たしてゆける「詩」が不可欠であることが、感性における証として、はっきりと感得されるのである。

5　現実へのメス

現実の問題とシモーヌ・ヴェイユの言葉との往還については、本書で取り上げたものよりいっそう深刻な問題が、今日、日々世界で生じている。そして、貧困や戦争、あるいは殺人や死刑制度といった具体的な問題の多くは、シモーヌ・ヴェイユの言葉と照らし合わせたときに確実な着地点を見出す。それは、シモーヌ・ヴェイユの言葉からシモーヌ・ヴェイユという属性がとりのぞかれ、ただただ彼女の言葉には真実が映し出されているからにほかならない。

映画『ライフ・イズ・ビューティフル』（第Ⅲ部 Essai）において、主人公グイドがなす同一の行為は、「高い動機」でなされるか、「低い動機」でなされるかによってその意味はまったく異なる。「高い動機」による行為には、大きな内的エネルギー量が必要であり、「低い動機」による行為には、小さな内的エネルギー量で足りる。*7 そして、自らの生死が問われる「高い動機」によるはずの行為が「笑いによる遊び」の直中でなされるとき、主人公グイドの身体において、身体を超えて、至高の美が映し出されてくるのである。さらに、この映画で着目すべきなのは、「被害者のみならず加害者も物になる」（OCII-3 227/ SG 11,「『イーリアス』あるいは力の詩篇」）というシモーヌ・ヴェイユの洞察、すなわち、被害者のみならず、加害者の不自由さが、ナチス側の人々の表情によく映し出されていることである。

「善への欲望」は、なによりもまず、現代における「刑罰」にかかわる問題を考察する際に不可欠であろう。刑罰が、犯罪者を処罰するものではなく、犯罪者がひとたび失ってしまった「善への欲望」を取り戻させるものであるという視点は、今日まったく欠如している。「犯罪者が失ってしまった善をたとえ死をもってすらも取り戻させることに刑罰の意義がある」（EL 20,「人格と聖なるもの」）というヴェイユの言葉は、あたかも死刑制度に賛成であるかのように見られかねない。だがここでヴェイユが述べていることは、たとえ死を蒙ったとしても、人が「善への欲望」を取り戻すことが、なによりもまず犯罪をなしひとたび悪に堕ちてしまったその人の自由にとって不可欠である、と考えるからである。ここに彼女が人間の自由というものをどれほどの射程において考察しているのかが知られるであろう。そしてまた、今日、現実の問題を考える際に忘れてはならないのは、「集団の側に個人を抑圧しようとする傾向性があるのではなく、個人の側に集団に飛び込みそこに安らいたいという傾向性がある」（EL 20, 同上）というヴェイユの洞察である。このことは、『ライフ・イズ・ビューティフル』では、「アーリア民族を礼賛する小学校教師」の姿や、『ガイサンシー（蓋山西）とその姉妹たち』では、「ガイサンシーを嘲笑する村人」や「従軍慰安婦はなかったとする元日本兵」の姿によく映し出されている。そしてこの問題は、ホロコーストの恐怖は過去の事柄ではなく、〈今、ここ〉の事柄であるということを示している。つまり、自らが生きるか死ぬかということが問われる局面に遭遇すれば、私たちは、ナチスのような集団にあっという間に取り込まれてしまう脆い基盤に立っているということである。しかしそれにもかかわらず、すべての人間が、ふたたび善のほうに向き変わる可能性があることにこそ、人間の尊厳があるのであり、それはなにより、美の感情をもたない人はいない、という事実によって証される。善が美として映し出されることの大きな意味はそこにこそある。

「権威」、「権力」、「名誉」といった「高いもの」に向かってしまう私たちは、美に接したときだけは、「小さい花」や「遠くに光り輝く星」をじっと見つめるという「低いもの」に留まることに同意する。しかし、社会的次元にある「低いもの」すなわち「ほとんど無」に、私たちはダイレクトに向かうことはできない。「善きサマリア人」以外の人々は、倒れている瀕死の人の傍を誰もいないかのように通り過ぎたことを思い出そう。*8 ただ「善きサマリア人」だけが、すなわち、社会から見捨てられているこの人だけが、一切の社会的威信を剥奪され、なおかつこの剥奪に同意していることによって、自己に代わって他者と世界が自己の奥底に映し出され、瀕死の人に手を差し伸べることができたのである。そして「善きサマリア人」だけが、自らの「生の創造」をなしていると言えるのである。というのも、己れに己れの属性が貼りついているかぎり、自らの都合に合わせて、近くのものはよく見え、遠くのものは薄らぐという「遠近法の錯覚」のもとに、リアリティのない生を歩むことになるからである。そして、シモーヌ・ヴェイユの生きざまとは、この「遠近法の錯覚」からかぎりなく逃れ、「ほとんど無」に同意することにおいて彼女が彼女であろうとした、まさしくその営みにほかならない。

6　ほとんど無、あるいは美

ヴェイユは、十分な知性に恵まれていながら、兄アンドレの異常な才能に比して自分の凡庸さに苦しみ、一四歳のときに本気で自殺を考える（AD 38,「ペラン神父への手紙」）。この凡庸さの逆説的な自覚は、しばしば言及されるところである。だが、彼女の虚弱な身体や常軌を逸した不器用さは、その生来の知性の輝きすらも殺いでいってしまうほどまでに深刻なものであった。そうした彼女のもっとも大きな才能とは、知性の輝きに先立って、「認識の遅さ」が、「極度の恥辱の状態」（OCVI-4 362）と彼女自身述べる「待つこと」にまで徹底されているということであろう。「美への欲望は、ある一定の強さと深さからは天才と同じである」（IP 62,「『饗宴』註解」）というヴェイユの言葉は、欲望が徹底され「美への欲望」となったとき、人は、己れの属性によって一切動かず、徹底的な待機の状態にあるということである。そのとき、人は「自己が無であること」に同意しえているがために美として輝き出すのであり、その存在の強度によって世界と他者とつながってゆくのである。そこに私たちの生の創造がある。

＊

本書では、シモーヌ・ヴェイユと古来の哲学者たちや日本の思想家たちとの対話、あるいは映画や現実問題といった「具体的なもの」との対話を通して、一貫して認識の「ずれ」に着目してきた。そしてこの「ずれ」は、実のところ、私たちの認識能力そのものを言いあらわしている。芸術は芸術からは到来しないし、学問は学問からは到来しない。そして「私」は「私」からは到来しないのである。そうではなく、絶対的に他なるものとの衝突、亀裂における閃光において、芸術、学問そして、「私」が映し出されてくるのである。それゆえ、ヴェイユは、「芸術、学問、そして不幸は超自然性が入り込む三つの裂け目である」（IP 126,「ピタゴラス派の学説について」）と述べたのであった。そしてこの三つは、いずれも美に収斂されてゆく。美的経験において、私たちは、このような認識と距離との逆説的な照応関係を、感性において把握するのである。

そして、言葉の力とは、なによりもまず、言葉が言葉から離れてどこまで飛翔できるか、ということであろう。今日、忘却されているが、形而上学とは、この言葉のダイナミズムをもっとも映し出すものである。抽象が抽象に留まるのであれば、形而上学は重力に従って落下する「物」にすぎないであろう。だが、抽象が具体と衝突し、亀裂を起こし、そこに美の閃光が見られるのであれば、その真空の空間において、恩寵が宿るのである。そしてまた、恩寵とは、何か高みから己れのうちに降りてくるものではない。そうではなく、必然性の支配を逃れられない私たち自身が、必然性に同意することによって得られる、なによりもまず己れから解き放たれ、われ知らず、われにおいて、「やわらかい心」が宿るということである。シモーヌ・ヴェイユが生涯をかけて、「精神のリレー」として伝達してゆこうとしていたのは、まさしくこのことにほかならない。

註

序章

＊1　ヴェイユとレヴィ＝ストロースは、一九四一年から一九四二年にかけてほぼ同時期にニューヨークに亡命した折り、あちこちの公共図書館で神話や民間伝承の研究に没頭している。この時代における両者の共通の眼差しは興味深い。レヴィ＝ストロースは後年ヴェイユについて次のように語っている。「［シモーヌ・ヴェイユのことは］よく知っていた、というほどではありません。ソルボンヌの通路でよく立ち話をしました。彼女の剃刀の刃のような考え方にはついていけませんでした。彼女にとっては、ものごとはいつもオール・オア・ナッシングでした。後になってアメリカ合衆国でもう一度、彼女に会いました。イギリスに渡る前に彼女が合衆国に短期間滞在していた時のことです。彼女はその後、イギリスで亡くなりました。その時には彼女の方から連絡してきて、大きな建物の前の庭で会いました。それがコロンビア大学の図書館だったか、市立図書館の前だったか、もう覚えていません。石段に座って話しました。我々の世代の女性知識人には過激な人がまま見かけられるのですが、彼女はそのなかに入ると思いますね。ただ、シモーヌ・ヴェイユという人は、その厳しい考え方を、自己破壊に至るまで貫徹した人でした」（Claude LÉVI-STRAUSS & Didier ÉRIBON, *De Près et de loin*, Éditions Odile Jacob, Paris, pp. 20-21.［クロード・レヴィ＝ストロース＆ディディエ・エリボン、竹内信夫訳『遠近の回想』みすず書房、二〇〇八年、二七頁］）。

＊2　レヴィ＝ストロースの「親族関係研究」の数学的解析をおこなったのは、アンドレ・ヴェイユ（一九〇六～九八年）である。シモーヌとアンドレは、頻繁にギリシアの数学について議論を交わしている（S 211-257,「アンドレ・ヴェイユへの手紙および手紙草稿」）。シモーヌ、アン

ドレ、レヴィ＝ストロースを頂点とした三角形を描くことのうちに、概念に回収されえない構造主義のうねりを見ることができるのではなかろうか。アンドレについてレヴィ＝ストロースは次のように語っている。「[アンドレ・ヴェイユは] シモーヌのお兄さんだし、『ブルバキ』グループの創立者の一人でもあります。私はオーストラリアの親族関係の問題を研究していましたが、あんまり込み入っているので、これは数学者の助けを借りなければなるまい、と考えたのです。私は、同じようにアメリカに亡命していたアダマールに会いに行きました。もう相当の年でしたが、有名な数学者です。私は彼に例の問題を説明し、解いてくれるように頼んだのです。ところが――この話はもうどこかでしたように思いますが――彼が言うには、数学者というものは四則計算しかわからないのであって、しかも婚姻というのは四則のどれにも還元できない、と言うのです。そこで、別の亡命数学者アンドレ・ヴェイユに会いに行ったのです。私は彼にアダマールを訪問したときのことを話しました。彼の反応は違っていました。数学的観点から婚姻を定義する必要などない、と彼は言うのです。重要なのは、婚姻形態相互の関係だけだ、とね。私は彼にその問題に関するデータを渡しました。それを分析して、彼は今あなたのおっしゃった論文［クロード・レヴィ＝ストロース『親族の基本構造』(一九四九年)所収のアンドレ・ヴェイユが書いた『数学的付録』］を書いたのです」(ibid., p. 79.［前掲、一〇二―一〇三頁］)。

第I部

＊1 「結局、これがもっとも大切なことですが、『プロメテウス』には、構成への意志があります。構成への意志は、私がもっとも重要だとみなしているものですが、詩にこの配慮が見られるのはきわめて稀です」(P 10,「ポール・ヴァレリーの手紙」)。

＊2 「キリストの物語はひとつのメタファーである。しかし、昔の人々は、メタファーがこの世界の出来事として生じるのだと信じていた。神は至高の詩人である」(OCVI-4 101)。

＊3 Simone PÉTREMENT, *La vie de Simone Weil*, Paris, Fayard, 1997, p. 436.［シモーヌ・ペトルマン、田辺保訳『詳伝シモーヌ・ヴェイユII』勁草書房、一九七八年、一三三頁。「ポステルナクへの第五の手紙」(一九三八年)］

＊4 たとえば、強制収容所の経験を著したヴィクトール・E・フランクル(一九〇五～九七年)は、次のような報告をしている。「収容所に入れられ、なにかをして自己表現する道を断たれているという、思いつくかぎりでもっとも悲惨な状況、できるのはただこの耐えがたい苦痛に耐えることしかない状況にあっても、人は内に秘めた愛する人のまなざしや愛する人の面影を精神力で呼び出すことにより、満たされることができるのだ」(Viktor Emil FRANKL, ... *trotzdem Ja zum Leben sagen. Ein Psychologe erlebt das Konzentrationslager*, Müünchen, Kösel-Verlag, 2002. ヴィクトー

ル・E・フランクル、池田香代子訳『夜と霧』みすず書房、二〇〇二年、六一頁)。
＊5　本書第Ⅱ部「美的判断力の可能性」参照。
＊6　Miklos VETÖ, *La métaphysique religieuse de Simone Weil*, Paris, Vrin, 1971, p. 138. [2e édition, Paris, Harmattan, 1998.]〔ミクロス・ヴェトー、今村純子訳『シモーヌ・ヴェイユの哲学――その形而上学的転回』慶應義塾大学出版会、二〇〇六年、三一〇頁〕
＊7　「あなたの詩はとてもよくできています。そのことを忘れないでください。……全体としてこの詩は少しばかり〈教訓的〉です。……といった概念の積み重ねは教育的すぎます」(P 9,「ポール・ヴァレリーの手紙」)。
＊8　シモーヌ・ヴェイユの思想をはじめて体系的に形而上学としてあらわしたミクロス・ヴェトー(一九三六年〜二〇二〇年)は、次のように述べている。「今世紀の哲学思想家で、シモーヌ・ヴェイユほどプラトンから影響を受けたものはいない。キリスト教的プラトニズムのほぼすべての基本的な問いは、彼女の著作において論じられており、その著作は、二〇世紀における、プラトン的・キリスト教的神秘主義に基づく思索の唯一の例である」(Miklos VETÖ, op.cit., p. 149.〔ミクロス・ヴェトー、前掲、三四一頁〕)。「実存主義、弁証法神学、聖書学復興の時代にあって、彼女の思弁的神秘主義は、キリスト教的プラトニズムの偉大さと、それが現代において欠如していることを、ただ一人孤高に証言しているのである」(ibid. p. 149.〔前掲、三四二頁〕)。
＊9　「表現」については、本書第Ⅳ部第9章「表現について」参照。
＊10　ヴェイユは「精神的自叙伝」と題された「ペラン神父への第四の手紙」で、次のように述べている。「……死の瞬間が生の規範であり、生の目的であると信じてきました。よく生きる人々にとって、死の瞬間は、無限小の時間の断片に対して、純粋で赤裸々な、確実で永遠の真理が魂のうちに入り込んでくる瞬間であると考えていました」(AD 37,「精神的自叙伝」)。
＊11　ヴェイユが高等師範学校に提出した学士論文は、「デカルトにおける科学と知覚」〔一九三〇年〕(OCI 161-221)である。なお、ヴェイユとデカルトの影響関係については、本書第Ⅰ部第3章「『デカルトにおける科学と知覚』をどう読むのか」参照。
＊12　René DESCARTES, *Meditationes de prima philosophia*, 1641.〔デカルト「第三省察」『省察』〕
＊13　Immanuel KANT, *Kritik der Urteilskraft*, 1790, §17.〔カント『判断力批判』第一七節〕なお、ヴェイユにおける「目的なき合目的性」に関しては、本書第Ⅱ部第4章「美と神秘」第2節参照。
＊14　ibid., Vorrede.〔前掲、序文〕
＊15　ibid., §22.〔前掲、第二二節〕
＊16　この観念と美とのかかわりについては、本書第Ⅲ部第7章「脱創造あるいは超越論的感性論」参照。
＊17　この愛の位相については、本書第Ⅲ部第8章「愛に

ついて」参照。

＊18　「善への欲望」がどのように生きられ感じられるかについては、本書第3部Essai「善への欲望——映画『ライフ・イズ・ビューティフル』をめぐって」参照。

＊19　Immanuel KANT, *Grundlegung zur Metaphysik der Sitten*, 1785, Erstes Buch.［カント『人倫の形而上学の基礎づけ』第一章］

＊20　Simone PÉTREMENT, *La vie de Simone Weil*, Paris, Fayard, 1997, p. 112.［シモーヌ・ヴェイユ、杉山毅訳『詳伝シモーヌ・ヴェイユI』勁草書房、一九七八年、一二五頁］

＊21　「科学と知覚」における「労働（travail）」という言葉の使用は、「自由と社会的抑圧の諸原因に関する考察」（一九三四年）で語られるマルクス主義のコンテクストにおけるそれとは異なるため、本来「作業」と訳すべきであるが、自らの「工場生活の経験」（一九三四〜三五年）を踏まえて書かれた「奴隷的でない労働の第一条件」（一九四一年）で語られる形而上学的な言葉の使用法としての「労働」観念と深いつながりがあるため、あえて「労働」と訳した。「科学と知覚」でヴェイユは、苛酷な必然性を課されている労働のさなかにおいてしか、人間は真に考えることができないゆえに、存在することもできないとしている。だが、「奴隷的でない労働の第一条件」では、労働は、考えることを剥奪することが前提とされ、その逆説における自由の探究がなされることになる。本書第I部第1章「詩学の可能性」第2節参照。

＊22　本書第II部第4章「美と神秘」第1節参照。

＊23　シモーヌ・ヴェイユにおける自覚を意味する「脱創造」については、本書第III部第7章「脱創造あるいは超越論的感性論」参照。

＊24　Jules-Henri POINCARÉ, *La Valeur de la science*, 1905. Paris, GF-Flammarion, 1970, p. 155.［ポアンカレ、田辺元訳『科学の価値』岩波文庫、一九二七年、一五九頁］

＊25　「美的判断力」については、本書第II部「美的判断力の可能性」参照。

＊26　『千と千尋の神隠し』企画書（一九九九年一一月八日）、映画パンフレット［東宝、二〇〇一年七月二〇日発行］に収録、宮崎駿『折り返し点 *1997〜2008*』岩波書店、二〇〇八年、二三〇頁。

＊27　シモーヌ・ヴェイユは「狂気」について次のように述べている。「奴隷は、振りあげられた鞭を目の当たりにして、同意することも拒むこともなく、震えるばかりである。しかし、必然性という名のもとでは、同意は、まさしくこの情け容赦のない力に対してなされるのであり、まさしくこの鞭に対してなされるのである。いかなる動機、いかなる動因も、この同意にとっては十分でありえない。この同意は狂気であり、創造、受肉、受難がひとつとなって神の狂気をなしているのと同じく、人間固有の狂気である。この二つの狂気は、互いに呼応し合っている。この世界がとりわけ不幸の場所である、というのは驚くに足らない。というのも、絶え間なく宙づりにされた不幸がなければ、人間のいかなる狂気も、創造の行為のなかにすでにそ

のすべてが孕まれている神の狂気に、呼応しえないからである。神は創造にあたってすべてであることを放棄し、いくばくかの存在を自分以外のものに委ねる。創造は愛による自己放棄である」(IP 147-148,「ピタゴラス派の学説について」)。

＊28　宮崎駿は『折り返し点 *1997～2008*』の「あとがきにかえて」で、こう述べている。「いま、生まれてはじめて年寄りというものを体験しているんです。年寄りの小僧、新米の年寄りです。日々、びっくりしています、『なるほど、これが年寄りか』と。いざなってみると、目の前に扉が開くんですよ。ギィーッと。扉が開いたのは数年前、六十を過ぎてからですね。扉の向こうにはまっすぐな道が見えているのではなくて、天と地がまざりあったような、茫漠とした灰色の世界です。ふりむくと見慣れた路地がありますが、もうそこへ戻ることはなくて、これからはこの灰色の世界を歩いていくしかない。あちらこちらに、少し前を歩いている諸先輩の姿が、影のように見えています。けれども、そこで連帯感がめばえるわけでもなく、ひとりで歩いていくしかないんです」(宮崎駿、前掲、五二〇頁)。

＊29　「映画というものが永遠に残るかというと、せいぜい二十年か三十年だろうと、ぼくは思います。どんなに名作であっても、たとえば山中貞雄の映画がどんなに面白いといっても、それを見ている人がいまもたくさんいるわけではない。映画とは、現れては消えていく運命にあるジャンルで、そんなに長い歴史をもてないだろうとぼくは思っています」(前掲、五二〇頁)。

＊映像1　宮崎駿監督『千と千尋の神隠し』スタジオジブリ、二〇〇一年、[00 :24]

＊映像2　前掲、[01 :05 :10]

＊映像3　前掲、[01 :53 :31]

＊映像4　前掲、[01 :40 :50]

第Ⅱ部

＊1　東洋に生きる者は、「自己無化」、「自己否定」といった観念を――実際できているかは別として――比較的容易に受け入れることができよう。それに対して、西洋でこうした観念に到達するためには、ベルクソン『道徳と宗教の二源泉』におけるキリスト教神秘主義の分析(Henri BERGSON, *Les deux sources de la morale et de la religion*, Paris, P. U. F., 1932, pp. 240-246.)が示すように、「神秘」とはあたかも相反するように思われる「行動」が不可欠なものとして導き出されてくる。そして、デカルト以降「自我」の確立のもとに哲学が築かれてきた近現代では、ひとたび確固たるものとされた「自我」が、ふたたび自らの「行動」によって打ち砕かれていかなければならない、ということに着目すべきであろう。アランの「意志の哲学」から出発したヴェイユの学士論文は「デカルトにおける科学と知覚」(OCI 161-221)であり(本書第Ⅰ部第3章「『デカルトにおける科学と知覚』をどう読むのか」参照)、ヴェイユは、数々の社会的実践をおこなうなか、一女工として働く「工

場生活の経験」（一九三四〜三五年）を境に、たゆまぬ社会的実践と並行して、急速に神秘主義――恍惚に留まるものではない――へと傾いてゆくことになる。

＊2　フランス語の《finalité》にはドイツ語の《Zweckmäßigkeit》のように「目的（Zweck）の器（Maß）」という意味はないので、また《fin》には「目的」と「終極」の二つの意味があるので、《finalité sans fin》は「目的なき究極性」、「終わりなき究極性」の意味にもとれ、この意味にとれば、《finalité sans fin》はおのずから永遠性を孕む言葉であろう。だが本章ではカント美学からの継承に光を当てるので、《finalité sans fin》を「目的なき合目的性」の意味でとることにする。

＊3　Hannah ARENDT, *Lectures on Kant's Political Philosophy-Edited and with an Interpretive Essay by Ronald Beiner*, Chicago, University of Chicago, 1982.［ハンナ・アーレント、伊藤宏一訳『カント政治哲学の講義』法政大学出版局、一九八七年］、*Between Past and Future-Eight Exercises in Political Thought*, New York, Penguin Books, 1968.［引田隆也・斎藤純一訳『過去と未来の間――政治思想への8試論』みすず書房、一九九四年］

＊4　この点に関しては、本書第Ⅱ部第6章「美的判断力の可能性――シモーヌ・ヴェイユとハンナ・アーレント」参照。

＊5　Immanuel KANT, *Kritik der Urteilskraft*, 1790. Hamburg, Felix Meiner Verlag, 1990, §1-§22, SS. 39-86.［カント『判断力批判』］とくに、悟性と構想力の関係については、§9, S.56.参照。

＊6　シモーヌ・ヴェイユ後期思想の核心は「自律の放棄」にある。ヴェイユはカントと同様の道を歩みながら、次第に独自の道を切り開き、究極的に超越という時点でカントと差異を見せるという見方が妥当であろう。前期におけるロアンヌでの講義ノート（一九三三年）には次の記述が見られる。「カント〈汝が望みうるのと同時に普遍的法則になる格率によってのみ行動せよ。〉〈汝の行動の格率が自然の普遍的法則のうちに意志によって立てられるように行動せよ。〉（別の言い方をすれば神の視座にわが身を置く）」（LP 183）。カント自身、第三批判後半できわどい揺れがあるとはいえ、けっして哲学の立場を崩すことはないものの、ヴェイユはカントを語る際にもすでに眼差しは垂直方向に向けられている。そして後期では、「自由であること、それは神に従順であることを欲望する以外のものではない。他のすべての自由は虚偽である」（IP 152,「ピタゴラス派の学説について」）と述べるに至るのである。

＊7　「キリスト」は通常、神人性として用いられる言葉である。だがヴェイユは「イエス」ではなく「キリスト」と述べることにより、つねに人性をあらわしている。また、「受難（Passion）」という言葉を使わずに、あえて「キリストの十字架（la Croix du Christ）」ないし「十字架上のキリスト（Christ sur la Croix）」という言葉を多用している。これらのことから推察されるのは、ヴェイユの志向が「十字架上のキリスト」の似姿ではなく、「十字架上のキリスト」

という神となった人であるということである。すなわち「十字架上のキリスト」という特殊な状態を挙げながら、私たちすべてが「十字架上のキリスト」に与りうる普遍妥当性を示しているのである。「精神的自叙伝」と題する「ペラン神父への第四の手紙」（一九四二年）のなかで、ヴェイユは、「キリストの十字架刑を想うたびに羨望の罪を冒しているのですから」（AD 62,「精神的自叙伝」）と述べている。

＊8 「脱創造」については、本書第Ⅲ部第7章「脱創造あるいは超越論的感性論」参照。

＊9 Immanuel KANT, *Kritik der praktischen Vernunft*, 1788. Hamburg, Felix Meiner Verlag, 1990, S.143. ［カント『実践理性批判』］

＊10 この「神」とは何であり、「神を待ち望む」とはどういうことなのかについては、本書第Ⅰ部 Essai「アニメーションの詩学——映画『千と千尋の神隠し』をめぐって」第2節参照。

＊11 Immanuel KANT, *Kritik der Urteilskraft*, §17, S. 77. ［カント『判断力批判』］

＊12 ibid., §23-§29, SS. 87-127. ［前掲］

＊13 Immanuel KANT, *Kritik der praktischen Vernunft*, S. 186. ［カント『実践理性批判』］

＊14 ヴェイユは、知覚における構想力（産出的構想力）の働きに着目して、次のように述べている。「知覚、錯覚、空想、夢、多かれ少なかれ幻覚に近い状態、これらに関する厳密で精緻なあらゆる分析が示しているものは、実在の世界の知覚は、必然性との接触がなければ、蓋然性の高い誤謬と違わないということである（メーヌ・ド・ビラン［一七六六～一八二四年］、ラニョー［一八五一～九四年］、アラン［一八六八～一九五一年］は、この点に関してもっとも見識があった人たちである）」（IP 142,「ピタゴラス派の学説について」）。

＊15 シモーヌ・ヴェイユへの造詣が深い作家であり哲学者であるアイリス・マードック（一九一九～九九年）は、自己の情念や傾向性を入れずに対象を描き出すことがいかに困難であるかを指摘している。「飾りたてられたまやかしではなくリアルな死を描くことは容易なことではない。他の作品では成功しているトルストイでさえ『イヴァン・イリイチの死』ではそれをリアルに捉えてはいない」（Iris MURDOCH, *The Sovereignty of Good*. London and New York, Routledge, 1991, p. 87. ［アイリス・マードック、菅豊彦・小林信行訳『善の至高性——プラトニズムの視点から』九州大学出版会、一九九二年、一三六頁］

＊16 Immanuel KANT, *Kritik der Urteilskraft*, §5, SS. 46-48. ［カント『判断力批判』］

＊17 ヴェイユは、「精神的自叙伝」で三度の神秘体験について語っている（AD 42-43,「精神的自叙伝」）。

＊18 「愛」については、本書第Ⅲ部第8章「愛について」参照。

＊19 たとえば、作家・村上春樹（一九四九年～）は処女作『風の歌を聴け』の冒頭で次のように述べている。「20歳を少し過ぎたばかりの頃からずっと、僕はそういっ

た生き方を取ろうと努めてきた。おかげで他人から何度となく手痛い打撃を受け、欺かれ、誤解され、また同時に多くの不思議な体験もした。様々な人間がやってきて僕に語りかけ、まるで橋をわたるように音を立てて僕の上を通り過ぎ、そして二度と戻ってはこなかった。僕はその間じっと口を閉ざし、何も語らなかった。そんな風にして僕は20代最後の年を迎えた。今、僕は語ろうと思う」（村上春樹『風の歌を聴け』断章一、講談社文庫、二〇〇四年［一九七九年］、八頁）。

　社会的評価を受ける以前の村上のこの表現は、興味深い。「外的必然性」によって自我が打ち砕かれ、その「自己無化」に同意する直中にあって、自らにおいて自らを超えた「不思議な体験」をし、そこから「書くこと」が自らにおいて、自らを超えてなされる「第二の誕生」の過程が、素直な文章で綴られている。

＊20　Immanuel KANT, *Kritik der Urteilskraft*, §28, S. 109.［カント『判断力批判』］

＊21　「目的なき合目的性」はシモーヌ・ヴェイユの中心観念の一つである。その源泉は明らかに、「美は、合目的性が目的の表象なくして、ある対象において知覚される限りにおいて、その対象の合目的性の形式である」（Immanuel KANT, *Kritik der Urteilskraft*, §17, S. 77［カント『判断力批判』］）というカントにある。だが、この観念は、シモーヌ・ヴェイユでは「不幸」の表象にもなる。本書第Ⅱ部第４章「美と神秘」第２節参照。

＊22　鈴木大拙「『詩』の世界を見るべし」『東洋的な見方』岩波文庫、一九九七年、二四〇頁。

＊23　前掲、二四一頁。

＊24　Teitaro SUZUKI, *Essays in Zen Buddhism*, London, Luzac & Co, 1933.［鈴木貞太郎『禅仏教論集』］

＊25　ヴェイユと大拙との関係については、本書第Ⅴ部第12章「詩をもつこと――シモーヌ・ヴェイユと鈴木大拙」参照。

＊26　Immanuel KANT, *Kritik der Urteilskraft*［カント『判断力批判』］, §1-§22, SS. 36-86. 参照。特に、悟性と構想力の関係については §9, p.56. 参照。

＊27　ヴェイユと西田の思想は、究極的に自律を離れたところにあると言える。カントの思想を重ね合わせて考察してみると、カントと同様の道程を歩みながら、次第にそれぞれに独自の路を切り開き、超越という時点でカントと差異を見せるという見方が妥当であろう。

＊28　特に、« Le Beau et le Bien »（OCI 60-73),「美の説明」(N-11 58-60）参照。

＊29　カントは、悟性と理性との間の、埋め難い深淵の懸け橋として「判断力」を導き出し、それは、「普遍的主観性」である「美」という知覚に収斂されるものであった。ヴェイユでは、この「判断力」が一貫して保持されているのに対し、西田では、距離の把握が明確になるにつれ、「美」は積極的なものではなくなってゆき、カントの「判断力」は、「質」から「量」へ、「普遍性」から「一般性」へと、変容

されてゆくのである。

＊30　シモーヌ・ヴェイユが高等師範学校卒業前後にもっとも傾倒していたのはデカルトであり、学士論文は「デカルトにおける科学と知覚」［一九三〇年］（OCI 161-221）である。本書第Ⅰ部第３章「『デカルトにおける科学と知覚』をどう読むのか」参照。

＊31　Immanuel KANT, *Kritik der praktischen Vernunft*, Hamburg, Felix Meiner Verlag, 1990, S. 143.［カント『実践理性批判』］

＊32　「脱創造」については、本書第Ⅲ部第７章「脱創造あるいは超越論的感性論」参照。

＊33　表現と自覚の関係については、本書第Ⅳ部第９章「表現について」参照。

＊34　Immanuel KANT, *Kritik der Urteilskraft*, § 23- § 29, SS. 87-127［カント『判断力批判』］参照。

＊35　Immanuel KANT, *Kritik der praktischen Vernunft*, 1990, S.186.［カント『実践理性批判』］

＊36　「現実は彼女にとって堪え難いものとなった。彼女にとって、神は現実逃避の手段となり、彼女の魂は現実から逃走しつつあった」（Martin BUBER, *An der Wende. Reden über das Judentum*, Köln und Olten, J. Heger, 1952, pp. 75-76.［マルチン・ブーバー『転向について――ユダヤ教を語る』］）。「シモーヌ・ヴェイユの激しい旧約聖書嫌いは、イスラエルの人々を傷つけ、困惑させた」（Emmanuel LÉVINAS, « Simone Weil contre la Bible », *Difficile Liberté*, Paris, Albin Michel, 1963, p. 189.［エマニュエル・レヴィナス、内田樹訳「聖書に反対するシモーヌ・ヴェイユ」『困難な自由――ユダヤ教についての試論』国文社、二〇〇八年、一九七頁］

＊37　アーレントは、『人間の条件』第三章「労働」の脚注で、次のように述べている。「Simone Weil, *La condition ouvrière* (1951) は、労働の問題にかんする膨大な文献のうちで、問題を偏見と感傷なしに扱った唯一の本だと言ってもおそらく誇張ではない。彼女は工場における自分の経験を日々述べているその日記のモットーとして、『多くが意志に逆らう、必然が重くのしかかるゆえに』というホメーロスの詩行を選んだ。そして、最後には労働と必然から解放されるという希望はマルクス主義の唯一のユートピア的要素であり、同時にマルクス主義に鼓舞された革命的労働運動の真の原動力であると結論づけている。それはマルクスが宗教こそそうであると信じたあの『人民の阿片』である」（Hannah ARENDT, *The Human Condition*, Chicago, University of Chicago Press, 1958, p. 131.［ハンナ・アーレント、志水速雄訳『人間の条件』ちくま学芸文庫、一九九四年、二二〇頁］）。

＊38　芸術創造では、つねに個において普遍が追及されている。ヴェイユがもっとも高く評価するプラトンの著作が芸術創造から生の創造を導き出す『ティマイオス』であることを銘記しておきたい。なお、労働と芸術創造との相関関係については、本書第Ⅳ部第10章「芸術創造と生の創造」参照。

＊39　ヴェイユの感性論の位相については、本書第Ⅲ部第７章「脱創造あるいは超越論的感性論」参照。

＊40　Hannah ARENDT, *Eichmann in Jerusalem—A report on the Banality of Evil*, New York, The Viking Press, 1963.［ハンナ・アーレント、大久保和郎訳『イェルサレムのアイヒマン——悪の陳腐さについての報告』みすず書房、一九六九年、二一五頁］

＊41　Gayatri Chakravorty SPIVAK, « Can the Subaltern speak? », in Cary Nelson and Lawrence Grossberg eds., *Marxism and the Interpretation of Culture*, Chicago, University of Illinois Press, 1988.［ガヤトリ・C・スピヴァック、上村忠男訳『サバルタンは語ることができるか』みすず書房、一九九八年］

＊42　『アンチゴネー』については、本書第Ⅳ部第10章「芸術創造と生の創造」第1節、および、第Ⅴ部第14章「重力と詩」第3節参照。

＊43　シモーヌ・ヴェイユは、「ジョー・ブスケへ宛てた手紙」のなかで次のように述べている。「殻に穴が穿たれて生き物が出てきたとき、それはまだ殻のなかと同じ世界を対象として持っています。しかしもはや殻の中にはいません。空間は開け放たれ、引き裂かれたのです。精神は、悲惨な身体を片隅に置き去りにして、空間の外の一点に運ばれます。それは、一つの視座といったものではありません。そこから展望がひらかれているわけではないのです。そこからは、展望なしに、目に見えるこの世界のリアルな姿を見ることができます。空間は、卵のなかにいたときに比べて、二乗の、否むしろ、三乗の無限になっています。瞬間は不動のものとなります。たとえ音が聞こえたとしても、空間はおしなべて、密度の濃い沈黙で満たされます。それは音の不在ではありません。感覚の確実な対象、音より確実な対象なのです。秘められた言葉、原初から私たちをその腕に抱いていた〈愛〉の言葉なのです」（PS 74-75,「ジョー・ブスケへの手紙」）。この箇所の分析については、本書第Ⅰ部第1章「詩学の可能性」第3節参照。

＊44　小林秀雄（一九〇二〜八三年）は処女作「様々なる意匠」（一九二九年）で、「芸術創造」と小林にとっての「生の創造」にほかならない「批評」との連関を、次のように的確にあらわしている。「芸術家達のどんなに純粋な仕事でも、科学者が純粋な水と呼ぶ意味で純粋なものはない。彼らの仕事はつねに、種々の色彩、種々の陰翳を擁して豊富である。この豊富性のために、私は、彼らの作品から思う処を抽象することができる、と言うことはまた何物を抽象しても何物かが残るということだ。この豊富性のうちを彷徨して、私は、その作家の思想を完全に了解したと信ずる、その途端、不思議な角度から、新しい思想の断片が私を見る。見られたが最後、断片はもはや断片ではない。たちまち拡大して、今了解した私の思想を呑んでしまうということが起こる。この彷徨はあたかも解析によって己れの姿を捕えようとする彷徨に等しい。こうして私は、私の解析の眩暈の末、傑作の豊富性の底を流れる、作者の宿命の主調低音をきくのである。このとき私の騒然たる夢はやみ、私の心が私の言葉を語り始める、このとき私は私の批評の可能を悟るのである」（小林秀雄「様々なる意匠」『小林秀

雄全作品1』新潮社、二〇〇二年、一三九頁）。

＊映像1-a　Jean-Luc GODARD (dir.), *Vivre sa vie: Film en douze tableaux*, Les films de la Pléiade, 1962.［ジャン＝リュック・ゴダール監督『女と男のいる舗道』フランス、一九六二年］［04:05］

＊映像1-b　ibid.［08:40］

＊映像2　ibid.［16:20］

＊映像3-a　ibid.［31:25］

＊映像3-b　ibid.［34:27］

＊映像4-a　ibid.［13:06］

＊映像4-b　ibid.［01:15:33］

第Ⅲ部

＊1　「ユダヤ民族および他のいくつかの国の国民たちとともにこの地球上に生きることを拒む――あたかも君と君の上官がこの世界に誰が住み誰が住んではいけないかを決定する権利を持っているかのように――政治を君が支持し実行したからこそ、何人からも、すなわち人類に属する何ものからも、君とともにこの地球上に生きたいと願うことは期待し得ないとわれわれは考える。これが君が絞首されねばならぬ理由、しかもその唯一の理由である」（Hannah ARENDT, *Eichmann in Jerusalem—A Report on the Banality of Evil*, New York, The Viking Press, 1963.［ハンナ・アーレント、大久保和郎訳『イェルサレムのアイヒマン――悪の陳腐さについての報告』みすず書房、一九六九年、二一五頁］）。

＊2　「言葉を語るとは、根を失うことである。理性的な制度とは根を失うことである。真の社会の構築とは、根を失うことである。根とは、〈私の家にいること〉が絶対的起点であり、一切が自分の内面から由来するような実存のことである」（Emmanuel LÉVINAS, « Simone Weil contre la Bible », *Difficile Liberté*, Paris, Albin Michel, 1963, p. 194.［エマニュエル・レヴィナス、内田樹訳「聖書に反対するシモーヌ・ヴェイユ」『困難な自由――ユダヤ教についての試論』国文社、二〇〇八年、二〇三頁］）。

＊3　Hannah ARENDT, ibid.［ハンナ・アーレント、前掲、一八四―一八五頁］

＊4　カント美学（感性論）の中心観念であるこの観念が、シモーヌ・ヴェイユにおいてどのように転回されているかについては、本書第Ⅱ部第4章「美と神秘」第2節参照。

＊5　ヴェイユは数学者の兄アンドレ・ヴェイユへ宛てた手紙のなかで次のように述べている。「ニーチェについては、お互い理解し合えるところまできていません。彼を軽々しく扱うつもりはありませんが、堪え難い、ほとんど身体的な嫌悪を感じるばかりです」（S 231,「アンドレ・ヴェイユへの手紙とその草稿」）。

＊6　Miklos VETÖ, *La métaphysique religieuse de Simone Weil*, Paris, Vrin, 1971.［ミクロス・ヴェトー、今村純子訳『シモーヌ・ヴェイユの哲学――その形而上学的転回』慶應義塾大学出版会、二〇〇六年］

＊7　Miklos VETÖ, « Thèmes kantiens dans la pensée de Simone

Weil », *Cahiers Simone Weil*, Association pour l'étude de la pensée de Simone Weil, mars 1985, pp. 42-49.［ミクロス・ヴェトー「シモーヌ・ヴェイユ思想におけるカント的テーマ」シモーヌ・ヴェイユ協会］

＊8　スピノザ『エチカ』第五部公理一

＊9　Etienne GILSON, *L'esprit de la philosophie médiévale*, Paris, Vrin, 1932, p. 284.［エチエンヌ・ジルソン、服部英治郎訳『中世哲学の精神 下』筑摩書房、第一五章「自由意志とキリスト教的自由」、一三一頁］

＊10　この存在の位相転換は、シモーヌ・ヴェイユの美しい象徴とイメージをもってしても把握するのが難しい。たとえば、心肺同時移植手術を待ちつつ、生死の境において、同じく心臓病と闘う友人の死に際して述べた、仲田明美（一九五五〜八八年）の次の言葉は、この存在の位相転換の理解の助けになるであろう。そしてこのような「存在の強さ」は「存在の美しさ」となって私たちの生を震わせ覚醒させ、ここに、自我を離れ善へと向かわせる倫理のひらけが見られる。

「アンドレアが死を恐れなかったというのは、私にはわかるけれども、健康な人には説明を要することだろう。アンドレアはおそらく、例えばかつての特攻隊のように死を恐れなかったのではなく、つねに何時心臓が止まるかわからない恐れを持ちながらも、美しいものを美しいと感じることができ、うれしい時には心の底から笑うことができ、その日いれたお茶の味を堪能することができ、心が生き生きと動いていることができたのではなかっただろうか。そして、死にたくない、死にたくないという執着を越えていたのだろう。死にたくないとあがいて、移植にすがりついたのではなく、移植手術にともなう死の危険性すら、なんら彼女を苦悶させることがなかったぐらいに、生への我執を越えていたのだろう。〈生きたい、元気になりたい〉。生きることはどんなに苦しくてもそれ自体すばらしいことであり、美しいことであることをアンドレアは存在そのもので知っていたにちがいない」（仲田明美による「アンドレアからの手紙」と題する手記、後藤正治『ふたつの生命——心肺移植を待ち望んで』岩波書店、同時代ライブラリー、一九九七年、二五二—二五三頁）。

＊11　スピノザ『エチカ』第一部定義七

＊12　スピノザ『エチカ』第五部定理四二

＊13　小林秀雄「様々なる意匠」『小林秀雄全作品1』新潮社、二〇〇二年、一三八頁。

＊14　「『わたくし』で『ある』こと＝『わたくし』が『ない』こと」、この真実、この矛盾は、言語化するのがもっとも困難なものであるが、宮沢賢治（一八九六—一九三三年）が詩という表象で、ニヒリスティックに呈示しようとした「『わたくしといふ現象』はその点滅を止める召命をもっていること」と重ね合わせると、理解が深まるであろう。なおこの連の考察については、本書第Ⅲ部第9章「表現について」第1節参照。

「わたくしといふ現象は

仮定された有機交流電燈の
ひとつの青い照明です
（あらゆる透明な幽霊の複合体）
風景やみんなといっしょに
せはしくせはしく明滅しながら
いかにもたしかにともりつづける
因果交流電燈の
ひとつの青い照明です
（ひかりはたもち　その電燈は失はれ）」

（宮沢賢治『春と修羅』序（一九二二年）、『新校本　宮沢賢治全集　第二巻　詩［Ⅰ］本文篇』筑摩書房、一九九五年、七頁）。

＊15　プラトン『饗宴』（205d-206a）

＊16　ロベルト・ベニーニ＆ヴィンチェンツォ・チェラーミ、吉岡芳子訳「ベニーニ、映画を語る」『ライフ・イズ・ビューティフル』角川文庫、一九九九年、二〇一頁。

＊17　カント倫理学をさらに押し進めて「動機の問題」を考察したシモーヌ・ヴェイユは、次のような洞察をしている。

「はじめて身籠った一人の幸福な若い女性が、産着を縫いながら、しかるべくそれを縫うことを考えている。しかし、彼女は片時もおなかの子どものことを忘れることはない。同じ瞬間、牢獄内の作業所で、一人の女囚がこれまたしかるべく縫おうと考えながら縫っている。なぜなら、彼女は罰せられることを恐れているからである。この二人の女性は同じ瞬間に同じ仕事をしていて、同じ技術的困難に注意を奪われていると想像することができる。しかし、母親になる女性と女囚との間には差異の深淵が広がっている。あらゆる社会問題は、女囚の情況から母親になる女性の情況へと労働者を移行させることである。なされなければならないことは、この世界とも一つの世界が、労働の行為において、その二重の美を通して、ちょうど産衣にくるまって生まれてくる赤ん坊のように、あらわれ結び合わされることである」（E 124）。なお、この箇所の分析については、本書序章第1節参照。

＊18　この「エネルギー量と動機の高低との逆転の関係」は、私たちの日常生活においても容易に洞察しうる。たとえば、一九六八年に授業中の教師をどかせ、教壇に立ち、アジテーションするのは容易い。なぜなら、一九六八年にはこの行為は低い動機によって為されうるからである。だが同一の行為を二〇一〇年に為すのは難しい。なぜなら、同一の行為の動機が高くなるため、容易にはこの行為をなしえないからである。この様相を村上春樹は次のように巧みに描写している。

「ストが解除され機動隊の占領下で講義が再開されると、いちばん最初に出席してきたのはストを指導した立場にある連中だった。彼らは何事もなかったように教室に出てきてノートをとり、名前を呼ばれると返事をした。これはどうも変な話だった。何故ならスト決議はまだ有効だったし、誰もスト終結を宣言していなかったからだ。大学が機動隊を導入してバリケードを破壊しただけのことで、原理的にはストはまだ継続しているのだ。そして彼らはスト決議のときには言いたいだけ元気なことを言って、ストに反対する（あるいは疑念を表明する）学生を罵倒し、あるいは吊しあげたのだ。僕は彼らのところに行って、どうしてストをつづけないで講義に出てくるのか、と訊いてみた。彼らには答えられなかった。答えられるわけがないのだ。彼らは出席不足で単位を落とすのが怖いのだ。そんな連中が大学解体を叫んでいたのかと思うとおかしくて仕方なかった。そんな下劣な連中が風向きひとつで大声を出したり小さくなったりするのだ。おいキズキ、ここはひどい世界だよ、と僕は思った。こういう奴らがきちんと大学の単位をとって社会に出て、せっせと下劣な社会を作るんだ」（村上春樹『ノルウェイの森（上）』講談社文庫、一九九一年［一九八七年］、九〇頁）。

　村上春樹が倫理的な作家である所以は、彼が倫理的な問題に関心を示すことに求められるべきではない。そうではなく、作家が倫理的であるとは、ドストエフスキーがまさしくそうであったように、日常生活の人間行為の背後にある動機を見抜く眼差しをもつということである。さらに村上の独自性は、その見抜いた動機の位相を、誰の人生にでも起こりうる「かのように（als ob）」、誰にでも理解しうる言葉で、読者の心にうちに美の感情を湧き起こらせることを通して、表現しえたことにある。なお、表現については、本書第Ⅳ部第9章「表現について」参照。

＊19　プラトン『国家』（361c）

＊20　カント『単なる理性の限界内における宗教』（A20/ B18/ C158）

＊21　「善きサマリア人の譬え」［ルカ一〇・二五—三七］をさらに深く分析し、「われを忘れて」、つまり、いつの間にか「自我」が捨象されてなされてしまった善行為のうちにのみ、格率と道徳法則の真の一致が見られ、それが美として表象されるという、シラー（一七五九～一八〇五年）の分析と重ね合わせて考察することで、善が美として表象される必然性がいっそうはっきりと認識できよう（シラー、草薙正夫訳『美と芸術の理論——カリアス書簡』岩波文庫、一九三六年、三六—三八頁　参照）。

＊22　カント『人倫の形而上学の基礎づけ』（A394/ B11/ C250）

＊23　別の場面では、グイドたちを乗せた列車が「強制収容所」に到着する際、ビルの窓からひとりの将校が、コーヒーをゆっくり飲みながら、この様子を眺めている。人間同士の間に根源的な「分断」が成立するこれらの場面は、クロード・ランズマン監督『ショアー』（一九八五～二〇〇一年、フランス）において「ユダヤ人に水をあげた」と誇らしげに語る「トレブリンカの農民たち」の証言の場面と類比的に考察することができよう。

＊24　このような場合に見られるのは、「その川底をますます深くえぐってゆくような」（カント『人間論』A252/ B184/ C142）、「情念」である。そこでは、自分で自分を不自由にしてゆく「隷属意志」の構造が見られる。そして無

辜な人の魂において悪が浸透してしまう「不幸」の状態もまた「情念」と同一の「隷属意志」の構造を有している。『ショアー』冒頭に登場する奇跡的な生還者シモン・スレブルニクやモルデハイ・ボドフレブニクの表情には、奇跡的に生還したのにもかかわらず、自らの「隷属意志」から逃れることができない苦渋を読み取ることができる。

倫理学の課題は、この局面にあって、たとえどのような悪の浸透を余儀なくされても、「全宇宙にたった一度、そしてふたつとないあり方で存在していること」(V. E. フランクル、池田香代子訳『夜と霧』みすず書房、二〇〇二年、一三一頁参照)が探究されねばならないであろう。

＊25　プラトン『饗宴』(205d-206a)

＊26　この場面は、カール・ドライヤー『裁かるるジャンヌ』(一九二七年、フランス)において、若い修道士(アントナン・アルトー)がジャンヌ・ダルク(ルネ・ファルコネッティ)に火刑を告げにくる場面と類比的に考察することができよう。火刑を告げられる瞬間、ジャンヌは一瞬怯むが、二人の対話の過程で、次第にジャンヌの表情には歓びが満ち溢れ、自由であることが証され、若い修道士の表情はこわばり、不自由であることが証されるという両者の立場が逆転してゆく有り様を、両者の表情の変化から読み取ることができる。この場面のさらなる考察については、本書第Ⅱ部Essai「瞬間の形而上学――映画『女と男のいる舗道』をめぐって」第2節参照。

＊27　この描写の考察については、本書第Ⅳ部第9章「表現について」第1節参照。

＊28　アーレントの報告によれば、アイヒマンは、逃亡先のアルゼンチンで本名を名乗り、家族を呼び寄せ、あたかも足がつくのを待っていたかのごとくの生活を送っていたという(ハンナ・アーレント、大久保和郎訳『イェルサレムのアイヒマン――悪の陳腐さについての報告』みすず書房、一九六九年、一八三―一八四頁参照)。この行為から洞察されることは、アイヒマンはたとえ死刑になっても、自らの「リアリティ」を取り戻すことを望んでいたということである。否、人は、「リアリティ」が欠如した状態で、身体はあっても真に生きてゆくことができないということである。この点についての考察は、本書第Ⅲ部第8章「脱創造あるいは超越論的感性論」第1節参照。

＊29　ここから洞察される個から普遍への転回は、たとえば、陸田真志(一九七〇～二〇〇八年)の次の言葉に見られる。

「逮捕されるまでの私は、人間ではない〈動物〉でした。獣といってもよいです。殺人を犯した後も、金を稼ぐ事に没頭し、自分が殺人者である事さえ忘れてようと努めていました。人間としての誇りも、善も、正しさも、他者への優しさも全部捨て、ひたすら利益を上げる事で、自分の精神を事実からそらそうとしていました。そして、高額の金を得るようになり、私は逮捕され、やっと夢から覚めたように、自分のやった事に対する現実感が、よみがえりました」(池田晶子&陸田真志『死と生きる――獄中哲学対話』

新潮社、一九九九年、一二頁)。

池田晶子は、二〇〇五年一〇月の陸田真志の死刑判決に際して「もう生への執着はなく、死刑確定も平常心で受け止めるだろう」(二〇〇五年一〇月一七日、朝日新聞朝刊)と述べている。これは、陸田がひとたび失ってしまった「善への欲望」を取り戻したことを意味しているであろう。しかしながら、陸田は、二〇〇八年六月の「秋葉原連続殺人事件」が起こったことで、見せしめのように死刑執行されている。宮崎勤の死刑執行がマスコミで大きく取り上げられたのに対し、陸田の死刑執行はほとんど取り上げられていない。私たちは、ひとたび悪に落ちてしまった犯罪者がふたたび「善への欲望」を取り戻すという意味における刑罰の意義を、被害者の遺族の痛みの回復が加害者を殺すということにおいてなされてよいのか、という問題も含めて、今一度考察しなければならないのではなかろうか。
＊30 たとえば、『悪霊』においてドストエフスキーは、スタヴローギンに、自らに重くのしかかる「悪の意識」を、悔恨とも良心の呵責とも言えない「銭葵の葉の上にとまった蜘蛛」として告白させている。「私が夢見たものは、たんなる実感にすぎなかった。けれど私が目ざめて、生涯にはじめて涙に濡れひじた目を開いたとき、私はなおも目にうかべていたのだった、――あの巨岩と、海と、沈みゆく太陽の光線を。……私のまだ知ることのなかった幸福の実感が、私の胸を痛いほど刺しつらぬいた。すでに日はすっかり暮れかかっていた。私の小さな部屋の窓に、そこに置かれた花々の緑の葉末を透して、沈みゆく夕陽の明るい斜めの光線が差しこみ、私の全身を光に充たした。私は、過ぎ去った夢を取戻そうとでもするように、いそいでまた目を閉じた。けれど、このあかあかと輝く光の中に、私は突然何かの小さな点を見たように思った。たしかにそういうことが起こったのであり、それがいっさいのはじまりだったのである。この一点は、たちまち何かの形を取りはじめ、ふいに私の目にはちっぽけな赤い蜘蛛の姿がありありと見えてきた。私はすぐさまゼラニウムの葉の上にいたあの蜘蛛を思い出した。あのときもやはり沈みゆく夕陽の斜めの光線が注いでいたではないか。何かが私を刺しつらぬいたように感じて、私は起きあがり、ベッドの上にすわり直した……私は目の前に見た!(おお、それは現ではなかった! せめてあれがほんものの幽霊であれば、……)私はマトリョーシャを見たのだった。あのときと同じように、私の部屋の戸口に立って、私に向って顎をしゃくりながら、小さな拳を振りあげていたあのときと同じように、げっそりと痩せこけ、熱をもったように目を輝かせているマトリョーシャを。いまだかつて何ひとつとして、これほどまで痛ましいものを私は目にしたことがない! ……むろん、おのれひとりを責めるしかなかった、まだ分別も固まっていない、孤立無援の存在のみじめな絶望! いまだかつて、私の身にこのようなことが起こったためしはなかった。私は深更まで、身じろぎひとつせず、時のたつのも忘れてすわっていた。……これが良心の苛責、悔恨と呼

ばれるものなのだろうか？　私は知らないし、いまもってそう言いきることはできない。しかし、私にとって耐えがたいのは、ただ一つ、あの姿だけなのである」（ドストエフスキー、江川卓訳『悪霊　下巻』新潮文庫、一九七一年、六九二—六九四頁）。

＊31　フローベルのリアリズムについては、拙論「愛の彼方へ——『ボヴァリー夫人』における超越」（『京都大学大学院文学研究科宗教学研究室紀要』vol.1.［電子ジャーナル］、二〇〇四年）参照。

＊32　ロベルト・ベニーニ＆ヴィンテェンツォ・チェラーミ、前掲、「ベニーニ、映画を語る」、一九九頁。

＊映像1　Roberto BENIGNI (dir.), *La vita è bella*, Miramix, 1997,［ロベルト・ベニーニ監督『ライフ・イズ・ビューティフル』イタリア、一九九七年］、［01 : 06 :49］

＊映像2　ibid.［37 :18］

＊映像3　ibid.［47 :10］

＊映像4　ibid.［01 :37 :15］

＊映像5　ibid.［01 :37 :20］

＊映像6　ibid.［01 :46 :11］

＊映像7　ibid.［01 :46 :20］

＊映像8　ibid.［01 :46 :45］

＊映像9　ibid.［01 :52 :03］

第Ⅳ部

＊1　「工場生活」では、その身体の脆弱さと不器用さのため、三度工場を転々としている。そして、スペイン市民戦争参加では、宿舎で食事用の煮えたぎる油に足をつっこみ大火傷を負い、フランスに送還されている。

＊2　本書第Ⅰ部第3章「『デカルトにおける科学と知覚』をどう読むのか」参照。

＊3　宮沢賢治「春と修羅」序、『新校本　宮沢賢治全集第二巻　詩［Ⅰ］本文篇』筑摩書房、一九九五年、七頁。

＊4　Simone PÉTREMENT, *La vie de Simone Weil*, Paris, Fayard, 1997, p. 531.［シモーヌ・ペトルマン、田辺保訳『詳伝シモーヌ・ヴェイユⅡ』勁草書房、一九七八年、二四〇頁、詩人ジャン・トルテル（一九〇四—九三年）による証言］

＊5　Henri BERGSON, *Essai sur les données immédiates de la conscience*, 1889. Paris, P.U.F., Quadrige, 2007.［ベルクソン、中村文郎訳『時間と自由』（『意識に直接与えられたものについての試論』）、岩波文庫、二〇〇一年、一九三—一九四頁］

＊6　Marcel PROUST, « Du côté du chez Swann », *A la recherche du temps perdu*, Paris, Gallimard, coll. folio, 1987, p. 44.［マルセル・プルースト、井上究一郎訳、第一部「コンブレー」、第一篇「スワン家のほうへ」『失われた時を求めてⅠ』ちくま文庫、一九九三年、七三—七五頁］

＊7　「認識と距離」の関係については、本書第Ⅱ部第4章「美と神秘」第1節参照。

＊8　ドストエフスキー、亀山郁夫訳『罪と罰1』光文社文庫、二〇〇八年、第Ⅰ部第七章、一八三—一八四頁。

＊9　前掲、第Ⅱ部第二章、二六九頁。

＊10　前掲、第Ⅱ部第三章、二七六―二七七頁。
＊11　ドストエフスキー、亀山郁夫訳『罪と罰3』光文社文庫、二〇〇九年、第五部第四章、一二三―一二四頁。
＊12　前掲、エピローグ、四五九―四六〇頁［一部米川正夫訳に改変］。
＊13　このことが芸術においてどのように表象されるかについては、本書第Ⅱ部 Essai「瞬間の形而上学――映画『女と男のいる舗道』をめぐって」序参照。
＊14　René DESCARTES, *Meditationes de prima philosophia*, 1641.［デカルト「第三省察」『省察』］
＊15　本書第Ⅰ部第3章「『デカルトにおける科学と知覚』をどう読むのか」参照。
＊16　本書第Ⅰ部第2章「シモーヌ・ヴェイユにおけるプラトニズム」参照。
＊17　脱創造については、本書第Ⅲ部第7章「脱創造あるいは超越論的感性論」参照。
＊18　Miklos VETÖ, *La métaphysique religieuse de Simone Weil*, Paris, Vrin, 1971, pp. 51-52. ミクロス・ヴェトー、今村純子訳『シモーヌ・ヴェイユの哲学』慶應義塾大学出版会、二〇〇六年、一〇三―一〇五頁。
＊19　詳細な註のついた『カイエ』全四巻［*Œuvres complètes de Simone Weil, Cahiers I - Cahiers IV*, Paris, Gallimard, 1994-2006.］が刊行されている。
＊20　この点に関しては、本書第Ⅱ部第5章「美と実在――シモーヌ・ヴェイユと西田幾多郎」第2節参照。
＊21　ここからさらに、「物の美」から「行為の美」へと展開される。本書序章第2節参照。
＊22　Immanuel KANT, *Kritik der Urteilskraft*, §12.［カント『判断力批判』第一二節］
＊23　« L'Iliade ou le poème de la force » [「『イーリアス』あるいは力の詩篇」]（OCII-3 227-253/ SG 11-55）
＊24　ここで、よく知られた小林秀雄の次の言葉を引用しておこう。「思い出となれば、みんな美しく見えるとよく言うが、その意味をみんなが間違えている。僕等が過去を飾り勝ちなのではない。過去の方で僕等に余計な思いをさせないだけなのである。思い出が、僕等を一種の動物である事から救うのだ。記憶するだけではいけないのだろう。思い出さなくてはいけないのだろう。多くの歴史家が、一種の動物に止まるのは、頭を記憶で一杯にしているので、心を虚しくして思い出す事が出来ないからではあるまいか」（小林秀雄「無常という事」『小林秀雄全作品一四』新潮社、二〇〇三年、一四五頁）。
　ここで小林が述べていることも、過去が現在に呼び覚まされ現在を強めるのでなければ、記憶そのものには意味がないということである。そして、記憶が「思い出される」ためには、心があらゆる属性から解き放たれた「真空」の状態でなければならないということである。
＊25　小林秀雄は、「おっかさんは蛍になった」と直覚してしまう、というどんな説明をも超えている自らの不思議な経験を踏まえて次のように述べている。「以上が私の童

話だが、この童話は、ありのままの事実に基づいていて、曲筆はないのである。妙な気持ちになったのは後の事だ。妙な気持は、事後の徒らな反省によって生じたのであって、事実の直接な経験から発したのではない。では、今、この出来事をどう解釈しているかと聞かれれば、てんで解釈なぞしていないと答えるより仕方がない。と言う事は、一応の応答を、私は用意しているという事になるかも知れない。寝ぼけないでよく観察してみ給え。童話が日常の実生活に直結しているのは、人生の常態ではないか。何も彼もが、よくよく考えてみれば不思議なのに、何かを特別に不思議がる理由はないであろう」（小林秀雄『小林秀雄全作品 別巻1 感想（上）』新潮社、二〇〇五年、一三—一四頁）。

＊26 HEIDEGGER, « Bauen Wohnen Denken », 1951.［ハイデッガー講演「建てる・住まう・思索する」］

＊映像1 Jean-Pierre JEUNET (dir.), *Le Fabuleux Destin d'Amélie Poulain*, UGC, 2001.［ジャン＝ピエール・ジュネ監督『アメリ』フランス、二〇〇一年］[31 :46]

＊映像2 ibid. [34 :51]

＊映像3 ibid. [29 :57]

＊映像4 ibid. [11 :24]

第V部

＊1 ヴェイユは、民族性（nationalité）が「ユダヤ人（israélite）」であるにもかかわらず、つねに自らを「フランス人」と意識している。自らもドイツ占領下のパリで学生時代を送っていた片岡美智（一九〇七年〜）は、「この時代もっとも不幸であったのはユダヤ人ではなかったのか」とヴェイユの人間的心理の動きを指摘している（片岡美智『シモーヌ・ヴェイユ——真理への献身』講談社、一九七二年、一八〇—一八一頁）。

＊2 ここで、ヴェイユの「工場生活の経験」（一九三四〜三五年）が、一九三六年の人民戦線以前の苛酷な労働条件下であったことを銘記しておきたい。

＊3 鈴木大拙『「詩」の世界を見るべし』『東洋的な見方』岩波文庫、一九九七年、二四一頁。

＊4 大拙が「見性」をうけたのも、ヴェイユが「工場生活」に入ったのも、ともに二五歳のときである。この優れた東西の思想家の実在への眼差しの方向性の差異は興味深い。

＊5 たとえば、ヴェイユの思索ノート『カイエ』には次の記述が見られる。「高等師範学校の受験準備学級にいた頃の私の超スピノザ的瞑想。他の対象は一切考慮せず、他のなにものとも関連させずに、何時間もこれは何かと考えて、対象をひたすら注視する、これは公案だったのだ」（OCVI-3 134）。

＊6 本書の他の章では、« désir » を「欲望」と訳してるが、本章にかぎり、浄土教との関連から、「渇望」と訳した。

＊7 この「涙」がどのように生きられ感じられるかに関しては、本書第I部 Essai「アニメーションの詩学——映画『千と千尋の神隠し』をめぐって」第1節参照。

＊8 鈴木大拙「雑集二」『鈴木大拙全集 第二八巻』岩

波書店、二〇〇二年、四七二頁。
＊9　鈴木大拙「『詩』の世界を見るべし」『東洋的な見方』岩波文庫、一九九七年、二四一―二四二頁。
＊10　この点に関しては、本書第Ⅰ部第1章「詩学の可能性」第2節参照。
＊11　鈴木大拙「日本的霊性」『清沢満之・鈴木大拙』中公バックス［日本の名著 四三］、一九八四年、三八二頁。
＊12　金時鐘「今、居る場所」、梁石日他『金時鐘の詩――もうひとつの日本語』もず工房、二〇〇〇年、一六三頁。
＊13　本書第Ⅴ部第14章「重力と詩」第1節参照。
＊14　エレーヌ・シクスー、松本伊瑳子訳「エレーヌ・シクスー、ルーツを撮る」、棚沢直子編訳『女たちのフランス思想』所収、勁草書房、一九九八年、一八一頁。
＊15　「加害者のリアリティの欠如の有り様」に関しては、本書第Ⅳ部第9章「表現について」第2節における『罪と罰』の主人公ラスコーリニコフの描写参照。
＊16　この点に関しては、本書第Ⅱ部第4章「美と神秘」第1節参照。
＊17　エレーヌ・シクスー、前掲、二〇二頁。
＊18　Gustave FLAUBERT, *Madame Bovary*, Paris, GF-Flammarion, 1984, p. 355.［フローベール、生島僚一訳『ボヴァリー夫人』新潮文庫、一九六五年、三九一頁］偶像崇拝によって生きる生からいかにその人の生のリアリティと自由が剥奪されているかについては、拙論「愛の彼方へ――『ボヴァリー夫人』における超越」『京都大学大学院文学研究科宗教学研究室紀要』vol.1.［電子ジャーナル］参照。
＊19　少女時代を植民地下の朝鮮で過ごした森崎和江（一九二七年～二〇二二年）は次のように語っている。「私はひたすら朝鮮によって養われた。オモニに逢いたいが礼をのべる立場をもたない。私はこの小文を朝鮮人の目からかくしておきたい。その感情とのたたかいなしに私は朝鮮が語れない。書き出せばただ涙がながれる。そういえばいつぞや在日朝鮮人と話をしていた折に、ふと涙がこぼれて侮辱された。『――問題はナニワ節の次元ではありませんよ』といわれた。ほんとうに朝鮮人のまえで涙などみせるべきではない。私は朝鮮について、事実を――私の内となったものを――表現する自由はない。私はそれをおしころしてきた。おしころすことで、ネエヤをさらにふたたびおしころしている……。ここは、私の内のどこかは、あれの墓である。それを表現しない力で私は何かをつくろうとして生きてきた、今日まで。私はただ無分別に、痛い」（森崎和江「二つのことば・二つのこころ」『森崎和江コレクション　精神史の旅1　産土』藤原書店、二〇〇八年、八九―九〇頁［『はのくにとの幻想婚』一九七〇年］）。
＊20　埴谷雄高「政治のなかの死」第一部「政治と革命の本質」『埴谷雄高政治論集』講談社文芸文庫、二〇〇四年。
＊21　金時鐘、前掲、一六三頁。
＊22　シモーヌ・ヴェイユは、『前キリスト教的直観』で、ツキディデス『歴史』を引用して、次のように述べている。「『人間の精神が客観的に正義と呼ばれるのは、両者が同じ

論理的必然性を有する場合のみにかぎられる。反対に、強者と弱者とがあれば、強者はすべてをなし、弱者はすべてを受け入れる』［『歴史』第五巻　八九節］。さらに、『天則とは、自然の必然性により優者がおのずと命令を下すことだ、と確信している』［同、一〇五節］。ツキディデスがアテナイ使節団に言わせているよく知られたこれらの言葉は、人間同士における自然的な関係を完璧に定義している」(IP 136-137,「ピタゴラス派の学説について」)。

＊23　Gustave FLAUBERT, op.cit, p. 355. ［フローベール、前掲、三九一頁］。

＊24　この点に関しては、前掲拙論 第三節参照。

＊25　空前のベストセラーになった村上春樹『ノルウェイの森』（一九八七年）では、登場人物が次々に自殺してゆく。このことは、「己れに親しき者の死」をどのように受け止めるのかということと、自己が覚醒され自己を知るという「自覚」が、相関関係にあることを示しているであろう。主人公「僕」は、親友「キズキ」を自殺で亡くし、さらに、親友の元恋人であり自らの現在の恋人であった「直子」を自殺で亡くした後、次のように述べている。

「キズキが死んだとき、僕はその死からひとつのことを学んだ。そしてそれを諦観として身につけた。あるいは身につけたように思った。それはこういうことだった。

『死は生の対極にあるのではなく、我々の生のうちに潜んでいるのだ』

たしかにそれは真実であった。我々は生きることによって同時に死を育んでいるのだ。しかしそれは我々が学ばねばならない真理の一部でしかなかった。直子の死が僕に教えたのはこういうことだった。どのような真理をもってしても愛するものを亡くした哀しみを癒すことはできないのだ。どのような真理も、どのような誠実さも、どのような強さも、どのような優しさも、その哀しみを癒すことはできないのだ。我々はその哀しみを哀しみ抜いて、そこから何かを学びとることしかできないし、そしてその学びとった何かも、次にやってくる予期せぬ哀しみに対しては何の役にも立たないのだ」（村上春樹『ノルウェイの森（下）』講談社文庫、一九九一年［一九八七年］、二二六―二二七頁）。

＊26　この萌芽はすでに一七歳のときに書かれた論考「美と善」(OCI 60-73)のうちに見られる。本書序章第2節参照。

＊27　この事態の動機の視点からの考察は、本書第Ⅲ部Essai「善への欲望――映画『ライフ・イズ・ビューティフル』をめぐって」第1節参照。

＊28　「認識と距離」の関係については、本書第Ⅱ部第4章「美と神秘」第1節参照。

＊29　この表象については、本書第Ⅰ部 Essai「アニメーションの詩学――映画『千と千尋の神隠し』をめぐって」第3節における「カオナシ」の有り様参照。

＊30　Jean-Jacques ROUSSEAU, *Du Contrat Social*, 1762. Paris, GF-Flammarion, 1992, pp. 134-135. ［ジャン＝ジャック・ルソー、中山元訳『社会契約論／ジュネーヴ草稿』光文社古典新訳文庫、二〇〇八年、二〇九―二一〇頁］

＊31　シモーヌ・ヴェイユは、工場労働者のために、機関紙「我々の間で――ロジェール通信」（一九三六年）にアンチゴネー論を載せている（OCII-2 333-338/ SG 57-62）。

＊32　この点に関しては、本書第I部第1章「詩学の可能性」第2節参照。

＊33　Gayatri Chakravorty SPIVAK, « Can the Subaltern speak? », in Cary Nelson and Lawrence Grossberg eds., *Marxism and the Interpretation of Culture*, Chicago, University of Illinois Press, 1988. ［ガヤトリ・C・スピヴァック、上村忠男訳『サバルタンは語ることができるか』みすず書房、一九九八年］

＊34　Gustave FLAUBERT, op.cit, p. 259. ［フローベール、前掲、二六〇頁］

＊映像1　班忠義監督『ガイサンシー（蓋山西）とその姉妹たち』シグロ、二〇〇八年、[02 :00]

＊映像2　前掲、[37 :42]

終章

＊1　認識と距離の関係については、本書第II部第4章「美と神秘」第1節参照。

＊2　この箇所の考察については、本書第I部第1章「詩学の可能性」第2節参照。

＊3　この詩の分析については、本書第IV部第9章「表現について」第1節参照。

＊4　この考察については、本書第I部 Essai「アニメーションの詩学――映画『千と千尋の神隠し』をめぐって」第1節参照。

＊5　この場面の考察については、本書第II部 Essai「瞬間の形而上学――映画『女と男のいる舗道』をめぐって」第2節参照。

＊6　この考察については、本書第IV部 Essai「童話的映画がひらく倫理の地平――映画『アメリ』をめぐって」第1節参照。

＊7　この動機の高低とエネルギー量の逆転の考察については、本書第III部 Essai「善への欲望――映画『ライフ・イズ・ビューティフル』をめぐって」第1節参照。

＊8　「善きサマリア人の譬え」［ルカ二五―三七］の分析については、本書第III部第7章「脱創造あるいは超越論的感性論」第1節参照。

あとがき

二〇〇九年、日本公開された映画『愛を読むひと』は、ホロコーストの恐怖がブルジョワのリアリティの欠如と類比的に描き出されている傑作である。「起こってはならないこと」が「起こった」場合、それは「起こらなかったこと」になる。我が家に「悪い子」がいてはならない場合、「悪い子」はいないことになる。そこではその人自身のリアリティが剥奪されてゆく。

シモーヌ・ヴェイユのことを知ったのは、医学部受験生であった高校三年生のときだった。「医系小論文」の授業で紹介された、神谷美恵子『生きがいについて』のなかに、その名を見つけた。当時の私にとって、最首悟氏は、「医系小論文」の先生であったし、山本義隆氏は、「物理」の先生だった。かれらが、その「存在の強さ」において、「存在の美」において、「沈黙の言葉」を語っていることは知らなかった。

「そして十一月、私は自殺しようとした。長い depression の中で、私は自分が一体何なのかわからなくなり悶々とした日々を過ごしていた。〈私って何なの〉という問いがいつもあって、そんな折、静脈注射に来た当直のドクターが、私の顔も見ず、話しかけもせず、点滴のラインの三方活栓から注射をしているのを見て、〈私は物体にすぎないんだ。物体なんだ〉と思った。そして注射の後、私はその三方活栓のフタを自ら取り去り、血液が逆流して、ひとしずくずつ、栓の穴からしたたり落ちるのをじっと見ていた。これで死ねると思うと静かな心持ちがして、シーツの上のバスタオルが真っ赤に染まってゆくのも何だかうれしかった。〈私は完全に物体になる〉。そう思った。しかし看護婦さんが気づいて私は死ねなかった。……」（仲田明美「アンドレアからの手紙」）

なにかの雑誌に掲載されていた「アンドレアからの手紙」と題する仲田明美さんの日記を、偶然家の本棚のなかに見つけた。おそらく父が切り抜いておいたものであろう。仲田さんを追い詰めたのは病気ではない。そうではなく、「自分を物として扱う」医師の魂だ。人が何かに突き動かされるとき、その思いには、多かれ少なかれ「人を物として扱うことによってその人自身が物になること」に対する抵抗の思いがあるのではないであろうか。美への欲望は、つねに、堪え難い美の欠如に直面したときに、「これは違う！」と叫ぶ自らのうちなる「沈黙の叫び」と表裏一体だ。

二〇一〇年一月『１９６８年　グラフィティ』（毎日新聞社、新装版）が復刊された。俯き加減で、物憂げな、美しい一人の青年――山本義隆氏の一枚の写真。そのたった一枚の写真のうちに、豊饒なこの写真集のうちに語られていないすべてが語られているように思われた。「これからは、市井の一人として物理学をやりたい」と述べた山本氏の言葉は、彼の言葉であって彼の言葉ではない。自我というものが押しつぶされたその果てに、自己において、自己を超えて、降りてきた言葉。そのダイナミズムは、恩寵と呼ばれていい。

本書は、二〇〇九年に一橋大学大学院言語社会研究科に提出された博士学位請求論文『シモーヌ・ヴェイユの詩学』（主査　鵜飼哲氏　副査　平子友長氏、藤野寛氏）である。シモーヌ・ヴェイユを哲学として読み解いた博士論文を執筆することが、私の一〇年来の夢であった。そして、そのかたちは、従来の哲学研究の枠組みを大きく超え出る、領域横断的・学際的なものにならざるをえなかった。シモーヌ・ヴェイユという人の思想は、おのずからしてそうした宿命を担っていた。

世界中の多くの人々は、「自分のしたいこと」ではなく「自分のしたくないこと」をする労働に、一日の、一年の、一生の多くを費やしている。一日が終わった後には、時間はあっても真空に向けて考える余裕がない。そしてまた、人間は真空に向けて考えることをどうしようもなく欲してしまう。というのも、「詩」がなくして私たちは生きてゆけないからだ。

「工場日記」の言葉が痛いほど心に沁みる「疲れた、疲れた」日々のなかで、どうしようもない渇望に苛まれて、慶應義塾大学文学部通信教育課程に学士入学した。封筒をポストに投函した瞬間は、今でもはっきり憶えている。当時、豊洲で月一回、社会人のために開いてくださっていた石井敏夫氏の「ベルクソン研究会」。もうその場所に着いた時点で眠り込んでしまいそうになるほど疲れ果てており、ほとんど目が本の文字を追っていかなかった。それでもこの場所は、自分を「詩」につなぎとめる唯一の命綱だった。そこに参加されていた、「アラビア石油」創設メンバーのおひとりでもいらっしゃる池田幸光氏にお願いして、毎週、護国寺で、岩波文庫や中公バックスの哲学書を片端から読み込む読書会を開いていただいた。哲学の言葉は具体的な現場ではじめて花開く。日々自己自身が問われる、自己自身を問わざるをえない市井のなかで哲学の言葉を知ったことは、私の貴重な財産だ。

大学院生時代に指導教官であった、鵜飼哲、ミクロス・ヴェトー、長谷正當、佐藤康邦各氏には、それぞれまったく異なる個性から多くを教えられ、本書に色濃く反映されている。谷隆一郎氏と金子昭氏からは、折に触れ、多くの励ましの言葉をいただいている。金子氏には、草稿の段階で全文に目を通していただき、貴重なアドバイスを受けている。若い友人にして恐るべき教養人、奥村大介君には、本書の構成から編集にいたるまで、日常的に適切で細やかなアドバイスを受けており、精神的に強力に支えてもらった。ギャラリーマキ・オーナーの坂巻喜美子さんからは、その抱きしめるような暖かさと刺すような鋭い直感力をもって、生の創造と芸術創造の共振、その震えのうちに、いつも佇ませていただく繊細なご配慮をいただいた。もっとも小さなマキの空間には、もっとも大切にしたいものがぎっしり詰まっている。対談「戦間期　シモーヌ・ヴェイユ、愛、恩寵」を企画させていただいた、今福龍太氏と港千尋氏からは、学問も芸術と同じく創造にほかならないことを、そして、知性は子どものような自由な遊びのなかでのみ開花することを、教えていただいた。アーティストの鈴木淳子さんには、その存在と作品に日常的に震わされるということを通して、多くの着想を与えていただいた。ここにお名前を記していない方々も含め、多くの方々に支えられ生かされて言葉を紡ぐことができた。

「新しさとは古くならないものである」（小津安二郎）

私の拙い言葉に着目してくださり、情熱的に編集担当してくださった鬼才の編集者、上村和馬氏からは、およそ一年にわたり、多くの励ましと優しさをいただいた。この一冊の誕生のために、いったいどれだけの心労をおかけしたかしれない。季節が移り変わる日吉駅の午後の光が、痛くそして優しく潤んで映し出されてくる。『シモーヌ・ヴェイユの哲学』でお世話になった佐藤聖氏には、今回も未熟な私を、精神面から、そして技術面から、さまざまなかたちでバックアップいただいた。記して感謝申し上げたい。

不思議な縁に導かれて、本書巻頭に港千尋氏の言葉をいただくことができた。「ああ、この言葉は、『文字の母たち』の作者の言葉だ」と思う。「物を観照するということ」のうちに、「手と手を取り合う」瞬間を直覚する、この稀有な写真家の言葉が、本書の拙い言葉たちの導きの手となってくれるならば、と祈るような気持ちである。本書が、手にとってくださった読者一人一人の方々の〈今、ここ〉を震撼させ、覚醒させ、未来へと向かわせる一契機となれば幸いである。

映像、テクスト、そして声が奏でる夜空に向けて

二〇一〇年　四月

今村純子

慶應義塾大学出版会

シモーヌ・ヴェイユの哲学
その形而上学的転回

ミクロス ヴェトー 著
今村 純子 訳

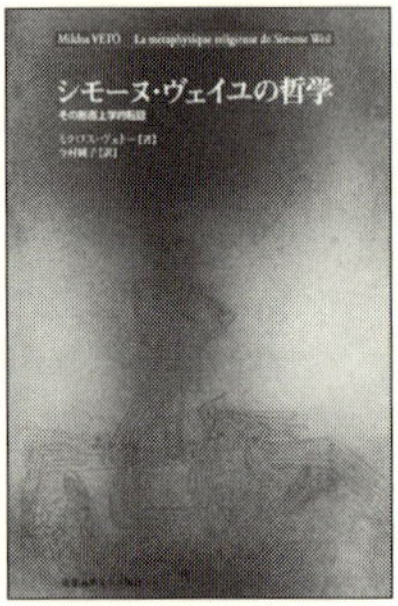

シモーヌ・ヴェイユの著作を、その思索の筋道に沿って解読する。シモーヌ・ヴェイユの道徳的・宗教的思想を、その基礎にある形而上学的見地——カントとプラトンとの関連——から体系的に解釈した画期的研究書の翻訳。

四六判／上製／ 396 頁
初版年月日：2006/05/08
3,500 円

◇主要目次
第二版への序文
序章
第一章　脱創造の観念
第二章　注意と欲望
第三章　エネルギー、動機、真空
第四章　苦悩と不幸
第五章　美の経験
第六章　時間と自我
第七章　無行為の行為
結論

表示価格は刊行時の本体価格（税別）です。

今村純子（いまむら じゅんこ）
東京生まれ。イメージの哲学、映画論。現在、女子美術大学、白百合女子大学、成城大学、武蔵野美術大学、立教大学、早稲田大学兼任講師。東京大学大学院人文社会系研究科修士課程修了。京都大学大学院文学研究科博士後期課程単位取得退学。哲学 DEA（ポワティエ大学）、学術博士（一橋大学）。著書に、『映画の詩学』（世界思想社、2021 年）、責任編集に、『現代詩手帖特集版 シモーヌ・ヴェイユ』（思潮社、2011 年）、訳書に、ミクロス・ヴェトー『シモーヌ・ヴェイユの哲学』（慶應義塾大学出版会、2006 年）、シモーヌ・ヴェイユ『前キリスト教的直観』（法政大学出版局、2011 年）、『シモーヌ・ヴェイユ アンソロジー』（河出文庫、2018 年）、『神を待ちのぞむ』（河出書房新社、2020 年）などがある。

シモーヌ・ヴェイユの詩学

2010 年 6 月 25 日　初版第 1 刷発行
2022 年 11 月 22 日　初版第 3 刷発行

著　者 ──── 今村純子
発行者 ──── 依田俊之
発行所 ──── 慶應義塾大学出版会株式会社
〒108-8346　東京都港区三田 2-19-30
TEL〔編集部〕03-3451-0931
〔営業部〕03-3451-3584〈ご注文〉
〃　03-3451-6926
FAX〔営業部〕03-3451-3122
振替　00190-8-155497
URL　https://www.keio-up.co.jp/
装　丁 ──── 鈴木 衛
印刷・製本 ── 萩原印刷株式会社
カバー印刷 ── 株式会社太平印刷社

Printed in Japan　ISBN 978-4-7664-1728-9

人名索引

タ行

ナ行

ハ行

マ行

ヤ行

ラ行

事項索引

カ行

サ行

タ行

ナ行

ハ行

マ行

ヤ行

ラ行

ワ行

シモーヌ・ヴェイユ略年譜

1909年2月3日（0歳）　パリに生まれる

1925〜28年（16〜19歳）　高等師範学校受験準備。アランの学生。「『グリム童話』における6羽の白鳥の物語」（OCI 57-59）「美と善」（OCI 60-79）

1928〜31年（19〜22歳）　高等師範学校とソルボンヌ。アランの講義に出席し続ける。最初の出版：「知覚あるいはプロテウスの冒険について」（OCI 121-139）

1931年7月（22歳）　哲学教授資格《アグレガシオン》［中・高等教育教授資格］取得。

1931〜32年（22〜23歳）　ル・ピュイ高等学校教授。労働組合運動にはじめて接触する。

1932年夏（23歳）　ドイツ旅行。

1932〜33年（23〜24歳）　オセール高等学校教授。労働組合運動。

1933年7月（24歳）　C.G.T.U. 会議。ドイツ共産党とソビエト連邦を手厳しく批判する。「私たちはプロレタリア革命に向かっているのか」（OCII-1 260-281/ OL 9-38）

1933年〜34年（24〜25歳）　ロアンヌ高等学校教授。サンテ・チエンヌで労働組合活動をする。「自由と社会的抑圧の諸原因についての考察」（OCII-2 27-109/ OL 55-162）

1934年12月4日〜35年8月22日（25〜26歳）　いくつかの工場で働く。「工場日記」（OCII-2 171-282/ CO 77-204）

1935年9月（26歳）　ポルトガルの小さな漁村で休暇を過ごす。「奴隷の宗教としてのキリスト教」を体験する。

1935年〜36年（26〜27歳）　ブールジュ高等学校教授。「工場長への手紙」（CO 212-251）

1936年8-9月（27歳）　バルセロナ。のちにドゥルティの無政府主義者たちとともに、アラゴンの前線。

1936〜37年（27〜28歳）　健康上の理由で一年間の休暇をとる。『ヌーヴォー・カイエ』のサークルの諸集会に参加しはじめる（〜1940年）。「トロイ戦争を繰り返すまい」（OCII-3 49-66/ EHP 256-272）

1937年 春（28歳）　イタリア旅行。アッシジのサンタ・マリア・デリ・アンジェリで、宗教的な体験をする。「ある女学生への5通の手紙」

1937年10月〜1938年1月（28歳）　サン・カンタン高等学校教授。

1938年1月〜（28歳〜）　健康上の理由で休暇。

1938年（29歳）　復活祭直前の枝の祝日の日曜日から復活祭の金曜日までソレム

で過ごす。
1938年6〜7月（29歳） ヴェネチアとアソロに滞在。
1938年秋（29歳） はじめてキリスト体験をする。
1939春（30歳） 頭痛が小康状態を保つ。「野蛮についての考察」（OCII-3 99-116/ EHP 11-60）、「ヒトラー主義の諸起源についての考察」（OCII-3 168-219/ EHP 11-60）、「『イーリアス』あるいは力の詩篇」（OCII-3 227-253/ SG 11-42）。
1940年6月（31歳） パリを離れる。
1940年7月あるいは8〜10月（31歳） ヴィシー。「救われたヴェネチア」の初版。『カイエ』
1940年10月〜1942年5月（31〜33歳） マルセイユ。「プラトンにおける神」（SG 67-126）
1940年秋〜冬（31歳）『南方手帳』のグループと接触する。
1941年3月30日（32歳）「キリスト教労働青年」の会合に出席する。「奴隷的でない労働の第一条件」（CO 418-434）
1941年6月（32歳） J. M. ペラン神父と知り合う。
1941年8月7日〜10月（32歳） ギュスターブ・ティボンの農場で働く。のちに、別の農場で葡萄摘みをする。「主の祈りについて」（AD 215-228）
1941〜42年冬（32〜33歳） ペラン神父とそのサークルの諸会合。「ペラン神父への手紙」（AD 13-84）、「神への愛のために学業を善用することについての考察」（AD 85-97）、「神への愛と不幸」（AD 98-121）、「神への愛の暗々裡の諸形態」（AD 122-214）、「神の愛についての雑感」（PS 13-20）、「神が降りてくること」（IP 9-171）
1942年復活祭（33歳） カルカソンヌでジョー・ブスケと知り合う。「ジョー・ブスケへの手紙」（PS 73-84）
1942年3月14日（33歳） 北アフリカに向けて出発する。17日間カサブランカに滞在する。「ペラン神父とギュスターブ・ティボンへの手紙」、「アメリカノート」（OCVI-4 159-356）
1942年6月末〜11月10日（33歳） ニューヨーク。『ある修道士への手紙』
1942年11月〜1943年4月（33〜34歳）「自由フランス」のためにロンドンで働く。4月15日、ロンドンのミドルセックス病院に入院する。8月17日、ケント州、アシュフォードのグロスベノールサナトリウムに移される。『根をもつこと』、「ロンドンで書かれたノート」（OCVI-4 357-396）、「秘蹟の理論」（PS 134-153）、『ロンドン論集とさいごの手紙』（EL 185-201は除く）。
1943年8月24日（34歳） シモーヌ・ヴェイユ歿。

参考文献

I　シモーヌ・ヴェイユの著作

（1）全集

Œuvres complètes de Simone Weil

——*Premiers écrits philosophiques*, Paris, Gallimard, 1988.

——*Écrits historiques et politiques. L'Engagement syndical (1927-juillet1934)*, Paris, Gallimard, 1989.

——*Écrits historiques et politiques. L'Expérience ouvrière et l'adieu à la révolution (juillet 1934-juin 1937*, Paris, Gallimard, 1989.

——*Écrits historiques et politiques. Vers la guerre (1937-1940)*, Paris, Gallimard, 1989.

——*Écrits de Marseille. Philosophie, Science, Religion, Questions politiques et socials (1940-1942)*, Paris, Gallimard, 2008.

——*Cahiers 1 (1933- septembre 1941)*, Paris, Gallimard, 1994.

——*Cahiers 2 (septembre 1941- février 1942)*, Paris, Gallimard, 1997.

——*Cahiers 3 (février 1942-juin 1942)*, Paris, Gallimard, 2002.

——*Cahiers 4 (juillet 1942-juillet 1943)*, Paris, Gallimard, 2006.

（2）単行本

Attente de Dieu, Paris, Fayard, 1984. 田辺保、杉山毅訳『神を待ち望む』勁草書房、1967 年。渡辺秀訳「神を待ちのぞむ」『シモーヌ・ヴェーユ著作集 4』所収、春秋社、1967 年。

——*Cahiers I*, Paris, Plon, 1951, (2e éd. 1970). 山崎庸一郎、原田佳彦訳『カイエ 1』みすず書房、1998 年［第 2 版からの翻訳］

——*Cahiers II*, Paris, Plon, 1953, (2e éd. 1972). 田辺保、川口光治訳『カイエ 2』みすず書房、1993 年［第 2 版からの翻訳］

——*Cahiers III*, Paris, Plon, 1956, (2e éd. 1974). 冨原真弓訳『カイエ 3』みすず書房、1995 年［第 2 版からの翻訳］

——*La Condition Ouvrière*, Paris, Gallimard, coll. folio, 2002. 黒木義典・田辺保訳『労働と人生についての省察』勁草書房、1967 年。抄訳：橋本一明・根本長兵衛訳『シモーヌ・ヴェイユ著作集 1』所収、春秋社、1968 年。

——*La Connaissance Surnaturelle*, Paris, Gallimard, coll. espoir, 1950.　田辺保訳『超自然的認識』勁草書房、1976 年。冨原真弓訳『カイエ 4』みすず書房、1992 年［マ

ニュスクリプトからの翻訳]。

——*L'Enracinement*, Paris, Gallimard, coll. folio, 1990. 山崎庸一郎訳「根をもつこと」『シモーヌ・ヴェーユ著作集 5』春秋社、1967 年。

——*Écrits historiques et Politiques*, Paris, Gallimard, coll. espoir, 1960. 抄訳：伊藤 晃・橋本一明訳『シモーヌ・ヴェーユ著作集 1』、花輪莞爾・松崎芳隆訳『シモーヌ・ヴェーユ著作集 2』春秋社、1968 年。

——*Écrits de Londres et Dernières Lettres*, Paris, Gallimard, coll. espoir, 1957. 田辺保訳『ロンドン論集とさいごの手紙』勁草書房、1969 年。抄訳：中田光雄・山崎庸一郎訳『シモーヌ・ヴェーユ著作集 2』春秋社、1968 年。

——*Intuitions Pré-Chrétiennes*, Paris, Fayard, 1985. 抄訳：中田光雄訳「神の降臨」『シモーヌ・ヴェーユ著作集 2』春秋社、1968 年、所収。

——*Leçons de philosophie de Simone Weil*, Paris, Plon, 1989. 渡辺一民・川村孝則訳『ヴェーユの哲学講義』ちくま学芸文庫、1996 年。

——*Lettre à un Religieux*, Paris, Gallimard, coll. espoir, 1951. 大木健訳「ある修道者への手紙」『シモーヌ・ヴェーユ著作集 4』春秋社、1967 年、所収。

——*Oppression et Liberté*, Paris, Gallimard, coll. espoir, 1955. 石川湧訳『抑圧と自由』東京創元社、1965 年。

——*Poèmes, suivis de Venise sauvée*, Paris, Gallimard, coll. espoir, 1968. 小海永二訳『シモーヌ・ヴェイユ詩集　付 戯曲 救われたヴェネチア』青土社、1976 年。抄訳：「救われたヴェネチア」『シモーヌ・ヴェーユ著作集 3』春秋社、1968 年、所収。

——*La Pesanteur et la Grâce*, Paris, 2e édition,Presses Pocket, coll. Agora, 1947. 田辺保訳『重力と恩寵』ちくま学芸文庫、1995 年。渡辺義愛訳「重力と恩寵」『シモーヌ・ヴェーユ著作集 3』春秋社、1968 年、所収。

——*Pensées sans ordre concernant l'Amour de Dieu*, Paris, Gallimard, 1962. 渡辺秀訳「神への愛についての雑感」『現代キリスト教叢書 6』白水社、1973 年、所収。

——*Sur la Science*, Paris, Gallimard, 1966. 福居純・中田光雄訳『科学について』みすず書房、1976 年。

——*La Source Grecque*, Paris, Gallimard, 1963. 冨原真弓訳『ギリシャの泉』みすず書房、1988 年。

(3) 選集

Œuvres de Simone Weil sélection, Paris, Gallimard. coll. Quarto, 1990.

II　シモーヌ・ヴェイユについての著作・論文

a. 著作

Jacques CABAUD, *L'expérience vécue de Simone Weil*, Paris, Plon, 1954. ジャック・カボー、山崎庸一郎・中條忍訳『シモーヌ・ヴェイユ伝』みすず書房、1974 年。

——, *Simone Weil à New-York et à Londres, 1942-43*, Paris, Plon, 1967. ジャック・カボー、山崎庸一郎訳『シモーヌ・ヴェイユ最後の日々』みすず書房、1978 年。

Robert COLES, *Simone Weil, a modern pilgrimage*, Boston, Addison-Wesley, 1987. ロバート・コールズ、福井美津子訳『シモーヌ・ヴェイユ入門』平凡社ライブラリー、1997 年。

Sylvie COURTINE-DENAMY, *Trois femmes dans de sombres temps. Edith Stein, Hannah Arendt, Simone Weil*, Paris, Albin Michel, 1997.

Claude DARVY クロード・ダルヴィ、稲葉延子訳『シモーヌ・ヴェイユ――その劇的生涯』春秋社、1991 年。

Marie-Magdeleine DAVY, *Introduction au message de Simone Weil*, Paris, Plon, coll. L'Epi, 1954.　M.-M. ダヴィ、田辺保訳『シモーヌ・ヴェイユ入門』勁草書房、1968 年。

——, *Simone Weil*, Éditions Universitaires, Paris, 1956.　M.-M. ダヴィ、山崎庸一郎訳『シモーヌ・ヴェイユの世界』晶文社、1968 年。

——, *Simone Weil, sa vie, son œuvre avec un exposé de sa philosophie*, Paris, P.U.F., 1966.

Gabriella FIORI, *SimoneWeil, une femme absolue*, Paris, Éditions du Félin, 1987. ガブリエッラ・フィオーリ、福井美津子訳『シモーヌ・ヴェイユ――ひかりを手にいれた女性』平凡社、1994 年。

Emmanuel GABELLIERI, *Être et Don: Simone Weil et la philosophie*, Louvain-Paris, Éditions peeters, 2003.

Alain GOLDSCHÄGER, *Simone Weil et Spinoza: Essai d'interprétation*, Québec, Naaman, 1982.

Bernard HALDA, *L'évolution spirituelle de Simone Weil*, Paris, Beauchesne, 1964.

François HEIDSIECK, *Simone Weil*, 2e édition, Paris, Seghers, 1967.

Joël JANIAUD, *Simone Weil. L'attention et l'action*, Paris, P.U.F., coll. « Philosophies », 2002.

Gilbert KAHN (éd.), *Simone Weil. Philosophe, historienne et mystique*, Paris, Aubier, 1978.

Michi KATAOKA 片岡美智『シモーヌ・ヴェイユ――真理への献身』講談社、1972 年。

Gaston KEMPFNER, *La Philosophie Mystique de Simone Weil*, Paris, La Colombe, 1960.

Nobuko KONO 河野信子『シモーヌ・ヴェイユと現代――究極の対原理』大和書房、1976 年。

Michel NARCY, *Simone Weil: Malheur et beauté du monde*, Paris, Éditions du Centurion,

1967.

Ken OKI 大木健『シモーヌ・ヴェイユの生涯』勁草書房、1964 年。

——,『シモーヌ・ヴェイユの不幸論』勁草書房、1969 年。

Hilary OTTENSMEYER, *Le thème de l'Amour dans l'œuvre de Simone Weil*, Paris, Lettres Modernes, coll.Thèmes et Mythes 6,1958.

Père Joseph-Marie PERRIN, *Réponse aux questions de Simone Weil*, Paris, Aubier-montaigne, 1964.

——, *Mon dialoque avec Simone Weil*, Paris, Nouvelle Cité, 1984.

Père Joseph-Marie PERRIN et Gustave THIBON, *Simone Weil telle que nous l'avons connue*, 2e édition, Paris, Fayard, 1967. J.-M ペラン& G. ティボン、田辺保訳『回想のシモーヌ・ヴェイユ』朝日出版社、1975 年。

Simone PÉTREMENT, *La Vie de Simone Weil*, Paris, Fayard, 1973, 2e édition, 1997. 杉山毅訳『詳伝シモーヌ・ヴェイユ I』勁草書房、1978 年。田辺保訳『詳伝シモーヌ・ヴェイユ II』勁草書房、1978 年［第 1 版からの翻訳］。

Richard REES, *Brave Men: A study of D. H. Lawrence and Simone Weil*, London, Victor Gollancz, 1958. リチャード・リース、川成洋・並木慎一訳『20 世紀を超えて——D. H. ロレンスとシモーヌ・ヴェーユ』白馬書房、1986 年。

——, *Simone Weil, a sketch for a portrait*, Carbondale, Southern Illinois University Press, 1966 . リチャード・リース、山崎庸一郎訳『シモーヌ・ヴェーユ——ある肖像の素描 』筑摩叢書、1972 年。

Bertrand SAINT-SERNIN, *L'action politique selon Simone Weil*, Paris, Le Cerf, 1988.

Tamotsu TANABE 田辺保『シモーヌ・ヴェイユ——その極限の愛の思想』講談社現代新書、1968 年。

Jean-François THOMAS, *Simone Weil et Edith Stein, Malheur et souffrance*, Namur, Culutre et Vérité, 1988.

Tatsuo UDA 宇田達夫『シモーヌ・ヴェイユの死と信仰』教文館、1978 年

Miklos VETÖ, *La métaphysique religieuse de Simone Weil*, Paris, Vrin, 1971, 2e édition, Paris, L'Harmattan, 1998. ミクロス・ヴェトー、今村純子訳『シモーヌ・ヴェイユの哲学——その形而上学的転回』慶應義塾大学出版会、2006 年。

Peter WINCH, *Simone Weil: "The just balance"*, Cambrige, Cambrige University Press, 1989.

Takaaki YOSHIMOTO 吉本隆明『甦るヴェイユ』JICC 出版局 , 1992.

b. 論文

ALAIN, « Simone Weil », *La table Ronde*, Paris, n° 28, avril 1950, pp.47-51.

Shoto HASE 長谷正當「シモーヌ・ヴェイユに於ける必然性と虚無（真空）の観念」

『京都産業大学論集 人文科学系列』1973 年、pp. 117-143.
Takeshi IKUTA 生田武志「シモーヌ・ヴェイユのために」『群像』2001 年 3 月、pp. 236-256.
Ryuta IMAFUKU 今福龍太「戦争とイーリアス——ソローからヴェイユへ」『ミニマ・グラシア——歴史と希求』岩波書店、2008 年、pp. 155-206.
Junko IMAMURA 今村純子 , "Essai sur la réception de la pensée de Simone Weil au Japon"『慶應義塾大学日吉紀要フランス語フランス文学』第 46 号、2008 年、pp. 153-170.
——,「ほとんど無、あるいは美」『春秋——特集　いま、ヴェーユを〈読むということ〉』、8.9 号、n°511, 2009 年、pp. 9-12.
Gilbert KAHN, « Le sentiment de la nécessité chez Simone Weil » Cahiers Simone Weil X -3, Paris, Association pour l'étude de la pensée de Simone Weil, 1987, pp. 269-275.
Shuichi KATO 加藤周一「新しい人間という問題——シモーヌ・ヴェイユの記録をめぐって」『岩波講座・現代思想　2——人間の問題』岩波書店、1956 年、pp. 83-102.
——,「シモーヌ・ヴェイユと工場労働者の問題」『加藤周一著作集 2——現代ヨーロッパ思想注釈』平凡社、pp. 262-277.
Rolf KÜHN, « L'Analogie et le signe chez S. Weil et Descartes », *Philosophie* 43, Paris, 1994, pp. 45–62.
Emmanuel LÉVINAS, « Simone Weil contre la Bible », *Difficile Liberté*, Paris, Albin Michel, 1963, pp.189-200. エマニュエル・レヴィナス、内田樹訳「聖書に反対するシモーヌ・ヴェイユ」『困難な自由——ユダヤ教についての試論』国文社、2008 年、pp. 197-210.
Simone PÉTREMENT, « Sur la religion d'Alain avec quelques remarques concernant celle de Simone Weil », *Revue de Métaphysique et de Morale,* n° 3, Paris, 1955, pp. 306-330.
——, « La Critique du marxisme chez Simone Weil », *Le Contrat Social,* Paris, sept. 1957, pp. 230-236.
Erich PRZYWARA, « E.Stein et S.Weil: essentialisme, existentialisme, analogie », *Études Philosophiques*, n°11, Paris, 1956, pp. 461-462.
André ROUSSEAUX, « Simone Weil, mathématicienne de Dieu », *Littérature du XXe siècle* IV, Paris, Albin Michel, 1957, pp. 214-257.
Susan SONTAG, « Simone Weil », *Against Interpretation and Other Essays*, New York, Picador, 1961, pp. 49-51. スーザン・ソンタグ、高橋康也、由良君美、河村錠一郎、出淵博、海老根宏、喜志哲雄訳『反解釈』ちくま学芸文庫、1996 年、pp. 88-92.
Daisetsu SUZUKI 鈴木大拙「『詩』の世界を見るべし」『東洋的な見方』岩波文庫、

1997 年、pp. 238-243.
Miklos VETÖ, « Le Piège de Dieu. L'idée du beau dans la pensée de Simone Weil », *La Table Ronde*, Paris, juin 1964, pp. 71-88.
——, « La Connaissance et la Mort », *La Table Ronde*, Paris, nov. 1965, pp. 13-27.
——, « Le Mal selon Simone Weil », *Le Mal-Essais et Études*, Paris, L'Harmattan, 2006, pp. 327-330.
——, « Thèmes kantiens dans la pensée de Simone Weil », *Cahiers Simone Weil*, vol. 8 n°1, Paris, Association pour l'étude de la pensée de Simone Weil, 1985, pp. 42-49.

III　その他の著作・論文

Hannah ARENDT, *Between Past and Future-Eight Exercises in Political Thought*, New York, Penguin Books, 1968. ハンナ・アーレント、引田隆也・斎藤純一訳『過去と未来の間――政治思想への 8 試論』みすず書房、1994 年。
——, *Eichmann in Jerusalem – A report on the Banality of Evil*, New York, The Viking Press, 1963. 大久保和郎訳『イェルサレムのアイヒマン――悪の陳腐さについての報告』みすず書房、1969 年。
——, *The Human Condition*, Chicago, University of Chicago Press, 1958.　志水速雄訳『人間の条件』ちくま学芸文庫、1994 年。
——, *Lectures on Kant's Political Philosophy-Edited and with an Interpretive Essay by Ronald Beiner*, Chicago, University of Chicago Press, 1982. 伊藤宏一訳『カント政治哲学の講義』法政大学出版局、1987 年。
Roberto BENIGNI & Vincenzo CERAMI　ロベルト・ベニーニ & ヴィンチェンツォ・チェラーミ、吉岡芳子訳『ライフ・イズ・ビューティフル』角川文庫、1999 年。
Henri BERGSON, *Essai sur les données immédiates de la conscience*, Paris, P.U.F., Quadrige, 2007. ベルクソン、中村文郎訳『時間と自由』岩波文庫、2001 年。
——, *Les deux sources de la morale et de la religion*, Paris, P.U.F., Quadrige, 1992. ベルクソン、坂田徳男訳『世界の名著　ベルクソン』中央公論社、1979 年。
Martin BUBER, *An der Wende. Reden üder das Judentum*, Köln und Olten, J. Heger, 1952.
Hélène CIXOUS, *Photos de Racines*, Paris, Éditions des femmes, 1994. エレーヌ・シクスー、松本伊瑳子訳「エレーヌ・シクスー、ルーツを撮る」、棚沢直子編訳『女たちのフランス思想』勁草書房、1998 年、所収。
René DESCARTES, *Discours de la méthode*, Paris, GF-Flammarion, 2000. デカルト、落合太郎訳『方法序説』岩波文庫、1953 年。
——, *Méditations métaphysiques*, Paris, GF-Flammarion, 1992. 野田又夫訳『省察』『世

界の名著　デカルト』中央公論社、1978 年、所収。
——, *Le Monde*, Paris, Le Seuil, 1996. 野田又夫訳『世界論』『世界の名著　デカルト』中央公論社、1978 年、所収。
——, *Règles pour la direction de l'esprit*, traduction de J. Sirven, Paris, Vrin, 1996. 野田又夫訳『精神指導の規則』岩波文庫、1950 年。
Fedor DOSTOÏEVSKY ドストエフスキー、江川卓訳『悪霊　上、下』新潮文庫、1971 年。
——, 亀山郁夫訳『カラマーゾフの兄弟 1-5』光文社古典新訳文庫、2006 ～ 2007 年。
——, 亀山郁夫訳『罪と罰 1~3』光文社古典新訳文庫、2008 ～ 2009 年。
Gustave FLAUBERT, *Madame Bovary*, Paris, GF-Frammarion, 1984. フローベール、生島遼一訳『ボヴァリー夫人』新潮文庫、1965 年。
Viktor Emil FRANKL, *... trotzdem Ja zum Leben sagen. Ein Psychologe erlebt das Konzentrationslager,* München, Kösel-Verlag, 2002. ヴィクトール・E・フランクル、池田香代子訳『夜と霧』みすず書房、2002 年。
Etienne GILSON, *L'esprit de la philosophie médiévale*, Paris, Vrin, 1932. エチエンヌ・ジルソン、服部英治郎訳『中世哲学の精神 上、下』筑摩書房、1975 年。
Yutaka HANIYA 埴谷雄高『埴谷雄高政治論集』講談社文芸文庫、2004 年。
Martin Heidegger, « Bauen Wohnen Denken » *GA 7*, Leibzip, Vorträge und Aufsätze, 1951. マルティン・ハイデッガー、中村貴志訳『ハイデッガーの建築論　建てる・住まう・考える』中央公論美術出版、2008 年。
金時鐘「今、居る場所」、梁石日他『金時鐘の詩——もうひとつの日本語』もず工房、2000 年、所収。
Akiko IKEDA & Masashi MUTSUDA　池田晶子 & 陸田真志『死と生きる——獄中哲学対話』新潮社、1999 年。
Junko IMAMURA 今村純子「愛の彼方へ——『ボヴァリー夫人』における超越」『京都大学大学院文学研究科宗教学研究室紀要』vol.1［電子ジャーナル］、2004 年。
Immanuel KANT, *Anthropologie in pragmatischer Hinsicht,* Hamburg, Felix Meiner Verlag, 2003. イマヌエル・カント、山下太郎・坂部恵訳『人間学』『カント全集第 14 巻』理想社、1987 年。
——, *Grundlegung zur Metaphysik der Sitten*, Hamburg, Felix Meiner Verlag, 1994. イマヌエル・カント、深作守文訳『人倫の形而上学の基礎づけ』、『カント全集 第 7 巻』理想社、1974 年、所収。
——, *Kritik der praktischen Vernunft*, Hamburg, Felix Meiner Verlag, 1990. 波多野精一・宮本和吉訳『実践理性批判』岩波文庫、1976 年。
——, *Kritik der reinen Vernunft*, Hamburg, Felix Meiner Verlag, 1990. 原佑訳『純粋理性

批判（上）（中）（下）』平凡社ライブラリー、2005 年。

——, *Kritik der Urteilskraft*, Hamburg, Felix Meiner Verlag, 1990. 原佑訳『判断力批判』『カント全集　第 8 巻』理想社、1965 年、所収。

——, *Die Religion innerhalb der Grenzen der bloßen Vernunft*, Hamburg, Felix Meiner Verlag, 1990. 飯島宗享・宇都宮芳明訳『単なる理性の限界内の宗教』『カント全集　第 9 巻』理想社、1974 年。

Hideo KOBAYASHI 小林秀雄「感想」『小林秀雄全作品　別巻 1, 2』新潮社、2005 年。

——,「無常ということ」『小林秀雄全作品 14』新潮社、2003 年、所収。

——,「様々なる意匠」『小林秀雄全作品 1』新潮社、2002 年、所収。

Claude LÉVI-STRAUSS & Didier ÉRIBON, *De Près et de loin*, Paris, Éditions Odile Jacob, 2001. クロード・レヴィ＝ストロース & ディディエ・エリボン、竹内信夫訳『遠近の回想』みすず書房、2008 年。

Hayao MIYAZAKI 宮崎駿『折り返し点 *1997～2008*』岩波書店、2008 年。

Kenji MIYAZAWA 宮沢賢治「春と修羅」『新校本　宮沢賢治全集　第 2 巻　詩［Ⅰ］本文篇』筑摩書房、1995 年、所収。

Kazue MORISAKI 森崎和江「二つのことば・二つのこころ」『森崎和江コレクション　精神史の旅 1　産土』藤原書店、2008 年、所収。

Haruki MURAKAMI 村上春樹『風の歌を聴け』講談社文庫、2004 年。

——,『ノルウェイの森（上）（下）』講談社文庫、1991 年。

Iris MURDOH, *Metaphysics as a Guide to Morals*, London, Penguin, Philosophy Paperback, 1992.

——, *The Sovereignty of Good*, London and New York, Routledge, 1991, アイリス・マードック、管豊彦・小林信行訳『善の至高性——プラトニズムの視点から』九州大学出版会、1992 年。

Akemi NAKATA 仲田明美「アンドレアからの手紙」と題する手記、後藤正治『ふたつの生命——心肺移植を待ち望んで』岩波書店、同時代ライブラリー、1997 年、所収。

Kitaro NISHIDA 西田幾多郎「場所的論理と宗教的世界観」『西田幾多郎全集　第 10 巻』岩波書店、2004 年。

——,「美の本質」『西田幾多郎全集　第 3 巻』岩波書店、2003 年。

——,「美の説明」『西田幾多郎全集　第 11 巻』岩波書店、2005 年。

——,「経験内容の種々なる連続」『意識の問題』『西田幾多郎全集　第 2 巻』岩波書店、2004 年。

——,「内部知覚について」『働くものから見るものへ』『西田幾多郎全集　第 3 巻』岩波書店、2003 年。

——,「『理想』編集者への手紙」『西田幾多郎全集　第 11 巻』岩波書店、2005 年。
——,「真善美の合一点」『西田幾多郎全集　第 3 巻』岩波書店、2003 年。
——,「総説」『一般者の自覚的体系』『西田幾多郎全集　第 5 巻』岩波書店、2002 年。
——,『善の研究』『西田幾多郎全集　第 1 巻』岩波書店、2003 年。

Platon, *Le Banquet,* traduction de Luc Brisson, Paris, GF-Flammarion, 1998. 久保勉訳『饗宴』岩波文庫、1965 年。

——, *Phèdre,* traduction de Luc Brisson, Paris, GF-Flammarion, 1989. 藤沢令夫訳『パイドロス』岩波文庫、1967 年。

——, *La République,* traduction de Robert Baccou, Paris, GF-Flammarion 1966. 藤沢令夫訳『国家　上 , 下』岩波文庫、1979 年。

——, *Timée, Critias,* traduction de Luc Brisson Paris, GF-Flammarion, 1996. プラトン、種山恭子訳『ティマイオス』『プラトン全集 12』岩波書店、1975 年、所収。

Jules-Henri POINCARÉ, *La Valeur de la science,* Paris, GF-Flammarion, 1987. ポアンカレ、田辺元訳『科学の価値』岩波文庫、1927 年。

Marcel PROUST, *A la recherche du temps perdu: Tome I,* Paris, Gallimard, coll. folio, 1973. マルセル・プルースト、井上究一郎訳『失われた時を求めて 1 』ちくま文庫、1993 年。

Jean-Jacques ROUSSEAU, *Du Contrat Social,* GF-Flammarion, Paris, 1992. ジャン・ジャック・ルソー、中山元訳『社会契約論／ジュネーヴ草稿』光文社古典新訳文庫、2008 年。

Johann Christoph Friedrich von SCHILLER, « Kalias oder Über die Schönheit », シラー、草薙正夫訳『美と芸術の理論――カリアス書簡』岩波文庫、1936 年。

Baruch De SPINOZA, *ÉTHIQUE, Œuvres III,* traduction de Charles Appuhn, Paris, GF-Flammarion, 1965. バルーフ・ド・スピノザ、畠中尚志訳『エチカ』岩波文庫、1951 年。

Gayatri Chalaravorty SPIVAK, « Can the Subaltern speak? » in C. Nelson & L. Grossberg eds., *Maxsixm and the Interpretation of Culture,* Chicago, University of Illinois Press, 1988. ガヤトリ・C・スピヴァック、上村忠男訳『サバルタンは語ることができるか』みすず書房、1998 年。

Daisetsu Teitaro SUZUKI　鈴木大拙 *Essays in Zen Buddhism,* London, Luzac & Co, 1933.
——,「浄土系思想論」『鈴木大拙全集第 6 巻』岩波書店、1968 年。
——,「日本的霊性」『清沢満之・鈴木大拙』中公バックス 日本の名著 43、1984 年。
——,「雑集 2」『鈴木大拙全集第 28 巻』岩波書店、1970 年。

初出一覧

☆本書は以下の諸論考に、加筆・修正を加え、再構成したものである。

序章　書き下ろし

第Ⅰ部

第1章「シモーヌ・ヴェイユの詩学」(『詩誌 酒乱』あんど出版、2008年)

第2章「シモーヌ・ヴェイユとプラトン」(『言語文化』第26号、明治学院大学言語文化研究所、2009年)

第3章「S・ヴェイユ『デカルトにおける科学と知覚』をどう読むのか」(『人文知の新たな総合に向けて――21世紀COEプログラム「グローバル時代の多元的人文学の拠点形成」第5回報告書』京都大学大学院文学研究科、2007年)

Essai「アニメーションの詩学――映画『千と千尋の神隠し』をめぐって」(『クロス・トーク』芸術メディア研究会、2009年)

第Ⅱ部

第4章「シモーヌ・ヴェイユにおける美と神秘――感性による必然性への同意」(『宗教哲学研究』第17号、京都宗教哲学会、2000年)

第5章「美と実在――シモーヌ・ヴェイユと西田幾多郎」(『実存思想論集　第Ⅱ期15』実存思想協会、2000年)

第6章「美的判断力の可能性――シモーヌ・ヴェイユとハンナ・アーレント」(『武蔵野美術大学研究紀要』第36号、2006年)

Essai「瞬間の形而上学――『女と男のいる舗道』をめぐって」(『慶應義塾大学日吉紀要 人文科学』第23号、2008年)

第Ⅲ部

第7章　口頭発表原稿「脱創造あるいは超越論的感性論――シモーヌ・ヴェイユ宗教哲学の基本構造」(実存思想協会、於学習院大学、2003年)

第8章「愛について――シモーヌ・ヴェイユの思索をめぐって」(『慶應義塾大学日吉紀要　フランス語・フランス文学』第49・50合併号、2009年)

Essai「善への欲望――映像に見る倫理学の可能性」(『慶應義塾大学日吉紀要 人文科学』第21号、2006年)

第Ⅳ部

第 9 章「表現について――シモーヌ・ヴェイユの思索をめぐって」(『慶應義塾大学日吉紀要 人文科学』第 25 号、2010 年)

第 10 章「芸術創造と生の創造――シモーヌ・ヴェイユの思索をめぐって」(『パレーシア』第 3 号、多摩哲学会、2010 年)

第 11 章「芸術と倫理――シモーヌ・ヴェイユと西田幾多郎」(『比較思想研究』第 34 号、比較思想学会、2008 年)

Essai「童話的映画が拓く〈倫理〉の地平」(『慶應義塾大学日吉紀要 人文科学』第 22 号、2006 年)

第Ⅴ部

第 12 章「〈詩〉をもつこと――シモーヌ・ヴェイユと鈴木大拙」(『比較思想研究』第 30 号、比較思想学会、2004 年)[第 18 回比較思想学会研究奨励賞受賞]

第 13 章「暴力と詩」(『情況』4 月号、情況出版、2004 年)

第 14 章「暴力と詩――シモーヌ・ヴェイユの可能性」(『現代におけるグローバル・エシックス形成のための理論的研究』科研費基盤研究[B]、2005 年)

Essai「美しさという境涯――映画『ガイサンシー(蓋山西)とその姉妹たち』をめぐって」(『軍縮地球市民』第 11 号、明治大学軍縮平和研究所、2008 年)

終章 書き下ろし